EDMOND BIRÉ

Dernières Causeries

Historiques et Littéraires.

LYON
EMMANUEL VITTE
1898

DERNIÈRES CAUSERIES

Historiques et Littéraires.

LYON. — IMPRIMERIE EMMANUEL VITTE

EDMOND BIRÉ

Dernières
CAUSERIES

Historiques et Littéraires.

> Bossuet, historien du protestantisme. — La Chalotais et le duc d'Aiguillon. — La folie de Jean-Jacques Rousseau. — Madame de Soyecourt. — Le Théâtre-Français pendant la Révolution. — Le Feuilleton de Geoffroy. — L'Armée à l'Académie. — Choses de Bretagne. — Un Critique d'autrefois. — Voyageurs et Poètes. — Libraire et livres romantiques. — Victor Fournel. — De la rime française. — Zénaïde Fleuriot. — La Jeunesse de Berryer. — Berryer sous la Monarchie de Juillet. — La Vieillesse de Berryer.

LYON
LIBRAIRIE GÉNÉRALE CATHOLIQUE ET CLASSIQUE
EMMANUEL VITTE, DIRECTEUR
Libraire-Imprimeur de l'Archevêché et des Facultés catholiques de Lyon.
3, place Bellecour, et rue de la Quarantaine, 18.

1898

BOSSUET

HISTORIEN DU PROTESTANTISME [1]

I

Louis Veuillot dit quelque part dans *Çà et là* : « On parle beaucoup de la bonne, de la grande éducation littéraire que la France reçoit. Je doute qu'il existe mille Français en état de bien goûter, je ne dis pas Corneille et Racine, encore moins *Bossuet*, Fénelon, Bourdaloue, etc., mais Molière [2]. »

Bossuet a été l'homme de l'autorité et l'homme de la foi ; toute sa vie, il fut fidèle à la maxime qu'il avait

---

[1] *Bossuet, historien du protestantisme. Etude sur l'*Histoire des variations *et sur la controverse entre les protestants et les catholiques au dix-septième siècle*, par Alfred Rébelliau, ancien élève de l'école normale supérieure, maître de conférences à la Faculté des lettres de Rennes. — Un volume in-8 de xx-602 pages. Librairie Hachette et Cie. Paris, 1892.

[2] *Çà et là*. Tome II, p. 486.

mise pour épigraphe à sa thèse de théologie : *Timete Deum, honorificate regem*. Quoi d'étonnant qu'il ne soit plus « goûté » en un siècle où l'autorité religieuse est battue en brèche comme l'autorité politique, où ceux qui ont renversé le trône dirigent contre l'autel de furieux assauts ? On accordera donc encore qu'il a été un *orateur* et un *écrivain*, — cela ne tire pas à conséquence — mais ce sera tout. On contestera qu'il ait été un penseur, un savant et un historien. En 1873, M. Scherer, écrivant le récit plus ou moins fictif d'une conversation tenue sur Bossuet, par plusieurs lettrés de notre temps, prête à l'un des interlocuteurs — et sans y contredire — cette impertinence très catégorique : « ... Bossuet ! vous n'y pensez pas... Un homme qui n'avait rien lu, qui ne savait rien ! Un homme qui n'a pas eu une seule idée de sa vie !... Est-il rien... de plus absurde que le *Discours sur l'Histoire universelle ?* On vante l'*Histoire des Variations*, mais Bossuet a-t-il rien compris à cette grande et originale figure de Luther ? A-t-il entrevu la portée du protestantisme ?... Richard Simon... avec quelle hauteur ne l'a point traité cet évêque, qui ne savait pas un mot d'hébreu et qui n'entendait rien à ces questions ! (1) »

M. Renan n'est pas moins dédaigneux que M. Scherer. En maint endroit, il parle, avec le mépris qui convient, de ce pauvre théologien qui « n'avait d'autre

---

(1) Edmond SCHERER, *Etudes critiques sur la littérature*, t. VI, p. 37.

philosophie que celle de ses vieux cahiers de Sorbonne ». Il dit de lui : « *Esprit étroit, ennemi de l'instruction* qui gênait ses partis pris, *rempli de cette sotte prétention* qu'a l'esprit français de suppléer à la science par le talent, indifférent aux recherches positives et au progrès de la critique..., *fondé de pouvoir de tous les défauts de l'esprit français* (1) ».

Sainte-Beuve, dont les jugements ont un autre poids que ceux de M. Renan ou de M. Scherer, admirait profondément Bossuet. Il en parle en ces termes au début de l'une de ses *Causeries* : « La gloire de Bossuet est devenue l'une des religions de la France ; on la reconnaît, on la proclame, on s'honore soi-même en lui apportant chaque jour un nouveau tribut, en lui trouvant de nouvelles raisons d'être et de s'accroître ; on ne le discute plus. C'est le privilège de la vraie grandeur de se dessiner davantage à mesure qu'on s'éloigne, et de commander à distance (2). » Mais Sainte-Beuve lui-même ne s'en est-il pas tenu un peu trop aux surfaces ? A-t-il pénétré dans l'intime de Bossuet ? Il semble que la grandeur et l'éclat de

---

(1) E. Renan, préface de l'*Histoire critique des livres de l'Ancien Testament*, par A. Kuenen, traduite par A. Pierson, 1866. — Après cela, M. Renan a bien quelque raison d'en vouloir à Bossuet, qui a tracé de lui ce fidèle portrait sous couleur de peindre Richard Simon, auteur d'une *Histoire critique du Vieux Testament* : « Notre auteur dit tout ce qu'il veut, *il dit le pour et le contre*, et fait sortir de la même bouche le bien et le mal, contre le précepte de saint Jacques, afin que chacun choisisse ce qui lui convient, et *que tout soit indifférent.* » Bossuet, *Défense de la tradition et des Saints Pères.*

(2) *Causeries du Lundi*, t. X, p. 145. — Lundi 29 mai 1854.

la forme, la sublimité de l'orateur et de l'écrivain l'aient ébloui à ce point qu'il n'a pas voulu voir autre chose. L'esprit de Bossuet, Sainte-Beuve le définit un esprit uniquement de « doctrine », d' « ordonnance », d' « exposition logique et oratoire », « lyrique » même ; — et d'où, par conséquent, toute aptitude à l'investigation positive doit être forcément exclue. Ce qu'il a au suprême degré, c'est le don magistral et didactique, le don de développer « avec clarté, avec magnificence, un ensemble reçu de doctrines », qu'il embrassait « en se plaçant au point de vue le plus élevé et comme au centre ». Il est l'homme de toutes les autorités et de toutes les stabilités. Ame naturellement religieuse, naturellement « sacerdotale », âme de « prêtre », et, de « grand prêtre », il se tient dans une immobilité impérieuse ».

Si grands que soient ces éloges, ils laissent cependant entendre qu'une chose a manqué à Bossuet, l'ouverture d'esprit, la critique, le goût de la recherche, le besoin et l'effort de la science. Il aura donc été un orateur incomparable, le plus puissant des écrivains, même un théologien et un philosophe, mais non pas un historien; au moins dans le sens que nous donnons aujourd'hui à ce mot; il aura pu écrire des narrations littérairement très belles, il ne lui aura pas été donné d'exécuter d'une manière originale et solide une œuvre de recherche scientifique.

M. Alfred Rébelliau s'est demandé si c'était à bon droit que l'on déniait à Bossuet, « cet homme de tous les talents et de toutes les sciences (1) », le talent et la science d'historien. Il a étudié de près l'*Histoire des Variations*. Il a refait à son tour le travail d'enquête et de composition que Bossuet avait fait; il a comparé les résultats obtenus par l'évêque de Meaux avec ceux où les savants modernes, mieux informés qu'il ne pouvait l'être de son temps, sont arrivés sur les mêmes sujets. Il est ressorti de ce double examen que Bossuet avait fait un récit d'une exactitude presque irréprochable, d'une clairvoyance toujours judicieuse, parfois d'une originalité singulière et puissante.

II

Si j'avais un reproche à faire à M. Alfred Rébelliau, ce serait d'être trop complet; il multiplie les points de vue, il ne néglige aucune considération, aucun détail; il épuise vraiment la matière. On lui peut appliquer, pour chacune des parties de son travail, le vers de Lucain :

Nil actum reputans quum quid superesset agendum.

Suivant l'usage généralement adopté au XVIIe siècle, et suivi par Bossuet dans l'*Histoire des Variations*, l'ouvrage de M. Rébelliau est divisé en livres, subdivisés eux-mêmes en chapitres.

(1) MASSILLON, *Oraison funèbre du grand dauphin.*

Voici les titres des trois livres dont ce compose le volume :

Livre I : Des origines de l'*Histoire des Variations*, et de la préparation antérieure de Bossuet aux études historiques.

Livre II : De la composition de l'*Histoire des Variations :* les sources, la méthode, l'originalité de quelques vues historiques.

Livre III : Du succès de l'*Histoire des Variations.* Des réfutations qu'elle provoqua. Des résultats qu'elle produisit.

Je m'attacherai principalement au livre deuxième, qui est vraiment le centre, le foyer commun vers lequel convergent toutes les autres parties du travail.

S'il fallait en croire les auteurs de la première édition spéciale de l'*Histoire des Variations* qui ait paru au xviiie siècle (1), voici pour quel motif et à quelle occasion Bossuet aurait composé cet ouvrage :

« Le livre de l'*Exposition de la doctrine catholique* avait mis en rumeur tout le parti protestant : les plus habiles travaillèrent promptement à le réfuter. Parmi ces prétendus réfutateurs..., l'auteur distingua M. de la Bastide; son ouvrage lui parut mériter une réponse précise. C'était celui de tous les adversaires du prélat qui parlait le plus affirmativement de deux éditions du livre de l'*Exposition* et des variations de l'évêque

___

(1) Edition publiée en 1770 par l'abbé Le Queux et l'abbé Le Roy.

de Meaux. Le mot *variation*, souvent répété par M. de la Bastide, fit naître à notre auteur l'idée de mettre une préface à la tête de son livre et de montrer combien il était ridicule aux protestants de relever avec emphase quelques changements dans les mots et dans le style, et d'accuser pour cela l'auteur d'inconstance et de variation, pendant qu'il pouvait aisément les convaincre d'avoir cent et cent fois varié sur le fond et sur la substance des dogmes.

« Il avait alors sous les yeux le gros recueil des confessions de foi luthériennes et calvinistes, imprimé à Genève (en 1654), sous ce titre : *Syntagma confessionum fidei*... amas confus de confessions de foi discordantes qui se condamnaient les unes les autres sur plusieurs articles... et qui prêtaient le flanc à tous les genres d'attaque qu'on voudrait leur livrer. »

Bossuet s'avisa d'en tirer parti, mais « il s'aperçut bientôt que la matière était trop abondante et qu'elle grossirait trop considérablement sous sa plume pour en faire la simple préface d'un livre aussi court qu'est celui de l'*Exposition*. » Il se résolut donc « à la traiter à part et à composer une histoire détachée des variations des églises protestantes (1) ».

Depuis 1770, cette anecdote a été partout répétée ; elle a été accueillie par M. F. Lachat, dans son édition des *Œuvres complètes de Bossuet*, comme par M. D. Nisard, dans son *Histoire de la littérature française*. M. Rébelliau, avec raison selon moi,

---

(1) Préface des abbés LE QUEUX et LE ROY.

estime que cette tradition ne s'accorde guère avec ce que nous savons certainement du caractère de Bossuet. Celui-ci n'était rien moins qu'un homme de lettres, et c'est justement une des raisons pour lesquelles il est un si grand écrivain. « S'il y a, dit M. Rébelliau, une faiblesse dont il soit injuste d'accuser cet homme si véritablement grand, c'est la vanité littéraire. Dans la longue liste de ses ouvrages, en trouverait-on un seul qu'il ait composé, un seul qu'il ait publié pour faire acte d'auteur? Je ne le pense pas. L'intérêt manifeste de la foi, on l'a souvent et justement remarqué, fut toujours son unique règle : disons plus, l'intérêt contemporain de l'Eglise. Ceux mêmes de ses travaux, qui, en leur temps, avaient pu être utiles, mais qui, selon lui, ne l'étaient plus, ne méritaient pas, à ses yeux, de durer. Il laisse s'accumuler et se disperser les manuscrits de ses sermons, et c'est par surprise qu'on lui arrache la publication des *Oraisons funèbres*. Ce désintéressement avait frappé, de son temps déjà, ses adversaires eux-mêmes : « Voilà un prélat, disait Bayle, qui n'est pas du nombre de ceux qui écrivent pour écrire (1) ».

Si tel était Bossuet, comment admettre que ce soit une mesquine pensée de revanche personnelle, un dépit d'auteur (chez un homme qui, grâce à Dieu, était tout autre chose qu'un auteur), qui lui ait inspiré le dessein de l'*Histoire des Variations?* Et

---

(1) Alfred RÉBELLIAU, p. 3.

d'autre part, si l'on étudie, à propos de l'*Histoire des Variations*, les principaux écrits que produisit la controverse au dix-septième siècle, comment n'être pas frappé de l'étroit rapport qui existe entre le livre de Bossuet et ces ouvrages?

A ces considérations, qui suffiraient, si je ne m'abuse, à faire écarter l'anecdote mise en avant par les éditeurs de 1770, il convient d'ailleurs d'ajouter un argument que M. Rébelliau n'a pas produit.

Nous savons, par l'abbé Le Dieu, secrétaire particulier de Bossuet, que celui-ci commença l'*Histoire des Variations* « en finissant » le *Discours sur l'Histoire universelle*, et qu'il « travaillait à revoir ce discours », en vue de l'impression prochaine, pendant le voyage que firent les officiers de la future Dauphine pour aller recevoir, à Fegersheim en Alsace, Anne-Marie-Christine de Bavière, fiancée du Dauphin, et la ramener à Paris (1). Or, les deux dernières parties du *Discours sur l'Histoire universelle* ont été composées seulement en 1679. Le voyage des officiers de la Dauphine prend place du 25 janvier au 10 mars 1680. C'est donc au commencement de 1680 que Bossuet a entrepris l'*Histoire des Variations* (2). A cette date, il

---

(1) LE DIEU, *Mémoires sur la vie et les œuvres de Bossuet*, p. 193 et 173.

(2) Commencée en 1680, mais interrompue par d'autres travaux et de nouvelles obligations, l'*Histoire des Variations* ne fut terminée qu'en 1687 et parut seulement au mois de mai 1688. M. Nisard s'est donc trompé de deux ans lorsqu'il a écrit que Bossuet, « distrait de son travail par des instructions diocésaines et par quatre oraisons funèbres, reprit son livre en

y avait neuf ans que l'*Exposition de la foi catholique* avait paru (1671); il y en avait huit que la Bastide avait publié son essai de réfutation : la *Réponse* de la Bastide *au livre de M. de Condom* est de 1672. Pour que l'anecdote des abbés Le Queux et Le Roy fût vraie, il faudrait donc que Bossuet eût entrepris son *Histoire des Variations* dès 1672, au plus tard en 1673, et nous venons de voir qu'elle ne fut commencée qu'en 1680. Il y a mieux : Bossuet réédita l'*Exposition* en 1679 avec une préface importante. S'il eût été aussi sensible qu'on l'a dit aux attaques de la Bastide, il y aurait fait alors quelque allusion, il en eût tiré vengeance avec cette ironie souveraine qu'à l'occasion il savait si bien manier. Il n'en parle pas. — Ne disons donc point, comme on l'a trop répété depuis un siècle, que l'*Histoire des Variations* est issue d'un mouvement de dépit, d'une piqûre d'amour-propre. Non. Ce grand et admirable ouvrage, le plus beau et le plus accompli peut-être de Bossuet, est venu à son heure et à son rang, le jour où l'intérêt de l'Église lui en a imposé, pour ainsi dire, la composition.

III

Quels sont les documents dont Bossuet s'est servi ? Ses informations sont-elles complètes ? Sont-elles bien

---

1689 et le publia l'année suivante. » *Histoire de la littérature française*, t. III, p. 270.

choisies ? L'usage qu'il en fait est-il correct et judicieux ?

M. Alfred Rébelliau examine successivement ces diverses questions.

Rien de plus facile d'abord que d'établir quelles informations Bossuet s'était données. Il ne manque, pour ainsi dire, jamais d'indiquer les sources où il a puisé. Sa fidélité est constante à citer, à chaque page, le nom des auteurs, le titre des écrits qu'il emploie, l'endroit d'où ce qu'il en rapporte est pris. Soin doublement méritoire, en un temps où les historiens les plus renommés s'en affranchissaient, et dans un ouvrage qui n'était pas de pure érudition.

« Luther et les autres réformateurs — écrit-il au début de son livre — paraîtront souvent sur les rangs », dans cette histoire, « mais je n'en dirai rien *qui ne soit tiré le plus souvent de leurs propres ouvrages, et toujours d'auteurs non suspects* (1) ». Telle est la double règle qui le dirige dans le choix des documents qu'il adopte et dans l'élimination de ceux qu'il rejette ; autant que possible, il se retranchera les ouvrages qui ne sont pas les écrits mêmes des hommes qu'il étudie ; invariablement, il s'abstiendra des auteurs suspects.

Par « auteurs suspects », il entend tous ceux qui ne sont pas protestants ou favorables aux protestants. Il porte si loin le scrupule que, sur le compte de Zwingle et de Calvin, il se ferme volontairement

(1) Préface de l'*Histoire des Variations*.

l'accès de la plupart des historiens ou des théologiens luthériens. Et de même, sur Luther, il écarte le témoignage des écrivains calvinistes. Il fait plus encore.

S'il était pour lui un document précieux entre tous, capable de lui révéler abondamment ce Luther intime qu'il est avide de pénétrer, c'étaient ces recueils de conversations familières, recueillies au jour le jour, avec une admiration attentive et dévote, par les plus fervents disciples du Maître; c'étaient ces *Propos de table*, ces *Colloquia*, si imprudemment publiés dès 1566. Bossuet ne les cite qu'une fois, et non pour en tirer parti contre Luther (1). Les auteurs protestants soutenaient qu'il ne fallait pas le juger d'après de telles informations. Cela suffit pour que Bossuet s'interdise ce document, renonce à se servir de cette arme qui, entre ses mains, eût pu devenir si terrible. Il ne veut combattre ses adversaires qu'avec des armes dont ils auront eux-mêmes reconnu la légitimité.

Pour étudier l'histoire des dissensions intérieures de la France sous François II et Charles IX, Bossuet avait, en premier lieu, les édits, les ordonnances et les lettres patentes publiées en si grand nombre par le pouvoir royal durant ces troubles. « Pour voir le dessein de toutes ces guerres, — il en fait lui-même la remarque — il n'y a qu'à lire les traités de paix et les édits de pacification. » Il les a lus sans doute et, pour former sa conviction personnelle, il en profite;

---

(1) Livre XI, n° CLXXIX.

mais ce n'est pas sur eux qu'il se fonde. Il sait que les protestants les récusent, prétendant qu'ils ont été inspirés ou rédigés par leurs ennemis. C'en est assez pour que Bossuet ne s'en serve pas : il cherchera ailleurs des textes indiscutés.

Le livre VII de l'*Histoire des Variations* est consacré au *Récit de la Réforme d'Angleterre sous Henri VIII, depuis l'an 1529 jusqu'à 1547 ; et sous Edouard VI, depuis 1547 jusqu'à 1553, avec la suite de l'histoire de Cranmer jusqu'à sa mort en 1556.* C'est une des plus belles parties de l'ouvrage. Pour l'écrire, Bossuet se fait une loi de ne pas recourir à d'autres documents que ceux publiés par un historien anglican, par Gilbert Burnet, un des plus fougueux adversaires de l'Eglise romaine.

Vainement chercherait-on un autre exemple d'un tel désintéressement, d'une loyauté historique portée à un tel degré, disons le mot, à un tel excès de chevalerie. C'est que Bossuet, il faut s'en souvenir, n'était pas seulement un historien ; il n'écrivait pas seulement pour raconter et pour prouver, *ad narrandum et ad probandum ;* il se proposait surtout de ramener des frères égarés, de les convaincre et de les convertir. « Cette ambition de l'apôtre, dit très bien M. Alfred Rébelliau, lie les mains de l'historien ; car il est d'une indispensable nécessité qu'aucun nom suspect, si possible, ne paraisse dans ses pages et n'inspire à un lecteur aux aguets une prévention, fût-elle exagérée ou fausse. Bossuet doit, avant tout, ménager les préjugés de ses adversaires, veiller à ne pas donner le moindre jour à leurs critiques, s'étudier à désarmer par avance les contradicteurs futurs de son histoire en n'alléguant que d'irrécusables témoins (1). »

IV

S'il n'invoque que des témoins irrécusables, il ne se montre pas moins sévère dans le choix de ses documents. Au début de sa préface, il avait promis de s'appuyer de préférence sur les *actes officiels* des Eglises et sur les *propres écrits* des réformateurs. Cette promesse, il l'a rigoureusement tenue. Toutes les fois qu'il discute les dogmes des diverses sociétés protestantes, il se sert, d'abord et surtout, des confessions de foi. Il allègue aussi à la vérité, les *catéchismes* de Luther et de Calvin, l'*Apologie de la confession d'Augsbourg* et les *Loci communes* de Mélanchthon : mais ces ouvrages, consacrés et autorisés par l'assentiment des Eglises, ne sont-ils pas les commentaires officiels des confessions de foi publiques ?

De nos jours, on ne se contente pas de demander à l'historien des documents et des textes authentiques ; on veut que quelques-uns au moins de ces documents et de ces textes soient inédits. En dehors de l'inédit, pas de salut. Bossuet, sur ce chapitre comme sur tous les autres, avait déjà de quoi satisfaire les plus difficiles.

---

(1) Alfred RÉBELLIAU, p. 170.

Entre les différents sujets d'histoire que remuaient alors les controversistes, il y en a un qui, vers le milieu du xviie siècle, piqua plus que les autres l'attention du public : la bigamie du landgrave Philippe de Hesse, très actif protecteur de la Réforme. Le landgrave avait chargé son théologien et conseiller Bucer de négocier auprès de Luther et des autres chefs du parti pour obtenir d'eux une consultation favorable à son dessein. Bossuet s'adressa au préteur Obrecht, de Strasbourg, son ami, et, grâce à lui, il put exhumer le mémoire confidentiel où le landgrave exposait à Bucer les raisons qu'il croyait avoir d'obtenir du docteur l'autorisation désirée. Dans ce mémoire, le prince ne négligeait pas de promettre à Luther, s'il lui était favorable, *les biens des monastères et autres choses semblables.* Luther et les autres chefs répondirent par un avis doctrinal qui autorisait la bigamie, pourvu seulement que le landgrave tînt le cas secret. Le *Mémoire de Philippe de Hesse*, la *Consultation de Luther et des autres docteurs protestants sur la polygamie* et le *Contrat de mariage de Philippe, landgrave de Hesse, avec Marguerite de Saal*, furent publiés intégralement, par Bossuet, à la suite de son livre sixième.

S'agit-il, au livre X, de déterminer le rôle de l'Eglise réformée dans les discordes civiles à la fin du xvie siècle, Bossuet, par l'entremise des amis qu'il avait, soit parmi les intendants et les officiers royaux, soit parmi les évêques dans les provinces méridionales de la France, fait consulter les archives municipales des principales villes. Il a ainsi sous les yeux, en écrivant, des extraits des « registres des hôtels de ville de Nîmes, de Montauban, d'Alais, de Montpellier », où l'on peut, dit-il, voir « en original » les jugements violents portés contre les catholiques, les ordres des généraux et des villes donnés à la requête des consistoires, à l'effet de contraindre les « papistes » à embrasser la religion nouvelle. Et, quant à l'attitude officielle des pouvoirs dirigeants de l'Eglise protestante à la même époque, il va en chercher le témoignage dans les procès-verbaux des *Synodes Nationaux*, dont la bibliothèque royale conservait les manuscrits non encore publiés.

Au livre XI, Bossuet parle longuement des albigeois et des vaudois. « Sur certaines questions, dit M. Rébelliau, par exemple sur celle des albigeois et des vaudois, les informations de Bossuet sont *aussi riches que possible;* et il paraît bien avoir, comme il le dit lui-même, consulté « tous les auteurs du temps sans en excepter un seul! » Mais ici encore il a recours à l'inédit (1). Ayant à déterminer exactement la doctrine des vaudois avant le commencement du xvie siècle, et les anciens historiens qu'il pouvait consulter étant tous catholiques, il veut quelque chose de plus; il compulse les « enquêtes faites juridiquement en 1495 contre les vaudois de Pragelas et des autres vallées », manuscrits originaux conservés dans la bibliothèque du marquis de Seignelay.

(1) Alfred RÉBELLIAU, p. 183.

Par ces quelques traits, on peut juger avec quelle conscience Bossuet a rempli sa tâche. Mais M. Rébelliau a poussé plus avant. Son enquête a porté sur tous les points, ses investigations sur tous les détails. J'ose dire qu'il n'est pas un seul de nos historiens qui résisterait aussi victorieusement que Bossuet à une enquête de ce genre, poursuivie avec une telle patience et un pareil soin. Jamais, sans doute, un écrivain n'eut plus de génie, mais jamais non plus il ne s'en est trouvé qui ait poussé plus loin la probité historique. C'est vraiment un merveilleux spectacle de voir un historien se priver volontairement, comme l'a fait Bossuet, — j'en ai dit tout à l'heure les causes — des témoignages et des documents qui lui sont favorables, pour s'en tenir à ceux qui sont visés et, en quelque sorte, poinçonnés par ses adversaires. Et si, dans de telles conditions, il a pu faire une démonstration complète, inattaquable ; s'il a eu raison en tous points et contre tous, raison dans ce qu'il établit comme dans ce qu'il réfute (1); s'il a pu tracer de la Réforme et des réformateurs le tableau et les portraits que l'on sait, comment méconnaître que la lumière est faite, aussi complète, aussi éclatante que possible, que l'arrêt est définitif et de ceux que les siècles ne reviseront pas ?

(1) Nisard, t. III, p. 271.

V

Ce qui précède n'est nullement une analyse de l'ouvrage de M. Alfred Rébelliau. Il faudrait plusieurs articles pour analyser un volume si plein de faits et de recherches. Mon but sera atteint si j'ai inspiré à quelques-uns de mes lecteurs le désir de lire à leur tour ce consciencieux et remarquable travail. Il m'a beaucoup plu, je l'avoue, ne serait-ce que par l'abondance et la précision des notes qui courent au bas de chaque page. J'ai un faible pour les notes (mes lecteurs en savent quelque chose). Si on réunissait toutes celles de M. Rébelliau, on en ferait aisément un petit volume, *justum volumen*. Je ne dis pas que cet extrait deviendrait populaire et ferait la fortune d'un éditeur, mais enfin nous sommes encore quelques-uns, en France... et à l'étranger, qui en ferions nos délices.

Est-ce à dire qu'il n'y ait pas, dans l'ouvrage de M. Alfred Rébelliau, plus d'une appréciation sur laquelle je ne serais pas d'accord avec le savant écrivain ? En un endroit, par exemple, il nous montre Luther « agissant dans la plénitude la plus lucide de sa sagesse, de sa piété large et pure et de son énergie pratique » (1). Passe pour « l'énergie pratique »; mais la sagesse de Luther ! la piété large et pure de Luther !!

---

(1) Rébelliau, p. 447.

Ailleurs, à l'occasion de l'établissement de l'Eglise anglicane, et à propos de Henri VIII et de Cranmer, je trouve ce passage : « Ce sont ces deux hommes qui non seulement ont lancé, si je puis dire, et mis en train la Réforme en Angleterre, mais qui lui ont donné pour un assez long temps sa forme et sa direction... Et c'est pourquoi les démarches personnelles de ces deux hommes, et leurs opinions privées, et jusqu'aux passions impures qu'ils ont pu mêler à l'exécution d'une *grande œuvre*, tout cela fait partie intégrante et légitime de l'histoire du protestantisme en Angleterre (1). » J'avoue qu'il m'est impossible de voir une *grande œuvre* dans cette prétendue réformation anglicane, dont Bossuet a si bien dit qu'elle « s'établit en foulant aux pieds, jusque dans la source, tout le christianisme de la nation (2). »

A la dernière page, je rencontre ces lignes : « De tels livres sont féconds en conséquences imprévues. Leur choc puissant ne détermine pas seulement des réactions immédiates, mais des ondulations lointaines propres à surprendre l'auteur même, de qui elles dépassent l'ambition ou parfois contrarient les *courtes vues*. L'*Histoire des Variations* paraît avoir eu un de ces contre-coups ironiques... (3). » Que les vues de Bossuet, en tant qu'historien du protestantisme, aient été « courtes », c'est ce que je ne saurais, pour ma part, concéder à l'auteur. Je

---

(1) Rébelliau, p. 343.
(2) *Histoire des Variations*, Livre VII, n° cxiv.
(3) Alfred Rébelliau, p. 572.

ne doute pas qu'il ne revienne bientôt sur cette appréciation.

Ces passages, du reste, et quelques autres sur lesquels j'aurais également des réserves à faire, ne touchent pas au fond même de l'œuvre de M. Rébelliau. Son dessein n'est point de nous exposer ses idées personnelles sur la Réforme et ses auteurs, mais de rechercher si Bossuet, parce qu'il a été un orateur sans pareil, a manqué des qualités maîtresses de l'historien; si l'éloquence a nui chez lui à la solidité des recherches, à l'exactitude et à la clairvoyance; si, le jour où il a abordé l'histoire, il s'est trouvé impuissant à se dépouiller des habitudes et des procédés d'intelligence propres à l'exposition orale des idées et des faits. A l'encontre des adversaires de Bossuet, je dirais presque à l'encontre de ses admirateurs, qui, sur ce point, l'ont quelquefois mollement défendu, M. Rébelliau a établi que l'*Histoire des Variations des Eglises protestantes* est un ouvrage vraiment scientifique, aussi digne de l'estime des érudits que de celle des lettrés. De cela il a fourni des preuves aussi nombreuses que décisives. Sa démonstration est complète et ses conclusions inattaquables.

Dans son *Discours de réception à l'Académie*, prononcé le *lundi quinzième juin 1693*, cinq ans après la publication de l'*Histoire des Variations*, La Bruyère, on le sait, s'exprimait en ces termes : « Que dirai-je de ce personnage qui a fait parler si longtemps une envieuse critique et qui l'a fait taire; qu'on admire malgré soi, qui accable par le grand nombre et par l'éminence de ses talents? Orateur, *historien,* théologien, philosophe, *d'une rare érudition,* d'une plus rare éloquence, soit dans ses entretiens, soit dans ses écrits, soit dans la chaire... » La Bruyère avait raison : l'historien, chez Bossuet, doit être placé immédiatement après l'orateur, au-dessous sans doute, mais encore très haut, au niveau des historiens les plus éminents. Ce sera l'honneur de M. Alfred Rébelliau d'avoir mis cette vérité en pleine lumière, hors de toute contestation possible. Comment ne pas augurer heureusement de l'avenir d'un écrivain qui, à ses débuts, se place sous un tel patronage; qui, à son entrée dans cette carrière des lettres, qui est bien quelquefois un enfer, prend Bossuet pour maître et pour guide et lui dit, comme Dante à Virgile :

Tu se' lo mio maestro e il mio autore? (1).

15 mars 1892.

(1) *L'Enfer*, ch. 1.

LA CHALOTAIS

ET LE DUC D'AIGUILLON [1]

I.

Henri Carré, ancien professeur d'histoire à la Faculté des lettres de Rennes, aujourd'hui professeur à Poitiers, s'est fait connaître par de solides et consciencieuses études sur notre histoire bretonne, et en particulier par un très remarquable volume sur *le Parlement de Bretagne après la Ligue*, qui a dû, ou je me trompe fort, être couronné par l'Académie des inscriptions et belles-lettres. Il y a quelques années, se trouvant à Dijon à l'époque des vacances, il alla, comme de raison, faire quelques séances à la bibliothèque de la ville, et ne

---

[1] La Chalotais et le duc d'Aiguillon, *Correspondance du chevalier de Fontette*, publiée par Henri Carré, professeur d'histoire à la Faculté des lettres de Poitiers. Un volume grand in-8, ancienne maison Quantin, 7, rue Saint-Benoît, 1893.

fut pas peu étonné d'y rencontrer quatre manuscrits in-4° qui avaient trait exclusivement aux événements dont la Bretagne fut le théâtre de 1766 à 1768. Ces quatre volumes se composaient des lettres écrites ou reçues pendant cette période par le chevalier de Fontette, commandant du château de Saint-Malo. M. Carré trouva cette correspondance si intéressante, qu'il ne crut pas devoir se borner à en faire des extraits. Malgré son étendue — elle ne comprenait pas moins de 346 lettres, dont plusieurs fort longues, — il se résolut à la copier tout entière de sa main et à la publier sans retranchements. On verra tout à l'heure qu'elle méritait en effet d'être reproduite en son entier.

Un mot d'abord sur le principal auteur de cette correspondance.

M. de Fontette, né à Dijon le 27 décembre 1713, appartenait à la vieille famille parlementaire dont il portait le nom. Bien que ses parents fussent gens de robe, il embrassa le métier militaire et s'y distingua. A vingt ans, il assistait aux batailles de Parme et de Guastalla (1734). A trente-cinq, il était chargé d'une mission en Corse par M. de Chauvelin (1748). Le maréchal de Richelieu le considérait comme le plus intelligent officier qui fût sous ses ordres.

M. de Fontette parut en Bretagne en 1756. Deux ans plus tard, il y remplit les fonctions de maréchal général des logis « près des troupes employées à la défense des côtes ». En 1764, il fut régulièrement commissionné comme tel. Au mois de janvier 1766, il reçut le commandement du château de Saint-Malo.

Son mérite et ses services lui valurent d'être nommé maréchal de camp le 3 janvier 1770. Il mourut à Dijon au mois de janvier 1796.

Lorsqu'il fut appelé au commandement du château de Saint-Malo, on venait d'y incarcérer les procureurs généraux du parlement de Bretagne alors dispersé, MM. de la Chalotais et de Caradeuc, le père et le fils, M. de Charette de la Gascherie et M. de Charette de la Colinière, MM. de Montreuil et de Kersalaün, conseillers au même parlement, tous accusés de conspiration contre l'Etat. Ayant dès lors la haute surveillance sur ces prisonniers politiques, M. de Fontette s'intéressa à tout ce qui les concernait. Il ne se pouvait pas qu'il ne fût très au courant de tout ce qui se passait en Bretagne, et ses informations se retrouvent dans sa vaste correspondance. Sans compter les parents des prisonniers, il eut pour correspondants le général vicomte de Barrin, le comte de la Noue, l'avocat général Le Prêtre de Chateaugiron, le conseiller de Quehillac, d'autres encore. Tous étaient, comme lui, bien placés pour savoir les choses. Mais les lettres les plus intéressantes sont, après les siennes, celles du vicomte de Barrin et du comte de la Noue. Armand-Charles de Barrin de la Galissonnière, maréchal de camp depuis le 15 juillet 1763, exerçait un commandement à Rennes. Ce fut à lui qu'incomba la surveillance de la Chalotais lorsque ce dernier fut transféré de Saint-Malo à Rennes dans la nuit du 31 juillet au 1ᵉʳ août 1766. Quant au comte de la Noue, inspecteur commandant les milices garde-côtes de Bretagne, il était fort des amis du duc d'Aiguillon, de même que Fontette, et tous deux furent instruits par le duc de beaucoup de choses. Quand ils résidaient à Rennes, ils savaient, d'ailleurs, ce qui se passait à l'intendance. A un moment donné, Fontette est à Rennes et la Noue à Versailles. Ils se racontent sur « l'affaire de Bretagne » tous les bruits de la province, tous ceux de Paris et de la cour. M. de la Noue a des attaches dans le personnel des bureaux des ministres ; et « l'affaire de Bretagne » est alors le gros souci du gouvernement.

II

Qu'est-ce donc que l' « affaire de Bretagne » ? M. Henri Carré est là-dessus, dans son *Introduction*, très sobre de détails. Sous prétexe que la correspondance de Fontette s'ouvre seulement au mois de mars 1766, il ne nous dit rien des origines de l'affaire, qui sont antérieures à cette date. C'est là un tort que j'ai peine à lui pardonner, car je me suis vu condamné, pour me faire une idée plus ou moins juste de ces origines, à ouvrir la seule *Histoire de France* que j'aie là sous la main, au fond des bois ; et c'est, hélas ! l'*Histoire de France* de feu M. Henri Martin ! Or voici à peu près ce que j'ai trouvé au tome XVI de cet Henri Prudhomme :

Il régnait en Bretagne, aux environs de 1762, une agitation due à deux causes : l'affaire des jésuites et la violation des vieilles libertés bretonnes revendiquées avec une opiniâtre constance par les Etats et le Parlement. Quant aux jésuites, c'était en Bretagne qu'ils avaient reçu les plus terribles coups, de la main du procureur général, M. de La Chalotais, auteur de ces fameux *Comptes rendus*, qui lui assurent, au dire du bon Henri Martin, une *gloire* immortelle. Le « gouverneur », le duc d'Aiguillon (1), « courtisan noir et profond, qui tenait à la fois aux corrompus et aux dévots de la cour, et qui était tout ensemble le digne neveu de Richelieu et le protégé du dauphin, s'était trouvé engagé dans les intérêts des jésuites, pour plaire au prince son patron (2) ». Avant que la question fût définitivement tranchée, il avait organisé, dans les Etats de la province, une opposition contre le Parlement où dominait La Chalotais, mais les États se retournèrent bientôt contre lui avec violence et s'unirent avec le parlement qui, de concert avec eux, adressa au roi, en juin et novembre 1764, des remontrances très vives contre l'administration du lieutenant-général-commandant. Cette démarche étant demeurée sans résultat, le Parlement de Rennes suspendit son service. Le roi le manda en corps à Versailles et lui signifia de reprendre préalablement ses fonctions, avant qu'il fût répondu à ses remontrances.

---

(1) Le duc d'Aiguillon n'était pas gouverneur de Bretagne, comme le dit à tort M. Henri Martin. Il était « lieutenant-général-commandant en chef la Bretagne » et résidait dans la province, en l'absence du duc de Penthièvre, qui en était le gouverneur.
(2) Henri MARTIN, t. XVI, p. 240.

Le Parlement de Rennes démissionna en grande majorité (mai 1765). Cependant le débat n'avait pas tardé à devenir une sorte de duel entre La Chalotais et d'Aiguillon, « l'un représentant le despotisme et le jésuitisme, l'autre l'esprit philosophique et l'esprit parlementaire (1) ». La Chalotais vint plusieurs fois à Versailles pour tâcher d'abattre son ennemi ; celui-ci, ou ses adhérents, s'efforcèrent, de leur côté, de perdre le procureur général. Un jour, le roi reçut deux lettres anonymes, écrites dans les termes les plus injurieux. Elles sont remises à M. de Saint-Florentin, secrétaire d'Etat, avec mission d'en rechercher l'auteur. Quelques jours après, Saint-Florentin déclara au roi qu'un jeune maître des requêtes, M. de Calonne, a reconnu l'écriture de La Chalotais. Là-dessus, Louis XV prend feu et la Tournelle criminelle est chargée d'instruire contre le coupable et ses complices, car les lettres anonymes ne sont déjà plus qu'un incident d'un vaste complot contre l'autorité royale (18 juillet 1765).

L'affaire traîne, mais sans s'assoupir. Après de longues irrésolutions, le roi se décide enfin. Le 11 novembre, La Chalotais, son fils et trois conseillers, les deux MM. de Charette et M. de Montreuil, sont arrêtés (2) ; les membres démissionnaires du parlement de Rennes sont sommés de reprendre leurs fonctions pour juger leurs confrères. Ils refusent. Une

---

(1) Henri Martin, t. XVI, p. 240.
(2) M. de Kersalaün, non arrêté d'abord, fut incarcéré un peu plus tard.

commission du conseil d'Etat est alors envoyée à Saint-Malo afin de poursuivre le procès à la place du parlement. Mais bientôt les membres de cette commission se récusent ; elle est dissoute, et le procès renvoyé devant le parlement de Rennes *rétabli*, c'est-à-dire par-devant la minorité non démissionnaire, grossie de quelques défectionnaires qui retirent leur démission et de nouveaux conseillers créés par le roi. Ce parlement reçut le nom de *Parlement d'Aiguillon*, et les accusés déclinèrent sa compétence. Ils y comptaient cependant de nombreux amis. Le *Parlement d'Aiguillon* n'osait ni condamner ni absoudre. L'affaire menaçait de s'éterniser, lorsqu'enfin, le 22 novembre 1767, le roi prit le parti d'évoquer à sa personne le procès des magistrats bretons. Le 24 décembre, des lettres patentes déclarèrent éteintes et assoupies toutes poursuites et procédures relatives à cette affaire, le roi ne voulant pas, était-il dit, « trouver de coupables ». La Chalotais et ses coaccusés furent élargis, mais exilés à Saintes.

III

D'après M. Henri Martin, et aussi, je dois le dire, d'après la plupart des historiens, La Chalotais est un héros et un martyr. C'est, à leurs yeux, un magistrat pénétré des devoirs de sa charge, et prêt à leur tout sacrifier ; un parlementaire qui aurait voulu limiter les abus de la monarchie absolue ; et, pour parler le langage du dix-huitième siècle, un grand « patriote ». Ils ont vu dans ses juges des ennemis personnels, des partisans ou des créatures de ses adversaires. Ils l'ont suivi dans ses prisons et l'ont montré soumis à une détention des plus rigoureuses ; les officiers généraux chargés de sa personne n'auraient été que de vulgaires geôliers, les plus durs, d'ailleurs, qui se pussent rencontrer.

Rien n'égale, en revanche, la sévérité des jugements portés par ces mêmes historiens sur le duc d'Aiguillon. Parmi les persécuteurs du « grand magistrat », il aurait été le plus coupable. Poussé par des rancunes personnelles, il aurait demandé et obtenu son arrestation ; il aurait secrètement dirigé contre lui toute l'instruction de son procès ; il aurait tenu en main tous les fils de la procédure. Ses agents auraient intimidé les témoins favorables à l'accusé et suggéré aux autres des témoignages calomnieux. Sa haute situation, son influence l'auraient mis à même de dicter leurs décisions aux juges.

C'est à des conclusions toutes différentes qu'a été conduit M. Carré par l'étude du volumineux dossier qu'il a découvert à Dijon, par l'examen des pièces manuscrites et confidentielles, des lettres intimes où l'on trouve la défense du parti d'Aiguillon opposée enfin aux accusations du parti contraire.

M. Ducrest de Villeneuve, dans son *Histoire de Rennes*, représente La Chalotais sur un lit de « Procuste », et son fils, M. de Caradeuc, dans une « casemate » ; il compare le chevalier de Fontette à

Hudson Lowe. D'autres historiens affirment que le procureur général, transféré à Rennes, au couvent des Cordeliers, y fut soumis à une réclusion plus étroite que jamais, et que M. de Barrin fut alors pour lui un aussi dur geôlier que son collègue de Saint-Malo. Il ressort, au contraire, des lettres publiées par M. Carré, que les choses se passèrent tout différemment. Au château de Saint-Malo et au couvent des Cordeliers, La Chalotais se trouva sous la surveillance, non de geôliers vulgaires, de gardiens administratifs, mais d'officiers généraux, de gentilshommes distingués et de politesse raffinée. Ils sont prêts à le satisfaire, dans les limites des instructions qu'ils ont reçues, et vont même au delà ; ils le traitent avec les plus grands égards.

A Saint-Malo, MM. de La Chalotais et de Caradeuc pouvaient correspondre avec leurs proches, ainsi que leurs compagnons de captivité. De leur côté, les femmes et les parents des prisonniers ne cessent de correspondre avec M. de Fontette, et ses réponses montrent l'extrême désir qu'il eut de leur complaire. Mme de Charette de la Gascherie lui écrit à tout propos. C'est par lui qu'elle fait parvenir à son mari ses lunettes et sa perruque. Elle se confond en excuses, craignant, dit-elle, d'abuser, mais elle continue d'expédier une multitude de paquets et de boîtes. Mlle de Charette, sœur du prisonnier, fait mieux encore ; tout émue de l'ennui qu'il doit éprouver, elle lui envoie, par M. de Fontette, une petite chienne qu'il aime ; et ce trait prouve que le commandant se prête même aux fantaisies des dames. Jusqu'à la fin il fut, à leur égard, irréprochable. Au moment où M. de la Gascherie quittait Saint-Malo, il annonça son départ à Mme de la Gascherie, qui lui répondit ne pouvoir exprimer « l'étendue de sa reconnaissance ». A la même occasion, le père de M. de Kersalaün écrivait à Fontette : « Mme de Kersalaün et moi avons la plus vive reconnaissance des bontés dont vous avez bien voulu honorer mon fils pendant qu'il a été à Saint-Malo... (1) » — Les historiens n'en continueront pas moins de gémir sur les horreurs de la captivité infligée aux conseillers bretons, et en particulier au procureur général. Ils continueront de citer la phrase fameuse que contient le premier *Mémoire* écrit sous le nom de M. de La Chalotais, et reconnu par lui comme son œuvre : « Fait au château de Saint-« Malo, 15 janvier 1766, écrit avec une plume faite « d'un cure-dent, et de l'encre faite avec de la suie de « cheminée, du vinaigre et du sucre, sur des papiers « d'enveloppe de sucre et de chocolat. » Ils n'auront garde surtout d'omettre l'exclamation de Voltaire parlant du magistrat-philosophe : « Son cure-dent grave pour l'immortalité ! (2) » Nous voyons, cependant, par plusieurs des lettres de la *Correspondance du chevalier de Fontette* que La Chalotais avait à Saint-Malo tout ce qu'il faut pour écrire. Rien de plus curieux à cet égard que la lettre de M. de

---

(1) *Correspondance du chevalier de Fontette*, p. 295.
(2) Voltaire, édition Beuchot, t. LXIII, p. 264 (7 août 1766).

Fontette, à son ami M. de La Noue, en date du 29 avril 1766.

« ... C'est une race bien insupportable que celle des procureurs généraux de Bretagne. J'en ai deux ici que je donne au plus habile de satisfaire. L'un est une tête échauffée dès le sein de sa mère, qui ne fait que clabauder, et me chanter pouille dans *toutes les lettres que j'ai condescendance de lui laisser écrire par toutes les postes à sa famille;* car il n'y a jamais eu d'ordre pour rendre la liberté de l'écritoire aux prisonniers; je prends seulement la précaution de les recevoir décachetées, *soit qu'ils écrivent*, soit qu'on leur écrive, et comme M. de La Chalotais sait que je dois les lire, il les remplit d'invectives contre moi, qui ai eu la bonté, l'humanité d'adoucir des trois quarts son état. Tantôt je suis un « geôlier », tantôt un « inhumain », ou « barbare », un homme « qui n'a point d'amis, et n'est point fait pour en avoir ». Voilà les petites douceurs qu'il me fait lire de temps en temps. Il en dit bien d'autres aux officiers qui l'approchent, qui en usent, avec lui, avec la plus grande honnêteté et modération. Son fils est moins emporté, mais encore bien plus inquiet. Il tracasse tout le monde, et jusqu'au domestique qui a eu la bonté de s'enfermer avec lui. Ce pauvre diable demandait l'autre jour pour toute grâce qu'on le mît au cachot. Tous les autres prisonniers sont les meilleures gens du monde, et il n'y a jamais avec eux le plus petit mot. En général, on a les plus grands égards pour tous; mais je vous avouerai que, quant aux petites attentions, je m'en crois dispensé pour M. de La Chalotais, qui croit avoir affaire aux huissiers et autres gens du bas palais, qu'il menait le bâton haut. J'ai envoyé du vin, et tout ce que je puis imaginer d'amusant en brochures, aux autres et même à son fils, qui dit quelque bien de moi dans ses lettres. Quant à lui, je me crois dispensé des petits soins à son égard ; ceux de l'humanité étendus autant qu'ils peuvent l'être, et puis c'est tout. On lui fait passer ce qu'il demande en vivres, livres, etc. ; il se promène deux fois par jour, s'il veut. Il va à la messe, quoique ce soit ce dont il s'embarrasse le moins. Il n'est jamais content. Je vous assure que ce n'est qu'un fou dont le public a bien été la dupe. Son *Compte rendu* lui a tourné la tête. Il s'est figuré qu'il était de lui, et il est peut-être le seul à ignorer aujourd'hui que c'est d'Alembert qui l'a fait (1). »

Il n'était point fou, mais au contraire fort habile. Sa plus grande habileté fut de faire croire qu'il était la victime des jésuites, qu'on le sacrifiait à leur vengeance, que le duc d'Aiguillon lui-même n'était qu'un instrument entre leurs mains. Le mot d'ordre était donné, il fut fidèlement suivi. Les partisans du procureur général, les Chalotistes, comme on les appelait, répandirent des libelles anonymes, spécialement dirigés contre les jésuites.

Deux surtout firent grand bruit, les *Lettres d'un gentilhomme breton à un noble espagnol* et le *Tableau*

---

(1) *Correspondance*, p. 158.

des assemblées secrètes et fréquentes des jésuites et leurs affiliés à Rennes. On y dévoilait les horribles détails de la grande conspiration « jésuitique » tramée contre de « vertueux magistrats ». On y montrait les jésuites préparant tout dans leurs assemblées clandestines, rédigeant les chefs d'accusation, sollicitant les témoins, dénonçant les parents, les amis, les conseils des accusés, choisissant les espions qu'ils voulaient distribuer dans toute la province. Ces prétendues révélations firent naturellement grand tapage. Le ministère s'en émut. Mais M. de Flesselles, alors intendant de Bretagne, le même qui sera plus tard massacré à Paris au commencement de la Révolution, eut bien vite rassuré le gouvernement. C'étaient des faits sans importance qui avaient fourni l'occasion à un libelliste de construire une conspiration de toutes pièces. Des dames de Rennes avaient reçu chez elles quelques jésuites qui continuaient de résider dans la ville sous le couvert de l'édit du mois de novembre 1764 ; un soi-disant bref du Pape envoyé à l'une d'elles, avec un chapelet et une médaille, avait bien occasionné quelques murmures, mais tout s'était vite « assoupi ». Les officiers de police, consultés par l'intendant, avaient certifié n'avoir eu connaissance des prétendues assemblées que par le bruit populaire.

Le parquet de Rennes résolut de poursuivre la brochure. L'avocat général, Le Prêtre de Châteaugiron, y étant désigné comme un des affiliés des jésuites, ne put pas requérir, et sa place fut prise par M. Gault, substitut. Ou bien les assemblées étaient réelles, et leurs fauteurs devaient être punis ; ou bien la dénonciation qui en était faite n'était qu'une calomnie atroce et inventée pour troubler le repos des citoyens, et alors il en fallait poursuivre les auteurs. En réclamant une enquête, M. Gault faisait ressortir ce qu'il y avait d'abominable dans la conduite du libelliste qui, sans aucune preuve, admettait un concert criminel entre des membres du Parlement, des gentilshommes et des prêtres « constitués dans les premières dignités de l'Eglise » ; qui les accusait, sans aucune preuve, de s'être assemblés pour inventer des crimes d'Etat, « corrompre des témoins et faire périr des innocents ».

Le réquisitoire de M. Gault a d'autant plus de portée que ce magistrat était un ami de M. de La Chalotais. La cour lui décerna acte de sa plainte et commit le conseiller de Grimaudet pour informer contre les auteurs, complices et distributeurs de l'écrit anonyme, aussi bien que contre ceux qui avaient pu quelque part former des assemblées illicites. Plus de cent témoins furent entendus. Pas un fait ne fut articulé qui pût donner créance aux affirmations de la brochure, et la cour ordonna que le *Tableau des assemblées* fût « lacéré et brûlé ».

Mais avant que l'arrêt intervînt, les chalotistes avaient lancé une autre bombe, et celle-ci faisait encore plus de bruit que la première. Il ne s'agissait de rien moins, cette fois, que d'un complot contre la vie même de M. de La Chalotais, complot dont le fauteur était naturellement un jésuite — le jésuite Clémenceau.

IV

Vers 1866, M. Alexandre Dumas fils a publié avec grand succès un roman intitulé : *l'Affaire Clémenceau*. Se doutait-il qu'un siècle auparavant, en 1766, une autre « affaire Clémenceau » avait été lancée à Rennes, et que le roman chalotiste avait fait plus de tapage que le sien? On se rappelle que le livre de l'illustre écrivain avait pour second titre : *Mémoire à consulter*. Or, j'ai sous les yeux un des nombreux écrits publiés à Rennes et à Paris sur l'affaire de 1766, et l'un d'eux a de même pour titre : *Mémoire à consulter pour le sieur Clémenceau*. Je vais essayer de résumer aussi brièvement que possible ce roman oublié, très habilement remis en lumière par M. Henri Carré.

Un Normand en résidence à Rennes, le sieur Bouquerel, avait écrit à M. de Saint-Florentin (1) une lettre anonyme fort injurieuse. Il fut soupçonné d'en être l'auteur. Arrêté et conduit à la Bastille, il y avoua que la lettre était de sa main. Comme ce Bouquerel paraissait avoir eu des relations avec M. de La Chalotais, on résolut de joindre son affaire à celle du pro-

---

(1) Le comte de Saint-Florentin (1705-1777) était fils de L. Philippeaux, marquis de la Vrillière, ministre de la maison de Louis XV. Il occupa lui-même pendant cinquante-deux ans différents ministères, notamment celui de la maison du roi et celui de l'intérieur. Louis XV le créa duc en 1770.

cureur général, et il fut ramené à Rennes. Il devait y être incarcéré aux Cordeliers, couvent voisin du palais. Mais les préparatifs nécessaires pour le recevoir n'étant pas complètement terminés, on le déposa, pour une nuit, dans l'hôpital de Saint-Méen, maison de force semblable à celle de Charenton.

Le supérieur de Saint-Méen était un prêtre du nom de Clémenceau. Il avait été jésuite dans sa jeunesse, mais depuis 1740, c'est-à-dire depuis plus de vingt-cinq ans, il était sorti de la « société ». Il garda durant une nuit l'accusé Bouquerel ; et quand celui-ci, transféré aux Cordeliers, demanda à se confesser, ce fut M. Clémenceau que l'autorité militaire fit venir.

Aux Cordeliers, le supérieur de Saint-Méen fut en rapport avec un officier de dragons du nom de des Fourneaux, qui se trouvait préposé à la garde de Bouquerel. C'était un homme très brave qui avait sauvé son colonel sur le champ de bataille. Dans une affaire, il avait reçu, disait-on, quatorze coups de sabre sur la tête. Il en avait gardé l'esprit un peu faible, et il perdit tout son sang-froid quand il se trouva en présence d'un prisonnier comme Bouquerel, lequel, depuis son entrée aux Cordeliers, avait des accès de folie, réels ou simulés. M. Clémenceau lui demanda s'il voulait se charger de la malle de Bouquerel et d'une bourse trouvée sur lui. Des Fourneaux refusa, et le prêtre dut alors s'adresser à l'intendant, qui l'autorisa à déposer l'argent et la malle au greffe criminel du parlement.

Voilà les faits tels qu'ils furent racontés par M. Clémenceau, et tels que le parlement les a reconnus vrais. De ces faits très simples allait sortir tout un roman.

Très inquiet d'être le gardien d'un homme dont l'affaire avait de la connexité avec le procès La Chalotais, M. des Fourneaux prétexta sa mauvaise santé, et il obtint qu'on le débarrassât de Bouquerel. Il n'en resta pas moins obsédé de la crainte d'avoir provoqué la haine des partisans de Bouquerel ou de La Chalotais. Il se crut environné d'ennemis et menacé de mort. Son régiment ayant quitté Rennes pour prendre ses quartiers à Blain, il fit là une grave maladie. Dans un accès de fièvre chaude, il courut chez une dame Roland de Lisle, et lui tint les propos les plus extravagants, disant qu'il était Jésus-Christ, et parlant en même temps d'un prisonnier d'Etat placé sous sa garde et menacé d'empoisonnement.

Sur ces entrefaites, vint de Blain à Rennes un jeune homme de dix-huit ans, Annibal Moreau, fils d'un procureur au parlement et soldat au même régiment que des Fourneaux. Il raconta à sa mère la maladie du lieutenant, et en fit, peut-être sans en avoir conscience, une véritable légende. Des Fourneaux, disait-il, avait, dans son délire, souvent parlé de poison; il s'était dit circonvenu pour tuer un prisonnier; enfin, pendant sa convalescence, un jour qu'il entendait lire le *Tableau des assemblées*, il avait frémi au nom de M. Clémenceau. Annibal Moreau, ne connaissant pas Bouquerel, pensait que le prisonnier dont le souvenir torturait des Fourneaux devait être M. de

La Chalotais ; il supposait que l'empoisonnement dont parlait son officier avait dû être conseillé par « l'ex-jésuite » Clémenceau.

Les Moreau confièrent leurs soupçons à leurs amis qui en parlèrent à d'autres. Mme Moreau, d'ailleurs, ne se faisait pas faute d'embellir les récits de son fils. Elle racontait que M. des Fourneaux, au temps où il résidait à Rennes, lui avait un jour demandé une fiole de lait qui pût lui servir de contre-poison. Les imaginations s'enflammèrent sur ce sujet, et le gros public, épris de scènes dramatiques et d'émotions violentes, eut vite fait de voir « l'ex-jésuite » Clémenceau se dressant devant des Fourneaux pour le tenter, une fiole de poison dans une main, une bourse pleine d'or dans l'autre.

La poire était mûre ; il ne restait plus aux chalotistes qu'à la cueillir. Ils avaient précisément sous la main l'homme qu'il leur fallait, un procureur du nom de Canon, ancien clerc de M. Moreau et très avant dans l'intimité de Mme Moreau, homme de mœurs suspectes, de fortune mal aisée, ayant grand goût pour le scandale, et doué d'une imagination hardie. Il reprit à son compte tous les récits d'Annibal Moreau et de sa mère et en déposa en justice, les exagérant encore, les dénaturant au besoin. Il prétendit tenir des Moreau que le projet d'empoisonnement de La Chalotais aurait été l'un des objets des assemblées illicites ; et jamais ils n'avaient rien dit de semblable. Mais Canon croyait essentiel de lier l'affaire des assemblées à l'affaire Clémenceau, pour que les menées des jésuites en parussent mieux combinées, selon un plan plus vigoureux. Très satisfait du reste de son rôle, enivré du bruit qui se faisait autour de son nom, il répétait complaisamment ce vers :

> Victrix causa diis placut, sed victa *Canoni*.

Une instruction fut ouverte. Le malheureux des Fourneaux subit divers interrogatoires, et fut confronté avec les principaux témoins. Il déclara n'avoir jamais parlé d'un ecclésiastique lui présentant du poison et de l'or. Il soutint aux Moreau qu'il ne les avait entretenus d'aucune tentative faite sur lui pour le corrompre; il n'avait jamais, dit-il, prononcé devant eux le nom de La Chalotais. Aussi bien, toute la légende créée à son sujet s'évanouissait, aux yeux des gens non prévenus, devant le seul fait que des Fourneaux avait été le gardien, non pas de La Chalotais, mais de Bouquerel ; devant cet autre fait également certain, que La Chalotais était à Saint-Malo, quand des Fourneaux était à Rennes. Cependant, grâce aux intrigues des chalotistes et aux nombreux partisans qu'ils comptaient dans le Parlement, le procès dura très longtemps. Ce fut seulement le 5 mai 1768 que la cour rendit son arrêt. Jean Canon fut banni à perpétuité « hors du royaume ». Julie-Angélique de Bédée, épouse de Jean-François Moreau, et Annibal Moreau, son fils, furent condamnés « en mille livres de dommages et intérêts par forme de réparation civile au sieur Clémenceau seulement, applicables à l'hôpital Saint-Méen; ladite somme supportable, savoir : six cents livres par Canon, deux cents livres par Annibal Moreau, et deux cents livres par ladite de Bédée. »

L'innocence de M. Clémenceau était proclamée par arrêt. Elle n'était douteuse pour aucune personne de bonne foi. Dans le camp de La Chalotais, on n'en continua pas moins à dire et à écrire que le « complot du poison » avait réellement existé. Des pamphlets chalotistes, cet inepte et grossier mensonge a passé dans les livres de nos historiens.

Dans le dispositif de l'arrêt du 5 mai 1768, le lecteur aura peut-être remarqué cette ligne : « Julie-Angélique de *Bédée*, épouse de Jean-François-Moreau... » La dame Moreau, qui fut si déplorablement mêlée à l'affaire Clémenceau, n'était rien moins en effet que la tante propre de Chateaubriand, une sœur de sa mère, celle-là même dont il dit, dans ses *Mémoires* : « Une sœur de ma mère qui avait fait un assez mauvais mariage. » Fille d'Ange-Annibal de Bédée, seigneur de la Boüétardaye, et de Bénigne-Jeanne-Marie de Ravenel, Julie-Angélique-Hyacinthe de Bédée avait épousé, le 14 avril 1744, Jean-François Moreau, procureur au parlement et échevin de Rennes (1). Leur fils *Annibal* était donc le cousin germain de Chateaubriand. Seul de tous les personnages de l'affaire Clémenceau, il vivra, grâce aux *Mémoires d'outre-tombe*, où son glorieux parent a

---

(1) *La Chalotais et le duc d'Aiguillon*, p. 487.

tracé de lui cet inoubliable portrait : « Un bruit lointain de voix se fait entendre, augmente, approche ; ma porte s'ouvre : entrent mon frère et un de mes cousins, fils d'une sœur de ma mère qui avait fait un assez mauvais mariage... Mon cousin Moreau était un grand et gros homme, tout barbouillé de tabac, mangeant comme un ogre, parlant beaucoup, toujours trottant, soufflant, étouffant, la bouche entr'ouverte, la langue à moitié tirée, connaissant toute la terre, vivant dans les tripots, les antichambres et les salons (1). »

V

Que les jésuites aient été complètement étrangers aux poursuites contre La Chalotais, qu'ils n'aient ourdi aucun complot contre sa vie, nous venons de le voir, et le livre de M. Carré le démontre jusqu'à l'évidence. Je ne crois pas que ses conclusions à cet égard soient contestées. Peut-être n'en sera-t-il pas de même de celles qui concernent le duc d'Aiguillon. Bien loin de pousser aux poursuites contre La Chalotais, le duc d'Aiguillon, d'après notre historien, les avait toujours désapprouvées. Voici, en effet, ce qu'il écrivait, le 11 février 1766, au contrôleur général, M. de l'Averdy : « Je n'ignore pas les propos injustes et déplacés qu'on a tenus dans les séances du 10 et du 11 du parlement de Paris ; et quoique j'en craigne peu

---

(1) *Mémoires d'outre-tombe*, t. I, p. 188.

les suites, je ne puis pas n'en être pas vivement affecté. Je n'ai jamais eu de querelles particulières avec les prisonniers. Ils m'ont attaqué parce qu'ils ont redouté mon zèle pour le service du roi et le maintien de son autorité. Ils ont agi de même vis-à-vis tous les fidèles serviteurs du roi et les honnêtes gens. C'est une vérité qui n'est que trop bien prouvée aujourd'hui. *Je n'ai jamais sollicité ni conseillé leur détention.* Je n'ai eu d'autre connaissance de leur affaire que celle que la relation, que je suis forcé d'avoir avec leurs juges, m'en a donnée. Je sais cependant qu'on a osé m'accuser publiquement d'avoir occasionné leur disgrâce et influé sur les jugements préparatoires de la commission. Il me serait aisé de prouver la fausseté de cette accusation ; mais il est humiliant d'être réduit à se justifier, et cruel de ne pouvoir obtenir justice d'un outrage aussi sanglant. On ne manquera pas de la renouveler, si le roi m'oblige à rester en Bretagne, pendant que le parlement sera occupé à juger cette affaire ; et je vous prie instamment, monsieur, de m'en mettre à l'abri(1). » Le duc d'Aiguillon ne cessa pas de rappeler qu'il n'avait pas conseillé la procédure criminelle ouverte contre les magistrats arrêtés ; il déclara même qu'il l'aurait combattue, si on l'eût d'abord consulté ; il estimait qu'elle devait avoir des suites fâcheuses pour le service du roi et la tranquillité de la Bretagne (2).

---

(1) Archives nationales, H. 439, duc d'Aiguillon à contrôleur général, le 11 février 1766.
(2) *Ibid.*, H. 440, n° 24. Notes sur l'affaire de Bretagne, du 4 octobre 1766.

Ses affirmations sont pleinement confirmées par les faits que l'on peut relever en grand nombre dans la correspondance Fontette. On l'y voit faisant tout le possible pour se tenir éloigné du lieu où le procès s'instruisait ; se refusant à exercer aucune action sur les juges ; faisant de grands efforts pour amener le ministère à se montrer aussi discret que lui-même. Il quitte Rennes pour aller résider à Nantes et à Belle-Isle, à un moment où ses amis estiment que sa présence à Rennes serait seule capable d'empêcher le procès de traîner en longueur. Ce fait est d'autant plus caractéristique que M. de Saint-Florentin en personne lui écrivait : « Il n'y a que votre présence à Rennes qui puisse soutenir le zèle des bons serviteurs du roi (1). » — Et encore deux mois plus tard : « Votre présence dans cette ville est seule capable de me rassurer (2). » Le duc d'Aiguillon ne cède pas, et il ne revient à Rennes que dans la seconde moitié de juin 1766, alors que ces appels si pressants du ministre étaient du mois de février et du mois d'avril.

Tout cela n'a pas empêché nos historiens, qui pour la plupart, il est vrai, n'ont pas étudié la question, de faire du duc d'Aiguillon un « noir courtisan », l'exécuteur servile des basses-œuvres « du jésuitisme et du despotisme ». M. Henri Carré me paraît donc avoir rendu un vrai service en rétablissant, sur ce point encore, la vérité. Seulement il se pourrait bien,

---

(1) Archives nationales, O. 462, le 22 février 1766.
(2) *Ibid.*, le 12 avril 1766.

comme je l'ai dit, qu'il rencontrât ici des contradicteurs. Je viens de parler des historiens — et Dieu sait s'ils sont nombreux ! — qui prononcent sur les faits et sur les hommes sans les avoir étudiés de près. Il en est d'autres, à l'heure présente, et justement en Bretagne, qui ne parlent que sur pièces et après une enquête approfondie. Au premier rang de ces consciencieux érudits prennent place, on le sait, M. Arthur de la Borderie et M. Barthélemy Pocquet (1). Or, tous les deux sont des « Bretons bretonnants », énergiques champions des « vieilles libertés bretonnes », adversaires énergiques de ceux qui, comme le duc d'Aiguillon, représentaient en Bretagne les droits ou, si l'on veut, les prétentions de l'autorité royale. Il m'étonnerait fort s'ils laissaient passer, sans mot dire, le plaidoyer de M. Henri Carré. Attendons-nous donc à de vigoureuses répliques. M. Carré sans doute s'y attend et s'y prépare, car aussi bien et mieux que moi, il sait combien ses adversaires sont redoutables, et que le choc sera terrible !

En tous cas, la lutte sera courtoise, et je suis sûr que M. de la Borderie et M. Barthélemy Pocquet seront les premiers à rendre justice à toute une partie de la publication de M. Henri Carré, qui est véritablement de premier ordre.

Au cours de la *Correspondance du chevalier de Fontette*, on trouve plus de treize cents noms propres.

---

(1) Voir notamment, de M. Barthélemy Pocquet, *l'Opposition aux états de Bretagne*.

Non seulement tous sont orthographiés exactement — ce qui est déjà une merveille ! — mais chacun d'eux est accompagné d'une note d'une impeccable précision. « Comme un grand nombre de familles bretonnes, écrit dans son *Introduction* M. Henri Carré, devaient ici attirer l'attention, il nous a paru nécessaire de rassembler sur elles des notes précises. Pour ce travail, nous avons eu recours à un homme que ses recherches d'érudition locale préparaient à nous venir en aide, M. Frédéric Saulnier, conseiller à la cour d'appel de Rennes. *Depuis plus de trente ans*, M. Saulnier s'est consacré à l'étude des généalogies bretonnes. Il a eu entre les mains beaucoup de papiers conservés par les familles parlementaires. Il a *dépouillé les registres de paroisses et les registres d'état civil* concernant ces familles. Il nous a libéralement ouvert ses cartons. C'est pour nous un devoir de dire que les événements nous ont parfois paru expliqués par les détails biographiques qu'il nous communiquait. Il nous a confié des lettres de famille qui nous ont paru fort importantes. »

J'ai contracté, moi aussi, une dette personnelle de reconnaissance envers M. Frédéric Saulnier, et je ne laisserai pas échapper cette occasion de m'acquitter envers lui.

M. Saulnier n'est pas seulement un érudit — le plus aimable des érudits, — c'est aussi un écrivain distingué. Son volume sur *Edouard Turquety, sa vie et ses œuvres*, est un de ces chapitres d'histoire littéraire comme les aimait Sainte-Beuve, larges, copieux, riches de documents et d'anecdotes, pleins à la fois de solidité et d'agrément. Sur *Lucile de Chateaubriand et M. de Caux*, il ne nous a donné qu'une plaquette, mais si neuve, si précise, si abondante en documents biographiques, que le jour où l'on publiera une édition définitive des immortels *Mémoires d'outre-tombe*, on ne pourra pas se dispenser, à mon avis, d'y joindre le travail de M. Saulnier. Si grand qu'il soit, le mérite de ces deux écrits est encore dépassé par celui des longues et infatigables recherches de l'auteur dans les registres des paroisses et ceux de l'état civil. Il n'en est guère maintenant en Bretagne qu'il n'ait dépouillé avec une patience admirable et, si je l'ose dire, avec un soin pieux, car on sent bien que ce qui a soutenu M. Saulnier dans ce prodigieux labeur, c'est l'amour de sa province natale, c'est l'amour du passé et le culte des ancêtres. Pour ma part, je ne sais rien de plus touchant, dans l'œuvre de Walter Scott, que les pages consacrées par le grand Ecossais, dans *les Puritains d'Ecosse*, à ce Robert Paterson, qui avait reçu de ses compatriotes le surnom *d'Old Mortality* (Vieillard de la mort, ou Vieillard des tombeaux). « Durant une quarantaine d'années, dit Walter Scott, notre pieux enthousiaste régla ses courses de manière à visiter, chaque année, une partie des tombeaux des malheureux presbytériens, ses coreligionnaires... Ces tombes sont souvent éloignées de toute habitation humaine, et éparpillées dans les landes et les solitudes les plus sauvages. Partout où elles existaient, le vieillard ne manquait jamais de les visiter, lorsque sa tournée annuelle l'amenait dans leurs parages. Il nettoyait les dalles funéraires de la mousse qui les avait envahies et rétablissait avec son ciseau les inscriptions à demi effacées. »

Ainsi fait à son tour M. Saulnier, qui est loin, grâce à Dieu, d'être un « vieillard » ; il rétablit « les inscriptions à demi effacées ». Noble et pieuse tâche, que pouvait seul se donner un homme de cœur. Si modeste qu'elle puisse paraître, en est-il beaucoup qui soient plus dignes d'encouragement et de respect?

24 octobre 1893.

LA FOLIE

DE

JEAN-JACQUES ROUSSEAU[1]

I

On parle beaucoup de la folie des gens de lettres. Nul sujet depuis un mois n'a fait couler plus d'encre. Rien de plus désolant d'ailleurs que les récits de la plupart de nos confrères; rien de plus triste et de plus inquiétant que leurs pronostics. A les en croire, tous les gens de lettres — ou presque tous — sont menacés de devenir fous; beaucoup, heureusement, échappent à ce destin, mais c'est une pure chance. La folie, en effet, pour parler le langage des philosophes, est toujours en eux *en*

[1] *La Vie et les Œuvres de Jean-Jacques Rousseau*, par Henri BEAUDOUIN, 2 vol. in-8, Paris, 1891. Lamulle et Poisson, éditeurs, rue de Beaune, 14.

puissance, quoiqu'elle ne se produise pas encore à l'extérieur et ne se traduise pas en actes. N'est-ce pas aller un peu loin? Sans doute, il y a plus de fous aujourd'hui dans le monde des lettres qu'il n'y en avait il y a vingt-cinq ans; mais, à côté de cette constatation, il convient d'en faire une autre : c'est que, depuis un quart de siècle, le nombre des aliénés ne cesse de s'accroître dans des proportions lamentables. En janvier 1891, on comptait dans les asiles de la Seine 7.999 aliénés, c'était déjà un assez joli chiffre. En janvier 1892, il s'est élevé à 11.363. Il a augmenté d'un *tiers* en un an! Faut-il s'étonner, quand le flot de la folie monte ainsi chaque jour, que, de loin en loin, il submerge un peintre, un musicien, un sculpteur, un journaliste ou un romancier?

Une remarque cependant doit être faite, c'est que la folie des gens de lettres est une maladie toute moderne. Au xviie siècle, on n'en cite pas un seul exemple. Au xviiie siècle, on n'en connaît qu'un seul cas, celui de Jean-Jacques Rousseau, et encore est-il très discutable.

Un critique éminent, dont les opinions, même quand elles ne s'imposent pas, ont toujours un poids considérable, M. Ferdinand Brunetière, tient pour certaine la folie de Rousseau. « Que Rousseau soit mort fou, dit-il, ce qui s'appelle fou, personne aujourd'hui ne l'ignore ni n'en doute, et on ne discute guère que du nom, du progrès et de l'origine de sa folie. *Quomodo cecidisti de cœlo, Lucifer?* Comment ce poète, car c'en est un que l'homme qui a rouvert en France les sources longtemps fermées du lyrisme ; comment cet orateur, je ne veux pas dire le plus grand, ni surtout le plus noble, mais assurément le plus puissant qu'il y eût eu, depuis Bossuet, dans la langue française ; comment enfin ce dialecticien retors et non moins passionné que retors, est-il devenu le lypémaniaque des *Confessions*, des *Dialogues*, des *Rêveries du promeneur solitaire*? Mais l'est-il devenu? Ne l'a-t-il pas toujours été, peut-être? Et, puisqu'il entre des poisons dans la composition des remèdes, ne serait-ce pas sa folie même qui ferait une part de l'originalité de la *Nouvelle Héloïse*, de l'*Emile*, du *Contrat social*? Ou, s'il est devenu fou, quand et comment l'est-il devenu? Sous l'influence de quelles causes? A quel moment précis de son histoire (1)? »

Ces questions, M. Brunetière n'est pas le premier qui les ait soulevées. Plusieurs écrivains, dans des articles, des brochures ou des livres spéciaux, les avaient déjà examinées. Dès 1846, le docteur Desruelles publiait une *Relation de la maladie qui a tourmenté la vie et déterminé la mort de J.-J. Rousseau*. Le docteur Mercier a fait paraître, en 1859, l'*Explication de la maladie de J.-J. Rousseau et de l'influence qu'elle a eue sur son caractère et sur ses écrits*. Un autre aliéniste, M. Delasiauve, en 1886, publiait, de son côté, son explication dans le *Journal de médecine mentale*. Après les articles et les brochures, les

---

(1) F. BRUNETIÈRE. *Etudes critiques sur l'histoire de la littérature française*, IV⁰ série, Calmann-Lévy, éditeur, 1891. — Pages 325 et suiv.

volumes : en 1883, celui de M. Alfred Bougeault sur l'*Etat mental de J.-J. Rousseau et sa mort à Ermenonville;* en 1890, celui du docteur Châtelain sur la *Folie de J.-J. Rousseau.*

Sainte-Beuve se vantait quelquefois d'avoir introduit la physiologie dans la critique, d'avoir fait « l'anatomie » des écrivains, de s'être, à l'occasion, servi de sa plume comme d'un scalpel. Aux jours de sa jeunesse, il avait un goût décidé pour l'étude de la médecine; pendant quatre ans, de 1823 à 1827, il avait suivi les cours de la Faculté, et il avait fait pendant une année avec beaucoup d'exactitude le service d'externe à l'hôpital de Saint-Louis, disséquant les cadavres avec la même impassibilité qu'il apportera plus tard dans son rôle de critique. N'a-t-il pas, lui-même, défini ainsi sa manière : « La critique d'un écrivain sous notre plume court toujours risque de devenir une *dissection anatomique.* » Au lendemain de *Joseph Delorme,* M. Guizot l'appelait « un Werther *carabin* ». *Carabin,* il le restera jusqu'à la fin, jusque dans ses derniers *Lundis.* Et cependant Sainte-Beuve lui-même a reculé devant cette intrusion de la médecine dans la biographie de Jean-Jacques Rousseau. C'est à peine si, dans une de ses *Causeries du lundi,* il a parlé, en quelques mots et sans y insister, de la folie du grand écrivain. M. Villemain, dans son *Tableau de la littérature au XVIIIe siècle,* s'était montré plus discret encore; il ne fait aucune allusion à la maladie de l'auteur de l'*Emile,* à la triste et fatale manie qui le tourmentait;

pour lui, cette question de la folie de Rousseau n'existe pas.

Il n'en va pas de même, nous venons de le voir, avec M. Brunetière. Rousseau est devenu pour lui un *sujet* qu'il étudie avec le plus grand soin, observant tous les symptômes de la maladie, lisant ses livres, relisant sa correspondance, pour s'assurer de son diagnostic. Un médecin aliéniste ne procéderait pas avec plus d'attention ; aucun d'ailleurs ne saurait posséder mieux tous les termes de la science. *Lypémaniaque, autodidacte, neurasthénie, hyperesthésie, autophilie, mégalomanie, battements cardiaques, ton psychique, états émotifs,* etc. ; c'est merveille de voir avec quelle aisance M. Brunetière manie cette langue nouvelle pour lui. Je suis pourtant tenté de lui dire par instants : « Voilà des mots qui sont trop rébarbatifs. » Si savante d'ailleurs, si solide que soit sa consultation, elle ne m'a pas pleinement convaincu.

D'après lui, on pourrait trouver jusque dans l'*Emile* et la *Nouvelle Héloïse* des preuves de folie ; mais se refusât-on à y reconnaître les symptômes précurseurs de la folie prochaine, sa présence se révèle, elle éclate, avec une évidence irrésistible, dans les *Dialogues*, les *Rêveries d'un promeneur solitaire* et les *Confessions* ; ces trois ouvrages peuvent même servir à marquer les alternatives de la maladie de Rousseau. Ainsi les *Dialogues* doivent être rapportés au paroxysme de sa folie ; ils sonnent la fêlure. Les *Rêveries* ont été composées dans un temps d'accalmie, par un fou, mais par un fou lucide et maître de sa pensée comme de son expression, rendu à la raison par l'excès même de sa souffrance ou par la conviction de l'inutilité de la lutte et de l'effort. Enfin, dans les *Confessions*, quoique moins étalée que dans les *Dialogues*, déguisée d'ailleurs et masquée par le charme des souvenirs et par la beauté du style, la folie reparaît cependant, indéniable, certaine.

A l'appui de sa thèse, M. Brunetière cite plusieurs textes qui sont, en effet, très bizarres et dénotent un grand trouble d'esprit. Je suis surpris qu'il en ait omis un, le plus étrange, à mon sens, qui se rencontre dans l'œuvre de Rousseau. Jean-Jacques a fait lui-même l'histoire des moyens qu'il tenta pour assurer la publication de son livre des *Dialogues*. Entouré d'ennemis comme il l'était, ne voyant personne sur qui il pût compter, il résolut de se confier uniquement à la Providence. Il imagina de faire une copie de son ouvrage et d'aller la déposer sur le grand autel de l'église de Notre-Dame. Il mit sur le paquet la suscription suivante :

Dépôt remis à la Providence.
Protecteur des opprimés, Dieu de justice et de vérité, reçois ce dépôt, que remet sur ton autel et confie à ta Providence un étranger infortuné, seul, sans appui, sans défenseur sur la terre, outragé, moqué, diffamé, trahi de toute une génération, chargé, depuis quinze ans, à l'envi, de traitements pires que la mort et d'indignités inouïes jusqu'ici parmi les humains, sans avoir pu jamais en apprendre au moins la cause. Toute explication m'est refusée, toute communication m'est ôtée ; je n'attends plus des hommes, aigris par leur propre injustice, qu'affronts,

mensonges, trahisons. Providence éternelle, mon seul espoir est en toi ; daigne prendre mon dépôt sous ta garde et le faire tomber en des mains jeunes et fidèles, qui le transmettent exempt de fraudes à une meilleure génération.

Au verso était écrit un appel désespéré à quiconque deviendrait l'arbitre de l'ouvrage. Puis, le samedi 24 février 1776, sur les deux heures, il se rendit à Notre-Dame. Il trouva les grilles fermées. Le ciel lui-même se faisait le complice de ses ennemis. « Je sortis, dit-il, rapidement de l'église, résolu de n'y rentrer de mes jours, et me livrant à toute mon agitation, je courus tout le reste du jour, errant de toutes parts, ne sachant ni où j'étais ni où j'allais, jusqu'à ce que, n'en pouvant plus, la lassitude et la nuit me forcèrent de rentrer chez moi, rendu de fatigue, presque hébété de douleur (1). »

Et ce n'est pas tout. Rousseau écrivit une espèce de billet circulaire adressé à la nation française, en fit plusieurs copies et les distribua, sur les promenades et dans les rues, aux inconnus dont la physionomie lui inspirait confiance. La suscription était : « A tout Français aimant encore la justice et la vérité ». Mais, ajoute-t-il, tous refusèrent son billet, comme ne s'adressant pas à eux. Il eut beau en bourrer ses lettres, en remettre à ses rares visiteurs, il ne put en placer qu'un petit nombre (2).

---

(1) *Dialogues. Histoire du précédent écrit*, par Jean-Jacques Rousseau.
(2) Ce billet est ordinairement placé à la suite des *Confessions ;* il serait mieux à la suite des *Dialogues.*

II

Certes, l'homme qui faisait ces choses avait un grain de folie mêlé à son génie ; mais était-il vraiment fou ? Il me semble bien difficile de l'admettre. C'est au mois de février 1776 que Rousseau se livrait à ces excentricités ; il avait encore deux ans et demi à vivre, il est mort le 2 juillet 1778. A-t-il donc donné, pendant ces deux ans et demi, des preuves de folie ? La composition des *Rêveries d'un promeneur solitaire* date précisément de cette époque. Elles sont divisées en dix promenades ; la dixième est inachevée ; elle a été interrompue par la mort de l'auteur. Cet ouvrage n'est pas seulement exempt de toute trace de folie ; il renferme des beautés de premier ordre. Parmi les innovations heureuses que la littérature doit à Rousseau, Sainte-Beuve compte avec raison la rêverie. « La *rêverie*, dit-il, telle est sa nouveauté, sa découverte, son Amérique à lui (1). » Il fut l'inventeur de ce genre, et, du premier coup, il le porta à un haut degré de perfection. En 1765, il avait passé six semaines dans l'île de Saint-Pierre, au milieu du lac de Bienne. Le souvenir du séjour qu'il y avait fait lui a inspiré, dans les *Rêveries*, des pages véritablement admirables. Sainte-Beuve en a porté ce jugement :

(1) *Causeries du lundi*, t. III, p. 73.

« Il aura sans doute de délicieux moments alors et depuis jusqu'à la fin ; il retrouvera dans l'île de Saint-Pierre un intervalle de calme et d'oubli qui lui inspirera quelques-unes de ses plus belles pages, cette cinquième Promenade des *Rêveries*, qui, avec la troisième lettre à M. de Malesherbes, ne saurait se séparer des plus divins passages des *Confessions* (1). » On nous dit, je le sais bien, que « le délire de Rousseau n'a jamais été que partiel », ou, en d'autres termes, qu'il y a toujours eu de la raison dans sa déraison. A la bonne heure ! mais cela ne nous explique pas comment un homme qui est fou, ce qui s'appelle fou, peut écrire des pages d'une beauté rare, d'une perfection achevée, telles que ni Bernardin de Saint-Pierre, ni Chateaubriand, ni George Sand ne les ont jamais surpassées.

Jean-Jacques passa les derniers mois de sa vie à Ermenonville, chez le marquis de Girardin. Le domaine d'Ermenonville, situé à dix lieues de Paris, non loin de Senlis, était une maison de verre. Les documents et les témoignages abondent, qui permettent d'y suivre Rousseau jour par jour, heure par heure.

Il arriva chez M. de Girardin le 20 mai 1778. Pendant la route, il se livre à la joie la plus vive ; à la vue de la forêt qui précède le château, il n'est plus possible de le retenir en voiture : « Non, dit-il, il y a si longtemps que je n'ai pu voir un arbre qui ne fût couvert de fumée et de poussière ; ceux-ci sont si

---

(1) SAINTE-BEUVE, p. 74.

frais ! » En arrivant, il se jette dans les bras de Girardin : « Il y a si longtemps, s'écrie-t-il, que mon cœur me faisait désirer de venir ici ; et mes yeux me font désirer actuellement d'y rester toute ma vie. Vous voyez mes larmes : ce sont les seules larmes de joie que j'aie versées depuis bien longtemps, et je sens qu'elles me rappellent à la vie. »

Il y avait dix jours que Rousseau était installé à Ermenonville, lorsque Voltaire mourut, dans la nuit du 30 au 31 mai. Peu de temps auparavant, Jean-Jacques avait composé sur son rival le quatrain suivant :

> Plus bel esprit que grand génie,
> Sans loi, sans mœurs et sans vertu,
> Il est mort comme il a vécu,
> Couvert de gloire et d'infamie.

La rime n'est pas riche, mais, à défaut de rime, il me semble que ce quatrain est le plus raisonnable du monde.

Rousseau était venu à Ermenonville pour se livrer à la botanique : il n'y fit, en effet, guère autre chose. Dès le matin, il partait pour herboriser, revenait déjeuner, et souvent repartait jusqu'au soir. Il enseignait la botanique à un des fils de Girardin, âgé de dix ans ; il l'emmenait quelquefois avec lui et l'appelait son petit gouverneur. Il avait entrepris de recueillir toute la flore du pays.

Le soir, il dînait souvent au château. On allait ensuite à la promenade en famille. Le plus souvent on se rendait au verger où l'on disposait sa chaumière. Jean-Jacques se livrait alors avec ivresse à sa passion pour la nature et se laissait aller aux joies les plus enfantines. Tantôt il attirait avec du pain les oiseaux et les poissons ; d'autres fois, on prenait le bateau, et son ardeur à ramer lui avait fait donner le nom d'amiral d'eau douce — l'amiral suisse. Souvent aussi on faisait de la musique.

Comme tous les vieillards, Jean-Jacques se complaisait à former des projets pour l'hiver suivant : c'était son herbier à arranger ; c'étaient les cryptogames, mousses et champignons à étudier ; c'était son opéra *Daphnis et Chloé;* c'était la suite d'*Emile* à terminer (1).

Les défauts et les vices de Jean-Jacques n'allaient pas sans quelques qualités, il était bienfaisant. Non seulement il était généreux de sa bourse, mais il l'était de sa personne, ne ménageant ni les leçons à l'enfance, ni les conseils aux mères (qui, du reste, auraient pu choisir un meilleur conseiller), portant des secours aux malades, sollicitant des remises de peine pour les condamnés, s'occupant, de concert avec Mme de Girardin, des moyens de soulager l'infortune (2).

Je ne vois rien en tout cela qui soit d'un fou. Rousseau était un misanthrope, un hypocondriaque,

---

(1) *La Vie et les Œuvres de J.-J. Rousseau*, par Henri BEAUDOUIN, t. II, ch. XXI.

(2) Voir, pour tous ces détails, *Relation des derniers jours de J.-J. Rousseau*, par LE BÈGUE DE PRESLES (1778); — *Lettre du marquis de Girardin à Sophie, comtesse de X...* (juillet 1778); — *Lettre de Stanislas de Girardin à Musset-Pathay* (1824).

un excentrique, un maniaque, fou si l'on veut, dans le sens vague et général du mot, mais non dans le sens précis et médical.

III

Le 2 juillet, Rousseau sortit dès cinq heures du matin, suivant son habitude, mais il fut plusieurs fois obligé de s'asseoir; il rentra à sept heures pour déjeuner, prit une tasse de café au lait, et à huit heures se trouva sérieusement malade. Il voulut rester seul avec sa femme, remercia Mme de Girardin, qui était venue lui offrir ses soins, fit fermer à clef la porte de sa chambre et ouvrir les fenêtres pour voir encore la verdure. Après être resté quelques instants au lit, il voulut descendre; comme sa femme l'aidait, il tomba au milieu de la chambre, l'entraînant avec lui. Elle essaya de le relever, et, le voyant sans parole et sans mouvement, elle jeta des cris. On accourt; on enfonce la porte; Rousseau est porté sur le lit; il presse la main de sa femme, exhale un soupir et meurt. Il était onze heures du matin.

Tels avaient été, d'après le médecin Le Bègue de Presles, les derniers moments de l'auteur des *Confessions* (1). Mais d'après une autre version,

(1) *Lettre de Le Bègue de Presles* insérée dans la *Correspondance littéraire de Grimm* (juillet 1778). — Voir aussi *Lettre de René de Girardin à Rey* (8 août 1778), et *Relation des derniers jours de J.-J. Rousseau*, par Le Bègue de Presles (1778).

Rousseau aurait lui-même terminé sa vie par un suicide.

Comme la question de la folie de Rousseau, celle de son suicide a donné lieu à de nombreux écrits. J'indiquerai ici les principaux : *De J.-J. Rousseau*, par Corancez (*Journal de Paris*, n°s 251-561, an VI). — *Lettres sur le caractère et les ouvrages de J.-J. Rousseau*, par Mme de Staël (1789) et *Réponse* à ces Lettres par *Champcenetz*; — *Lettres de Mme de Vassy à Mme de Staël, et Réponse de Mme de Staël;* — *Histoire de J.-J. Rousseau*, par *Musset-Pathay;* — *Lettre de Stanislas de Girardin à Musset-Pathay*, et *Réponse de Musset-Pathay* (1824); — Article sur le genre de mort de Rousseau, par M. *Dubois d'Amiens* (*Bulletin de l'Académie de médecine*, du 17 mai 1866); — Article sur le genre de mort de J.-J. Rousseau, par le docteur *Chereau* (*Union médicale*, 5-17 juillet 1866); — *Etude sur l'état mental de J.-J. Rousseau et sa mort à Ermenonville*, par Alfred Bougeault (1883).

Le nouvel historien de Jean-Jacques Rousseau consacre tout un chapitre à l'examen de ces divers écrits (1). Fruit d'un long et consciencieux travail, nourri de lectures et d'informations de toutes sortes, écrit avec la plus louable impartialité, le livre de M. Beaudouin est le meilleur que nous ayons eu jusqu'ici sur Rousseau.

M. Beaudouin conclut contre le suicide. Chose singulière! ce sont les amis de Rousseau qui ont essayé

(1) Henri BEAUDOUIN, *op. cit.*, t. XI, ch. XXXI.

d'accréditer le bruit qu'il avait lui-même mis fin à ses jours. Seulement, tandis que l'un, Corancez, dit qu'il s'est tiré un coup de pistolet, une autre, Mme de Staël, affirme qu'il s'est empoisonné. Sans doute pour les mettre d'accord, Musset-Pathay déclare qu'il a commencé par prendre du poison, et que, la mort tardant à venir, il a dû avoir recours au pistolet.

Aucun d'eux d'ailleurs n'a rien vu ; ils ne s'appuient sur aucun témoignage. Personne n'a entendu le coup de pistolet ; personne n'a vu d'armes entre les mains de Rousseau. Corancez n'a pas même voulu voir son corps pour constater cette blessure à la tête qu'il prétend si profonde.

La tête de Rousseau a été moulée par Houdon, le jour même de la mort. L'inspection du moule prouve que le crâne n'était pas fracassé. Morin, qui était médecin, en a observé l'original. Il a constaté deux blessures au front, présentant l'une et l'autre l'aspect d'une forte contusion avec déchirure de la peau, et laissant apercevoir çà et là le crâne dénudé, mais intact. Rien n'indique qu'il y ait eu un remplissage à faire (1).

D'autre part, les traits n'étaient pas altérés, ce qui exclut l'idée d'un empoisonnement mise en avant par Mme de Staël. Cette dernière a du reste reconnu plus tard qu'elle s'était trompée.

(1) On peut voir la reproduction du moule de Houdon à la Bibliothèque nationale, cabinet des estampes, portefeuille des portraits de Rousseau, coté D. C., 166. L'original lui-même appartient à M. Benjamin Raspail.

Reste une dernière preuve, absolument péremptoire. M. de Girardin avait fait appeler cinq médecins pour procéder à l'autopsie et à la constatation légale du genre de mort. Ils ne trouvèrent rien qui pût faire supposer une mort violente. L'ouverture de la tête et l'examen des parties renfermées dans le crâne leur montrèrent une quantité considérable (évaluée à huit onces) de sérosité épanchée entre la substance du cerveau et les membranes qui la recouvrent. Ils virent dans ce fait la cause de la mort, et l'attribuèrent alors à une apoplexie séreuse. Du reste, toutes les autres parties du corps étaient saines, sauf une légère cicatrice au front. L'estomac ne contenait que le café au lait absorbé le matin (1).

Lorsque la question a été reprise de nos jours à l'Académie de médecine et dans les revues spéciales, seul M. Dubois d'Amiens a conclu au suicide. Il en voit surtout la preuve dans le renvoi de Mme de Girardin : « Tout le suicide est là, s'écrie-t-il. Qu'on me cite, à moi médecin, un malade qui ne demande pas de secours, qui ne veuille aucun témoin ! » L'argument est plus oratoire que solide, puisque l'éloignement de Mme de Girardin ne laissait pas le malade seul et sans secours : sa femme restait près de lui.

Tous les autres médecins, les docteurs Chéreau et

---

(1) Procès-verbal des chirurgiens, en date du 3 juillet 1778, lendemain du décès, légalisé par le lieutenant du bailliage et vicomté d'Ermenonville. — Acte de décès de J.-J. Rousseau et permis d'inhumer. (Archives nationales, section judiciaire, n° 15.286.)

Delasiauve en France, le docteur Maubius et un de ses confrères en Allemagne, sont arrivés à une conclusion différente de celle de Dubois d'Amiens. D'après eux, c'est la mort naturelle qui est prouvée, tandis que l'hypothèse du suicide ne repose que sur des doutes, sur des suppositions, sur des bruits sans consistance, sur des témoignages apocryphes ou sans valeur (1).

Aux preuves qui précèdent et que le nouvel historien de Jean-Jacques Rousseau a si bien mises en lumière, me permettra-t-on d'en ajouter une autre ? Si le suicide n'était pas inconnu au XVIIIe siècle, c'était cependant alors chose rare — une chose aussi rare qu'elle est devenue commune de nos jours. C'est seulement depuis la Révolution que le suicide s'est multiplié.

Mercier, l'auteur du *Tableau de Paris*, n'a point flatté son temps, que je sache. Or voici ce qu'il écrivait en 1782 : « Pourquoi se tue-t-on à Paris *depuis environ vingt-cinq ans* ? D'où viennent ces nombreux suicides *dont on n'entendait presque pas parler autrefois* ? » Et un peu plus loin, il ajoute : « Le nombre des suicides, à Paris, peut monter, année commune, à cent cinquante (2). »

Mais c'est là un chiffre en l'air et singulièrement exagéré. Je trouve en effet dans une remarquable étude, publiée, il y a quinze ans, sous ce titre : *une Enquête morale*, les lignes suivantes :

---

(1) H. BEAUDOUIN, t. II, pp. 570-572.
(2) *Tableau de Paris*, t. III, p. 193.

Nous lisions dernièrement un vieux journal de *l'année 1784*. Il proférait des cris de stupeur et d'effroi parce que cette année avait fourni QUATRE suicides à Paris. Il en inférait l'approche de temps particulièrement durs et mauvais. De nos jours le nombre des suicides est, pour Paris seulement, de deux à trois par jour (1).

Ceci était écrit en 1876. Depuis, le nombre des suicides a plus que doublé. Il s'élève aujourd'hui à plusieurs milliers par an pour la seule ville de Paris, à plus de 9.000 pour la France !

Si je ne crois ni à la folie ni au suicide de Rousseau, l'auteur de l'*Emile* et du *Contrat social* n'est point pour cela mon homme. Je m'en tiens sur son compte au jugement prononcé par La Harpe — un critique dont il est aisé de médire, mais dont tous les arrêts, après plus d'un siècle, ne sont pas encore cassés.

Voici ce qu'il écrivait en 1797 :

« Je rendis (dans un article du *Mercure*, en 1778, peu de temps après la mort de Rousseau) je rendis tout ce qui était dû à la mémoire encore récente d'un homme que je reconnaissais pour *un des plus éloquents écrivains du dix-huitième siècle*, mais j'indiquai dès lors tous les reproches qu'on pouvait lui faire ; je réduisis, comme je le devais, la folle exagération des louanges. Je montrai dès lors les rapports très importants et très décisifs entre l'auteur et sa doctrine, entre sa vie et ses livres, entre son amour-propre et ses principes, entre ses ressentiments et ses

---

(1) *Le Constitutionnel* du 27 décembre 1876.

jugements, entre son caractère et sa morale, entre ses aventures et ses romans. Tout cela n'était que sommairement résumé avec une précision sévère, qui ne manqua pas de m'attirer, de la part des enthousiastes, quelques libelles dont je fus affecté alors et dont je m'applaudis aujourd'hui. Je n'avais jamais pu goûter l'arrogance paradoxale qu'on appelait *énergie*, et le charlatanisme de phrases, qu'on appelait *chaleur*. En un mot, je ne pouvais voir dans ce Jean-Jacques Rousseau, tant vanté par une certaine classe de lecteurs et surtout par lui-même, que le plus subtil des *sophistes*, le plus éloquent des *rhéteurs* et le plus impudent des *cyniques*. Combien ce jugement, que je crois juste, et qui est, à ma connaissance, celui de tous les bons esprits, laisse-t-il de place au-dessus de Jean-Jacques pour ceux qui ont été dans la première classe des vrais philosophes, des orateurs et des poètes! Mais combien ce même jugement m'a paru encore plus fondé depuis que le ciel a permis que ce funeste novateur fût si terriblement réfuté par tout le mal qu'il a fait! (1) »

Il semble que ces lignes de La Harpe aient servi de programme à M. Henri Beaudouin ; ses deux volumes en sont le développement et la justification. Partout il a montré l'homme en même temps que sa doctrine : l'un sert à infirmer l'autre.

25 janvier 1892.

(1) *Lycée, ou cours de littérature ancienne et moderne*, par J.-F. La Harpe, édition de 1814, t. XII, p. 144.

MADAME DE SOYECOURT [1]

I

MONSEIGNEUR D'HULST avait écrit la *Préface* qui se lit aujourd'hui en tête de la Vie de Mme de Soyecourt, la Rév. Mère Camille de l'Enfant-Jésus, et ces pages sont peut-être les dernières qui soient sorties de sa plume. En voici les premières lignes :

« Aujourd'hui les biographies pullulent. Celles qui offrent de l'intérêt sont de deux sortes : les unes racontent une âme, les autres racontent des événements. Que le drame soit au dedans ou au dehors, il n'importe, mais il faut un drame.

« Le drame intérieur attire plus que l'autre nos

---

[1] *Vie de la Rév. Mère Camille de l'Enfant-Jésus, née de Soyecourt, religieuse carmélite de l'ancien monastère de la rue de Grenelle* (actuellement avenue de Saxe), avec préface de Mgr D'HULST. — Un volume in-8 avec portrait. Librairie Ch. Poussielgue, 15, rue Cassette, 1897.

contemporains. Aux récits d'aventures ils préfèrent la peinture des états d'âmes ; encore veulent-ils que les péripéties, sans lesquelles il n'y a point de drames, soient empruntées au conflit des passions humaines. On délaisse donc l'hagiographie, bien qu'elle soit toute pleine d'une psychologie profonde, parce que les combats et les souffrances qui s'y rencontrent ne sauraient émouvoir ceux pour qui les rapports intimes de l'âme avec Dieu sont restés lettre close.

« Mais les croyants, ceux-là du moins qui comprennent que le mysticisme bien entendu fait partie intégrante du christianisme, trouvent dans l'histoire d'une âme donnée à Dieu, de sa fidélité, de ses épreuves, plus de saveur et d'attrait qu'aux monotones évocations des grandes crises passionnelles.

« L'ouvrage que nous avons accepté la mission de présenter au public appartient à ce genre austère. C'est l'histoire d'une carmélite racontée par une carmélite.

« Mais, par un privilège bien rare, cette vie réunit les deux sortes d'intérêt qu'on recherche séparément dans les biographies. Le drame extérieur le plus poignant s'y rencontre avec le récit des épreuves par lesquelles Dieu purifie et élève jusqu'à Lui les âmes qu'il s'est choisies. Les trente dernières années de l'ancien régime, la Révolution, l'Empire, la Restauration, le régime de Juillet, la Révolution de 1848, voilà le cadre historique au milieu duquel se déroulent les quatre-vingt-douze années qu'a vécu Mme de Soyecourt. »

Marie-Thérèse-Françoise de Soyecourt naquit à Paris le 25 juin 1757. Son père, Charles-Joachim de Seiglières de Belleforière, comte de Soyecourt et Tuppigny, appartenait à l'une des plus anciennes et des plus illustres familles de la Picardie. Le nom de Soyecourt se rencontre, dès l'année 1168, à côté de celui des Montmorency, des La Rochefoucauld et des Choiseul, c'est-à-dire dès les premiers temps de la chevalerie française. Sa mère, Marie-Sylvine de Bérenger, était fille de M. le comte de Bérenger, chevalier des ordres du roi et lieutenant général de ses armées, et d'Antoinette-Françoise Boucher d'Orsay, dont le frère, Raymond-Pierre, marquis de Bérenger, était chevalier d'honneur de Madame la dauphine et de Madame la comtesse de Provence.

Les premières années de la jeune Camille se passèrent sous le toit paternel, et son âme s'y ouvrit naturellement à la piété, sous l'influence d'une éducation chrétienne et par l'exemple des vertus qu'elle voyait pratiquer autour d'elle. Chrétien sincère, le comte de Soyecourt entretenait la vigueur de sa foi par la lecture assidue de la Sainte Ecriture. Au milieu même du tumulte des camps, il avait conservé cette habitude de sa jeunesse, et les railleries auxquelles cette lecture l'exposa n'avaient rien diminué de son attrait. La comtesse de Soyecourt ne le cédait en rien à son mari au point de vue des qualités de l'esprit et du cœur. Elle répandait autour d'elle un véritable parfum de charité, et continuait à faire bénir un nom que tant d'illustrations et de vertus avaient rendu cher depuis des siècles. Tout enfant, Camille avait été spécialement frappée de la charité de sa mère : « Je me rappelle toujours, disait-elle, l'horreur de ma mère pour la médisance ; jamais un mot défavorable au prochain ne sortit de ses lèvres. »

Une pieuse coutume de cette époque prévalait sur la tendresse des parents pour leurs enfants. Les jeunes filles de noble condition avaient à peine atteint la première lueur de raison qu'elles étaient conduites au couvent, pour y rester jusqu'à ce qu'un établissement conforme à leur naissance les obligeât de quitter l'asile où s'était écoulée leur jeunesse. Il en avait été ainsi pour Sylvine et Raymonde de Soyecourt (1), les deux sœurs de Camille. Elle-même alla bientôt les rejoindre au troisième monastère de la Visitation, à Paris (2).

Au bout de quelques années cependant, le comte de Soyecourt, qui ne pouvait se résigner à voir ses filles au travers des grilles de la Visitation, se décida à les en retirer. En 1771, Camille et ses sœurs furent placées chez les Bénédictines de l'abbaye de Tresnel. En 1775, à dix-huit ans, elle en sortit pour rentrer chez ses parents, à leur hôtel de la rue de Verneuil (3). Désormais sa vie devenait celle d'une jeune fille du grand monde. A l'existence sérieuse, retirée et régulière de Tresnel succédaient les visites, les specta-

---

(1) Catherine-Louise-Sylvine, plus tard comtesse d'Hinnisdal ; Eléonore-Raymonde, plus tard comtesse de la Tour-en-Woivre.
(2) Ce monastère ne fut pas rétabli à Paris après la Révolution ; il a été transféré à Boulogne-sur-Mer.
(3) Au numéro 27.

cles, les passe-temps futiles. Les préparatifs de toilette, de soirées, de bals et de chasse enveloppaient Mlle de Soyecourt comme dans un réseau dont elle ne pouvait plus s'échapper. Les avantages de sa personne, les charmes de sa conversation, et plus que tout, sans doute, la grande fortune qu'on lui connaissait, contribuaient à lui attirer les hommages. Elle allait de fête en fête, de divertissements en divertissements ; elle se prêtait à ce que ses parents voulaient. De cette vie brillante, de ce tourbillon de plaisirs, il ne lui restait pourtant que dégoût et lassitude. Sa piété lui avait inspiré les moyens de retrouver, de temps en temps, de courts instants de relâche et de paix. Dans plusieurs maisons de religieuses, notamment aux Bénédictines et à la Visitation, elle s'était préparé des pied-à-terre où elle allait se réfugier, dès qu'elle le pouvait, un ou plusieurs jours. Après de longues et cruelles hésitations, retenue jusque-là par la pensée du chagrin qu'elle savait devoir causer à ses parents, qui rêvaient pour elle un brillant mariage, comme celui qu'avaient déjà contracté ses deux sœurs, elle se décida enfin à quitter le monde et à entrer, pour n'en plus sortir, chez les bénédictines de la rue de Bellechasse.

Après que tout eut été convenu entre son directeur et l'abbesse, elle exposa à sa mère son désir de célébrer dans la solitude l'anniversaire de sa première communion. C'était la veille de Noël. Habituée à ces sortes de demandes, Mme de Soyecourt y accéda volontiers, en faisant promettre à sa fille de revenir le lendemain, pour une grande réunion de famille qui devait avoir lieu. Le lendemain, la femme de chambre chargée d'aller la chercher ne rapporta qu'une lettre où Camille priait ses parents de la dispenser de la réunion annoncée et de la laisser entrer au noviciat. A cette nouvelle, Mme de Soyecourt ne fut pas maîtresse d'un mouvement de maternelle indignation. Elle se rendit en hâte rue de Bellechasse, et, sans ménager à l'abbesse le témoignage des sentiments de son cœur profondément blessé, elle fit à sa fille de sévères reproches pour un tel manque de soumission. Celle-ci essaya de protester, promettant de retarder ses vœux jusqu'à sa majorité; elle eut beau prier, conjurer, la comtesse demeura inflexible et l'obligea de sortir de la clôture en lui défendant de parler à l'avenir de sa vocation.

Elle devait attendre dix-huit mois encore le bonheur de se donner à Dieu. La résistance de ses parents ayant enfin cessé, elle entra comme postulante chez les religieuses carmélites de la rue de Grenelle. C'était le 2 février 1782. Le 31 juillet 1785, Mlle de Soyecourt, devenue la sœur Thérèse-Camille de l'Enfant-Jésus, était admise à prononcer ses vœux.

II

Le 13 février 1790, l'Assemblée nationale déclarait que, désormais, la loi cessait de reconnaître les vœux solennels. En conséquence, les ordres religieux dans lesquels ces vœux existaient étaient et demeuraient supprimés. Tous les membres appartenant à ces ordres avaient, en vertu de la même loi, permission d'en sortir, et il devait être pourvu à leur sort par une pension de l'Etat. De cette loi, faite au nom de la liberté, allaient sortir les mesures les plus liberticides, la confiscation, l'emprisonnement, la déportation, la mort.

Le 8 septembre 1792, les *patriotes* vinrent faire une visite domiciliaire au couvent de la rue de Grenelle. Ils ordonnèrent aux sœurs de quitter l'habit religieux et leur enjoignirent de sortir dans trois jours; après quoi, ils firent ouvrir toutes les portes afin de donner au peuple la liberté d'entrer. Hommes, femmes, enfants se précipitèrent mêle-mêle, pillèrent et saccagèrent tout ce qu'ils rencontrèrent sous leurs mains. Le 14 septembre, les commissaires revinrent, accompagnés cette fois encore de la populace, et ce fut au milieu des plus horribles insultes que les Carmélites quittèrent leur maison. « Le monastère de la rue de Grenelle, dit ici le pieux auteur de la *Vie de Mme de Soyecourt*, si florissant depuis plus d'un siècle, et qui avait donné à l'Eglise nombre d'âmes généreuses et dévouées, se voyait, en un moment, détruit de fond en comble. Il ne devait pas rester pierre sur pierre de l'édifice matériel. Quant à ses habitantes, si impitoyablement chassées, Dieu allait achever leur couronne et faire resplendir leur vertu au milieu des souffrances et de la persécution. Toutes devaient se montrer à la hauteur de l'épreuve et demeurer invinciblement attachées à leur Dieu, à leur sainte vocation. »

En prévision de l'événement qui venait de se produire et qu'elle savait inévitable, la prieure, la mère Nathalie de Jésus, avait disposé plusieurs retraites en des maisons sûres, dans chacune desquelles cinq ou six religieuses pouvaient se réunir suivant l'autorisation légale, et communiquer avec elle pour le nécessaire.

Elle partagea donc sa famille en six groupes dont chacun eut sa présidente.

Le premier était établi rue du Regard ; le deuxième, rue Mouffetard ; le troisième, rue Cassette ; le quatrième, rue Coppeau. Ces quatre premiers groupes réunissaient dix-neuf sœurs. Les deux derniers se partageaient les autres religieuses. Cette division changea d'ailleurs plusieurs fois, la Mère devant, selon les cas, rappeler ou éloigner les Sœurs plus ou moins compromises. On les retrouve rue de la Harpe, rue des Postes, rue Neuve-Sainte-Geneviève, au moment de leur arrestation, de leur jugement ou de leur décès.

La Sœur Camille de l'Enfant-Jésus faisait partie, avec cinq de ses compagnes, du second groupe, celui de la rue Mouffetard. Une petite maison isolée, située entre cour et jardin, leur servait de retraite. La pénurie y était extrême, et les religieuses n'étaient pas éloignées de la béatitude que leur souhaitait sainte Thérèse, quand elle disait dans son héroïque langage : « Heureuses, et mille fois heureuses seriez-vous, mes filles, si en travaillant à contenter l'unique amour de vos cœurs, vous veniez à mourir de faim ! » Plus d'une fois le pain manqua aux Carmélites de la rue Mouffetard, et si, à force de travail, elles parvenaient à se le procurer, mille nécessités et mille privations restaient leur partage.

Une tante de Mlle de Soyecourt, Mme de Feuquières, mit tout en œuvre pour la décider à venir s'établir dans une de ses terres, avec ses compagnes, mettant à sa disposition son aumônier et la chapelle de son château. Sœur Camille fut profondément touchée de cette offre, mais elle déclara que, s'étant faite pauvre librement, alors qu'elle possédait de grands biens, elle ne voulait pas perdre une si belle occasion de goûter la joie d'être réellement privée de tout, pour l'amour de Jésus-Christ.

Le 20 mars 1793, le jour du vendredi saint, une escouade de trente hommes armés envahit la maison, réclamant les prêtres et les armes que les carmélites étaient accusées de recéler. On ne trouva rien, sinon quelques lettres qui furent saisies. Le lendemain, sœur Camille fut conduite devant les administrateurs de police, qui ordonnèrent son arrestation. « Nous, administrateurs judiciaires, porte leur arrêté, attendu le refus fait par ladite Soyecourt de déclarer les noms et demeures des prêtres qui ont célébré la messe dans ladite maison, rue Mouffetard, ce qui indique une entente avec des réfractaires, d'autant mieux que la citoyenne Soyecourt était à la tête de la communauté ou société, et que par conséquent il est certain qu'elle connaît le nom de ces prêtres et leurs demeures, et que, par suite, ses réponses ne peuvent être sincères, ordonnons que la citoyenne Soyecourt sera mise en état d'arrestation, dans la prison de Sainte-Pélagie, jusqu'à ce que l'on ait découvert les noms et demeures des prêtres (1). »

En arrivant à Sainte-Pélagie, Sœur Camille y retrouva ses compagnes, qui venaient d'être arrêtées, rue Mouffetard, après avoir refusé, elles aussi, de faire connaître les prêtres qui étaient venus célébrer la messe dans leur maison.

Les prisonnières furent admirables de courage et de sérénité. La supérieure du petit groupe, sœur Joséphine (Mlle de Carvoisin), leur donnait l'exemple. Malgré ses soixante ans, elle s'était prescrit le jeûne au pain et à l'eau. Ses compagnes l'engageaient à se modérer et à prendre plus de nourriture, et lui disaient parfois en riant : « Allons, ma sœur Joséphine, engraissez donc un peu la victime » ; mais elles ne pouvaient rien obtenir de la fervente sexagénaire. « C'est le temps pascal, cependant, ma sœur, vous allez contre l'esprit de l'Eglise... — Oh ! non, répondait-elle, l'*Alleluia* n'est pas encore entonné pour moi. Il ne se chante bien qu'au ciel ; » et avec un saint enthousiasme : « Quel bonheur d'aller bientôt porter notre tête sur l'échafaud ! Quand donc irons-nous à la guillotine ? Qu'avons-nous fait à notre grand Maître pour mériter une si grande faveur ? »

(1) Archives nationales.

Cependant la famille de Soyecourt mettait tout en œuvre pour sauver les prisonnières. Elle finit par y réussir et, le 11 mai 1793, sœur Camille et ses compagnes purent sortir de Sainte-Pélagie. La Rév. Mère Nathalie ne jugea pas opportun de laisser revenir Mlle de Soyecourt dans aucun des groupes, même pour quelque temps. Elle estimait, non sans raison, que la noblesse de sa race la ferait poursuivre plus que toute autre et compromettrait ses sœurs avec elle. Sur son ordre, sœur Camille dut rentrer à la maison paternelle, emmenant avec elle une carmélite de Pontoise qui avait partagé sa captivité et se trouvait sans asile.

Sœur Camille vivait depuis huit mois à l'hôtel de la rue de Verneuil lorsque, le 12 février 1794, quatre hommes armés s'y présentent, porteurs d'un mandat d'arrêt contre le comte de Soyecourt, avec ordre de le conduire à la prison des Carmes. Le jour suivant, sa femme était arrêtée à son tour et menée à Sainte-Pélagie, où elle devait être bientôt rejointe par ses deux filles, Mmes d'Hinnisdal et de la Tour.

Au lendemain de l'incarcération de ses parents, sœur Camille avait dû quitter l'hôtel de Soyecourt, avec la carmélite qui l'avait suivie au sortir de Sainte-Pélagie. Cachée dans Paris, elle connut la pauvreté, l'indigence jusqu'à l'extrême misère. Mais la plus grande privation des deux carmélites était celle de la participation aux sacrements, rendue très difficile à causes de leurs pérégrinations incessantes. Un jour elles firent la rencontre d'une personne pieuse, chez laquelle un prêtre venait célébrer la messe. Sœur Camille lui offrit d'être la sacristine de l'humble chambre qui servait d'oratoire. L'hôtesse accepta, et voulant profiter des richesses dont elle pensait que la nouvelle venue était en possession, elle s'empressa de faire décorer le petit sanctuaire. Nos pauvres fugitives n'avaient que six francs. Sœur Camille les donna de bon cœur, se réjouissant de ce que Notre-Seigneur lui procurait ainsi la grâce de pratiquer plus étroitement son vœu de pauvreté.

Elle avait cherché, depuis la réclusion de sa mère, à adoucir sa captivité par tous les témoignages de son affection, mais il lui fut impossible de pénétrer jusqu'à elle. Le 25 mars 1794. Mme de Soyecourt succombait de misère et de privations dans le même cachot où, l'année précédente, sœur Camille avait prié et souffert.

Sur le conseil de son père, qui pouvait de temps en temps lui faire passer des lettres, et d'après le désir de ses supérieurs, Mlle de Soyecourt habitait de nouveau la maison paternelle, lorsque le décret du 16 avril 1794 vint l'en chasser. Aux termes de ce décret, aucun ci-devant noble ne pouvait désormais habiter Paris. Son père eût désiré qu'elle se retirât au château de Tilloloy, en Picardie ; mais, afin de moins s'éloigner de sa prieure et du reste de sa communauté, elle se rendit à sa ferme des Moulineaux, près de Paris, qui convenait d'ailleurs, mieux que le château de Tilloloy, à sa qualité de religieuse. Chaque jour, pour se conformer aux prescriptions du décret du 16 avril, elle était obligée de faire acte de présence et de porter elle-même son nom à la municipalité, située à une demi-lieue de la ferme.

C'est de la ferme des Moulineaux que, le 21 messidor an II (9 juillet 1794), elle adressa aux membres de la Convention une pétition en faveur de son père. Cette pétition resta sans réponse. Il lui était interdit, sous peine de mort, d'entrer dans la capitale sans une permission de la municipalité dont elle dépendait; cependant sœur Camille ne pouvait se résigner à rester privée des sacrements, sans recourir à tous les moyens en son pouvoir; aussi chaque semaine venait-elle résolument à Paris pour se confesser, sans que les embarras, les fatigues, les périls ou la crainte arrêtassent sa ferveur.

Il y avait environ six semaines qu'elle était installée aux Moulineaux, lorsque ses pressentiments sur le sort de son père se réalisèrent.

Le 5 thermidor an II (23 juillet 1794), M. de Soyecourt comparaissait devant le Tribunal révolutionnaire. La *fournée*, ce jour-là, était de quarante-neuf prévenus; quarante-six furent condamnés à mort. M. de Soyecourt monta le premier sur une des charrettes. Son attitude digne et chrétienne soutint le courage de ses compagnons d'infortune. Arrivé au pied de la guillotine, il se recueillit un instant, fit un grand signe de croix, recommanda son âme à Dieu et, sans doute, les êtres qu'il chérissait si tendrement, puis reçut l'un des derniers le coup fatal.

Sa fille, la comtesse Catherine-Louise-Sylvine

d'Hinnisdal, incarcérée d'abord à la Conciergerie, avait été successivement enfermée dans la maison des Dames anglaises, rue des Fossés-Saint-Victor, et à Saint-Lazare. Elle fut guillotinée quatre jours après son père.

La jeune duchesse de Saint-Aignan (Françoise-Camille de Bérenger), cousine germaine de Sœur Camille du côté maternel, fut condamnée à mort le 6 thermidor (24 juillet). En raison de son état de grossesse, il fut sursis à son exécution et le 9 thermidor la sauva.

La comtesse de Bérenger, née Françoise-Henriette de Lévis, également cousine par alliance de Mlle de Soyecourt, avait été exécutée peu de semaines auparavant, le 9 juillet.

Les fatigues, les austérités et les angoisses qui accablaient depuis longtemps Sœur Camille avaient déjà gravement compromis sa santé : ces derniers coups l'achevèrent. Une maladie de cœur se déclara, mais la force qui lui venait de Dieu la soutint. Elle baisa la main divine qui s'appesantissait sur elle et se soumit avec toute la résignation et l'amour d'une âme qui, en épousant la croix de Jésus-Christ, en avait accepté d'avance toute l'amertume.

III

Les biens de M. de Soyecourt mis en vente, sa fille dut quitter la ferme. Elle se trouva de nouveau et littéralement sans abri, sans pain, sans secours d'aucune sorte. Cependant Robespierre était tombé, et l'ère sanglante touchait à sa fin. Un membre de la mairie des Moulineaux, que son service obligeait à rendre compte des moindres mouvements de son administrée, lui offrit de se retirer dans une maison non occupée. Elle y serait demeurée seule, si une religieuse converse de la rue de Grenelle, Sœur Catherine de la Résurrection, qui avait appris sa situation, ne fût venue se réunir à elle. Elle lui apporta, comme elle l'eût fait à sa Prieure, la petite somme de deux cents francs qu'elle avait gagnée, et lui consacra, ce qui valait mieux encore, son dévouement le plus fraternel. La vie des deux religieuses pendant plusieurs mois fut des plus précaires; mais, accoutumées aux privations, elles ne pensaient qu'à remercier Dieu de les avoir réunies. La persécution les menaçait encore, et les précautions étaient loin d'être superflues. Malgré le péril, Sœur Camille s'enhardit jusqu'à disposer une chapelle dans son humble réduit, et convia de vénérables ecclésiastiques à venir y célébrer les saints mystères. Le Saint Sacrement n'y restait pas encore, la prudence le défendait. Avec quelle joie ces deux Carmélites, privées depuis si longtemps de secours religieux, ne recevaient-elles pas Notre-Seigneur! Des privilégiées trouvaient place dans ce sanctuaire, une Visitandine était de ce nombre. Habitant près du pieux oratoire, elle était avertie par un signal convenu de l'heure du Saint Sacrifice et venait se joindre à ses amies.

Le 15 octobre 1794, Sœur Camille obtint la permission de rentrer à Paris. Elle se fixa dans un petit logement, rue des Postes, où elle réussit bientôt à ériger un nouvel oratoire. Vers la fin de l'année suivante (1795), les églises commencèrent à se rouvrir ; mais le mélange des prêtres fidèles et des assermentés rendait les vrais chrétiens méfiants et les tenait éloignés des paroisses. Ceux du quartier Saint-Jacques gémissaient de voir leur église livrée à un prêtre schismatique ; aussi mirent-ils tout en œuvre pour obtenir que la chapelle du séminaire du Saint-Esprit, rue des Postes, fût rendue à sa première destination. Ce fut Sœur Camille qui eut la joie, avec quelques amies, de nettoyer et de parer ce nouveau sanctuaire. Mais déjà elle envisageait, dans un avenir prochain, la possibilité de la réunion de la communauté.

Au mois de mars 1795, on lui proposa une maison qui avait longtemps servi d'auberge et connue sous le nom de la *Vache noire*. Malgré son peu d'importance, cette maison présentait quelque facilité d'organisation. Le vénérable abbé Duclaux, appartenant à la Compagnie de Saint-Sulpice et ancien supérieur de la solitude d'Issy, en habitait une partie. Il se prêta de grand cœur à la pieuse entreprise, et la complaisance du propriétaire ayant permis tous les aménagements nécessaires, une chapelle fut érigée. Bénite par l'abbé de Dampierre, grand vicaire de Mgr de Juigné, cette chapelle fut aussitôt très fréquentée, et les exercices du culte suivis avec d'autant plus de ferveur et d'assiduité que la paroisse Saint-Jacques était toujours entre les mains d'un prêtre constitutionnel.

Un service régulier y fut établi ; des messes s'y célébrèrent chaque jour depuis cinq heures du matin jusqu'à midi, tant les ecclésiastiques affluèrent de toutes parts. Les vrais catholiques s'y pressaient tellement que l'escalier se trouvait envahi par ceux qui n'avaient pu trouver place dans l'intérieur. M. de Dampierre y fit placer des fonts baptismaux. Chaque dimanche, la grand'messe et les vêpres y étaient chantées et des sermons donnés par des prédicateurs, dont les uns avaient illustré autrefois les chaires de Paris, tandis que les autres, à leurs débuts, laissaient entrevoir la lumière que leur parole était appelée à faire resplendir, après de si longs jours de ténèbres. Ces premiers débuts donnèrent confiance à l'ancienne Prieure de la rue de Grenelle, la Mère Nathalie de Jésus. Peu de temps après l'ouverture de l'église, elle se réunissait à Sœur Camille et lui ramenait six de ses sœurs. La petite communauté, qui se composa alors de neuf personnes, pouvait se considérer comme rétablie.

Poursuivie par la persécution, surveillée et traquée jusque dans son exil, sœur Camille était parvenue, malgré tout, en moins de trois mois, à ériger quatre fois au Seigneur un autel et un tabernacle.

A l'époque où nous sommes arrivés, un cinquième sanctuaire est prêt à se rouvrir par ses soins. Celui-là ne se fermera plus, et, après avoir rendu à la capitale sa première église, il réjouira le Carmel dont il verra de nouveau revivre la gloire avec l'antique observance.

En 1796 parut le décret qui autorisait les nobles

non émigrés à rentrer dans leurs biens. La fortune de M. et de Mme de Soyecourt, qui était très considérable, revenait à leurs deux filles, la comtesse de la Tour et sœur Camille, et à leur petit-fils, le jeune comte d'Hinnisdal.

Sœur Camille, par ses vœux solennels, s'était rendue impuissante à recevoir sa part de succession. Librement morte au monde, jamais, sans les désastres de la Révolution, elle n'eût revendiqué ses droits à l'héritage paternel ; mais quand tous les couvents étaient détruits, au milieu de tant de ruines, n'était-il pas de son devoir de recueillir des biens qui pouvaient servir à la restauration et au bien de la religion? Cédant enfin aux conseils de MM. de Dampierre et Béchet, vicaires généraux de Mgr de Juigné, de l'abbé de Boulogne (1), de MM. Emery et Duclaux, de Saint-Sulpice, elle se résigna, non sans avoir longtemps résisté, à rédiger une supplique à Pie VI, à l'effet d'obtenir la permission de recueillir la succession paternelle. La réponse fut affirmative. Le souverain Pontife adressa à Mgr de Juigné, pour qu'il le transmît à la craintive carmélite, un bref dans lequel il lui permettait, « nonobstant son vœu de pauvreté, d'acquérir des biens, meubles et immeubles, et d'en disposer, tant pour son propre intérêt que pour le soulagement des religieux de l'un et de l'autre sexe, et d'autres personnes ecclésiastiques qui se trouve-

---

(1) L'abbé de Boulogne fut promu à l'évêché de Troyes, en 1809, et élevé à la pairie en 1822. Il mourut à Paris le 13 mai 1825.

raient dans le besoin, déclarant d'ailleurs que la permission accordée ne préjudiciait aucunement à la substance du vœu solennel de pauvreté ».

Le couvent des Carmes de la rue de Vaugirard, avec ses dépendances, acheté en 1795 par un menuisier nommé Foreson, était sur le point d'être démoli. Sœur Camille en fit l'acquisition, et, le 15 août 1797, jour même de la signature de l'acte, les carmélites en prirent possession. Tout était à refaire. La généreuse donatrice ne recula devant aucun sacrifice pour remettre les choses dans leur ancien état. Elle se réserva seulement dans la maison une cellule que rien ne distinguait des autres, sinon une exposition plus froide et peut-être une plus sévère pauvreté. C'était celle où le comte de Soyecourt avait passé les trois mois de sa captivité, et d'où il était parti pour l'échafaud. La Rév. Mère Camille l'habita pendant quarante-cinq ans. Aux instances faites, à diverses reprises, pour l'engager à la quitter, elle se contentait de répondre : « Rien ne peut être meilleur que de rappeler à mon esprit et à mon cœur ce qui a le plus contribué à faire mourir en moi le sensible et le créé. » A l'âge de quatre-vingt-six ans seulement, elle consentit, sur l'injonction du médecin, à échanger contre l'infirmerie sa cellule devenue trop froide.

Nous ne sommes encore qu'en 1797, et la Mère Camille de l'Enfant-Jésus n'est morte que le 9 mai 1849, à près de quatre-vingt-douze ans. Bien des épisodes de cette longue et admirable existence seraient encore à rappeler, et tout d'abord le courage avec lequel, sous l'empire, elle supporta les persécutions et l'exil. Je ne puis que renvoyer le lecteur à l'ouvrage même, et citer, en terminant, ces lignes de Mgr d'Hulst : « Cet ouvrage me paraît appelé à faire un vrai bien. L'intérêt qui s'attache aux péripéties de cette existence attirera des lecteurs, qui profiteront ensuite de l'édification qu'ils n'auraient pas cherchée pour elle-même. »

29 décembre 1897.

LE THÉATRE-FRANÇAIS

PENDANT LA RÉVOLUTION (1)

I

ON a beaucoup écrit sur le théâtre pendant la Révolution. Théodore Muret a consacré le premier volume de son *Histoire par le théâtre* (2) à l'époque révolutionnaire. M. E. Jauffret a publié, en 1867, *le Théâtre révolutionnaire*, et M. Henri Welschinger, en 1881, *le Théâtre de la Révolution*. Dès 1802, Etienne et Martainville avaient écrit l'*Histoire du Théâtre français depuis le commencement de la Révolution jusqu'à la réunion générale*. C'est également une monographie spéciale sur la

---

(1) *Le Théâtre français pendant la Révolution, 1789-1799*, par Henry Lumière; un volume in-18, E. Dentu, éditeur, 3, place de Valois, 1895.
(2) *L'Histoire par le théâtre, 1789-1851*, par Théodore Muret; trois volumes in-18, 1865.

Comédie française, de 1789 à 1799, que nous donne aujourd'hui M. Henry Lumière. Il a mis à profit les travaux de ses devanciers ; ses recherches personnelles lui ont permis de donner plus d'un détail curieux, plus d'un document intéressant. Son volume se lit avec plaisir, et on y peut profiter. J'y signalerai pourtant quelques erreurs et d'assez nombreuses omissions.

Au début de son livre, M. Lumière, parlant du rôle et de l'importance sociale du théâtre, écrit ces lignes : « Le poète Etienne, l'auteur de *Joconde*, de *Jeannot et Colin*, des *Deux Gendres*, et d'une série d'autres œuvres dramatiques représentées avec succès sur les scènes de l'Opéra-Comique et du Théâtre français, a formulé, dans un discours académique, l'aphorisme suivant : « *Le théâtre est l'expression de la société.* »

Ce n'est pas tout à fait exact. Et d'abord, M. Etienne, dans son discours de réception à l'Académie, ne parle pas du théâtre en général, mais de la comédie seulement. Voici dans quels termes il le fait : « Peut-être est-ce une erreur de prétendre que la comédie dirige les mœurs ; elle les suit, elle en reçoit l'influence, et devient en quelque sorte l'histoire morale des nations. Elle est, pour la postérité, l'image vivante des générations qui ne sont plus. C'est, si je puis m'exprimer ainsi, un écho qui se répète d'un siècle dans un autre, et qui se prolonge à travers la succession des âges. » Ce sont là phrases académiques. Quant à l'aphorisme : « Le théâtre est l'expression de la société », M. Etienne ne l'a formulé nulle part. Il n'était pas de ceux qui frappent des médailles — ainsi que faisait en ce temps-là M. de Bonald, qui avait dit dans un article du *Mercure : la littérature est l'expression de la société* (1).

Au lieu d'ouvrir son livre par des considérations *générales*, où il est parlé de M. Edouard Pailleron et de Francisque Sarcey, de George Sand et de M. Paul Eudel, je crois que M. Henry Lumière aurait mieux fait de nous dire ce qu'était, en 1789, la Comédie française. Il aurait dû nous donner un tableau exact de la troupe, qui, à aucune époque, ne fut plus brillante. Voici quelle en était la composition :

MM. Molé, Fleury, Larive, Dazincourt, Talma, Grandménil, Naudet, Dugazon, Larochelle, Saint-Fal, Dupont, Vanhove, Saint-Prix, Florence, Champville, Bellemont.

Mmes Louise et Emilie Contat, Lange, Mézeray, Vestris, Desgarcins, les deux sœurs Sainval, Devienne, Joly, Raucourt, Petit-Vanhove (2), Suin, La Chassaigne, Perrin-Thénard.

On sait que le Théâtre français, en 1789, était situé sur l'emplacement actuel de l'Odéon. L'auteur aurait dû, ce me semble, donner une description de la

---

(1) Article de mai 1807, intitulé : *Du tableau littéraire de la France au dix-huitième siècle, proposé pour sujet du prix d'éloquence par la seconde classe de l'Institut. — Mélanges littéraires, politiques et philosophiques*, par DE BONALD, t. II, p. 184.

(2) Mlle Petit-Vanhove devint, après son divorce, la seconde femme de Talma, également divorcé. Une séparation à l'amiable ne tarda pas du reste à intervenir entre les deux ci-devant divorcés.

salle. Ouverte le 7 avril 1782, elle fut incendiée le 19 mars 1799. L'*Almanach parisien* pour l'année 1787 renferme sur cette salle les détails suivants :

« Le vestibule qui donne entrée à la salle, est vaste et grand. Deux escaliers simples et commodes arrivent au plain-pied des premières loges, et communiquent chacun par deux colonnades à un très grand vestibule qui se trouve au milieu de la façade principale. Ce vestibule est aussi décoré de colonnes, et dans ses voûtes sont pratiquées des galeries ouvertes par des arcades et des balustrades qui servent de promenoir au rang des loges supérieures.

« La coupe de la salle intérieure est noble et simple et d'un très grand effet. Le plafond est décoré de sculptures très riches en arabesque, et peint en gris tendre et rechampi en bleu, ainsi que le devant de toutes les loges, dont il y a trois rangs principaux.

« Plus bas et en avant des premières loges, est une galerie de deux rangs de banquettes, qui fait tout le tour de la salle et tient lieu de l'amphithéâtre et des balcons que l'on pratique communément dans les salles. Au niveau du parterre et au-dessus de ladite galerie, est un rang de petites loges à l'année. Il y a un autre rang de loges à l'année dans la voussure de la salle. La salle contient à peu près deux mille deux cents personnes toutes assises.

« L'avant-scène est simplement décorée par des figures très élégantes qui semblent attacher des guirlandes.

« Le théâtre saille en plan cintre d'environ six pieds

dans la salle, afin que l'acteur se trouve plus dans le centre du spectateur et que sa voix ne se perde pas dans les décorations, ce qui réussit très bien, car on y entend de partout, quoique la salle soit encore très fraîche. Cette salle est éclairée par un seul lustre qui porte des lampes de la composition de *M. Quinquet.*

« Du reste, rien de plus ingénieux que tous les accessoires de la salle, tels que les dégagements sans nombre, la construction, la charpente, les foyers, les chambres des acteurs. On ne peut s'empêcher de rendre justice aux véritables beautés que cette salle de spectacle renferme (1). »

Quelle place importante occupait alors la Comédie française, quel enthousiasme excitait le talent de ses acteurs, comment était composé le public, ce sont là encore des choses dont ne parle pas M. Henry Lumière, mais sur lesquelles va nous renseigner un contemporain, l'académicien Alexandre Duval, qui avait vingt-deux ans en 1789.

« La Comédie française, dit-il, était un établissement tout royal. Les grands talents qui en faisaient la gloire inspiraient à *un public instruit* le plus grand intérêt. Un début d'acteur, une pièce nouvelle, une anecdote de coulisse suffisait pour occuper la grande société, qui se passionnait plus ou moins pour telle actrice, pour tel ouvrage.

« A cette époque, toutes les loges étaient louées à

---

(1) *Almanach parisien, en faveur des Parisiens et des personnes curieuses*, p. 389.

l'année par la cour et la haute finance. Dans la classe des gens riches et distingués, il eût été du plus mauvais ton qu'une femme n'eût pas pu dire : « Je vous « attends ce soir dans ma loge. »

« Le parterre se composait de tous les jeunes gens que leurs études appelaient à Paris et qui, *possédant déjà dans leur mémoire tous les passages remarquables de Corneille*, venaient juger les acteurs dans les pièces qu'ils avaient appris à admirer dès leur enfance. S'ils étaient quelquefois bruyants et sévères, le plus souvent ils montraient cet enthousiasme qui est dans le caractère de la nation ; *cet enthousiasme s'emparait bientôt des loges et donnait aux représentations de ce temps-là une vivacité, une chaleur qui n'avaient rien de factice*, et ne ressemblaient nullement aux applaudissements calculés et intéressés de nos jours..... *L'orchestre n'était rempli que de vieux amateurs, qui faisaient de l'art dramatique le plaisir de leur vieillesse*, et pour qui le moindre événement au théâtre devenait une affaire principale. Il était donc impossible qu'un art qui faisait les délices de la haute société et de toute la jeunesse instruite ne fît pas des progrès rapides.

« Presque toujours l'un des premiers sur les banquettes du parterre, tout entier à mes méditations, je cherchais à me rappeler les morceaux les plus remarquables de l'ouvrage que l'on allait jouer. Je n'avais d'autre idée que la pièce... Bientôt *l'orchestre se faisait entendre*, la toile se levait...

« Alors mon attention, incessamment fixée sur le

théâtre, sur l'acteur, me faisait éprouver tous les sentiments qu'il voulait peindre. Tout m'en paraissait grand, sublime, admirable... Mon imagination allait jusqu'à embellir toute la scène : ces toiles effacées qui prétendaient remplacer le palais des Atrides, ces Athéniens, si mal vêtus alors, me paraissaient tels qu'ils auraient dû être. L'énergie des pensées, le charme du style, le talent des acteurs, relevaient à mes yeux le peu de luxe de la maison régnante. Je ne voyais que les héros, je n'entendais que leur langue mélodieuse, je n'étais ému que de leurs peines, je n'avais de larmes que pour leurs malheurs, et cette émotion si vive, qui souvent m'oppressait comme une souffrance, ne me quittait qu'à la fin de la pièce, et encore pour se faire regretter.

« Voilà ce qu'éprouvaient les jeunes gens aux représentations du Théâtre français. » (1)

II

Tandis que l'aristocratie de naissance faisait, dans la nuit du 4 août, le sacrifice de ses privilèges, les comédiens ordinaires du roi, qui étaient les aristocrates du théâtre, n'étaient nullement désireux d'abandonner les leurs. La cour ne leur avait pas ménagé les pensions, les cadeaux et les faveurs. Par intérêt, et

---

(1) *Notice sur l'état actuel des théâtres en France*, par Alexandre Duval, de l'Académie française, p. XXXVIII.

aussi, disons-le, par reconnaissance, ils restèrent fidèles au roi. A l'exception de Dugazon, Talma, Grandménil, Grammont et Mme Vestris, tous les autres refusèrent d'embrasser les idées nouvelles. Aussi furent-ils l'objet, de la part des journaux révolutionnaires, d'attaques violentes et de perfides dénonciations. De ces violences et de ces dénonciations, M. Henry Lumière ne dit rien. Il a, j'en ai peur, négligé de feuilleter les journaux du temps, qui sont pourtant une source historique de première importance. Il y eût trouvé plus d'un fait intéressant. Il ne parle pas de la tragédie de *Marie de Brabant*, représentée le 9 septembre 1789 ; et cependant c'est cette pièce qui, la première, a introduit la révolution au théâtre. On lit dans le numéro IX des *Révolutions de Paris* :

« Nous avons assisté ce soir à une pièce, *dont la représentation commence la révolution au Théâtre français. Marie de Brabant*, tragédie composée depuis quelques années par M. Imbert, avait été exclue du théâtre par la nature du sujet : Pierre de La Brosse, autrefois barbier de saint Louis, devenu depuis favori de Philippe le Hardi, craignant le trop grand attachement que le roi avait pour la reine Marie, sa femme, accusa cette princesse d'avoir empoisonné Louis, fils aîné de Philippe, du premier lit. La calomnie est découverte, et *La Brosse est pendu*. Cette pièce offre un exemple terrible de despotisme, celui d'un roi jugeant lui-même son épouse à mort. » (1)

---

(1) *Révolutions de Paris*, t. I, n° IX, p. 29.

Charles IX, la fameuse tragédie de Marie-Joseph Chénier, fut jouée pour la première fois le 4 novembre 1789. M. Lumière parle longuement, et avec raison, de cette première représentation, mais il ne dit rien d'un incident qui s'était produit le 19 août précédent, et que les *Révolutions de Paris* racontent en ces termes :

« On ne saurait trop mettre sous les yeux du peuple des objets qui réveillent son attention sur les obligations qu'il vient de contracter envers lui-même ; la mollesse, l'intérêt privé, les prestiges du pouvoir exécutif l'auraient bientôt endormi ; c'est surtout au spectacle que l'on peut fortement frapper son cœur et ses yeux. Ce soir (19 août), quelques citoyens ont interrompu la pièce au Théâtre français, pour demander une tragédie intitulée *Charles IX ou la Saint-Barthélemy*. M. Fleury, qui était sur la scène, a répondu qu'il ne connaissait point cette pièce, puisqu'il y avait eu ordre de la refuser même en lecture. Alors mille voix ont demandé qui avait donné cet ordre, et ont chargé le sieur Fleury d'apprendre à sa Compagnie que le désir du public était que cette pièce fût jouée, et qu'elle n'avait d'ordre à recevoir que de la municipalité. » (1)

Sur la journée du 4 novembre, où fut représenté *Charles IX*, je trouve encore dans la feuille de Prudhomme des détails qui manquent dans l'ouvrage de M. Henry Lumière. Ce jour-là, une députation d'évê-

(1) *Révolutions de Paris*, t. I, nº VI, p. 26.

ques et de sorbonistes se présenta chez le roi, pour demander que la pièce ne fut pas jouée. La députation ne fut pas admise. Les *Révolutions de Paris* notent cette circonstance, que le cardinal de Lorraine parut sur la scène en camail et en rochet (1).

J'ai dit tout à l'heure que les journaux révolutionnaires insultaient périodiquement les comédiens du Théâtre français qui se permettaient de rester royalistes ; Camille Desmoulins était naturellement au premier rang des insulteurs. Un jour — c'était au mois d'août 1790 — il attaqua de la façon la plus grossière Desessarts et Naudet (2). Les deux acteurs, rencontrant le journaliste chez le suisse du Luxembourg, le provoquèrent en duel. Camille refusa le cartel. Cet insulteur public n'était pas précisément un héros. Loustallot, le rédacteur des *Révolutions de Paris*, prit le parti de son confrère et traita Naudet et Desessarts de *spadassins* (3). A quelque temps de là, dans son numéro du 25 septembre 1791, il publia, sous ce titre : *Comédie française,* un article dont voici le début :

« Les acteurs du Théâtre français, non contents de se qualifier, à l'ombre d'un corps national, du titre

---

(1) *Révolutions de Paris*, t. II, n° XVII, p. 32.

(2) J.-B.-Julien-Marcel Naudet, qui d'abord avait été militaire, céda à l'attrait du théâtre, où sa belle taille, ses manières distinguées, sa voix pleine et sonore l'appelaient à réussir. Son fils, Joseph Naudet (1786-1878), membre de l'Institut à trente ans, a été, de 1852 à 1860, secrétaire perpétuel de l'académie des inscriptions et belles-lettres.

(3) *Révolutions de Paris*, t. V, p. 325.

vain de *comédiens ordinaires du roi;* non contents de ne plus représenter *Charles IX*, d'après les ordres de cette cour renaissante, à laquelle ils sont toujours aussi *bassement* dévoués que ci-devant ; non contents d'asservir leurs maîtres légitimes aux volontés de ceux qui ne doivent plus en avoir d'autres que les leurs, portent l'*impudence* au point de ne reconnaître ni la nation ni ses représentants, dont ils rejettent et méprisent l'autorité.

« Ces *histrions* ont oublié le respect qu'ils doivent au peuple qui les nourrit, jusqu'à oser dire *qu'ils reporteront les clefs de son spectacle au roi...* Au roi ! et c'est à de pareilles gens qu'on a accordé l'existence civique, dont leur conduite prouve assez qu'ils étaient justement privés !... » (1)

Avant la Révolution, les théâtres étaient fermés les jours de grandes fêtes, particulièrement pendant la semaine sainte et le jour de Noël. Il en fut de même en 1789. Le 24 décembre 1790, la municipalité ordonna que le jour de Noël les théâtres seraient ouverts avec la condition que la recette appartiendrait aux pauvres. La lettre circulaire aux directeurs de spectacles est curieuse : *Nous vous invitons à jouer le jour de Noël, au profit des pauvres, et cependant vous ferez mettre sur l'affiche par ordre de la municipalité* (2).

Il me semble que ce petit fait aurait dû trouver place dans l'histoire du *Théâtre pendant la Révolution*.

(1) *Révolutions de Paris*, t. V, p. 545.
(2) *Ibid.*, t. VI, p. 684.

En un autre endroit, c'est une date seulement qui manque dans le récit de M. Henry Lumière, mais ici, dans la peinture d'un temps où la situation changeait d'une semaine à l'autre, les dates ont leur importance. « Un soir, en 1792, dit M. Lumière, la reine se laissa conduire au théâtre avec ses enfants... Mme Dugazon remplissait le rôle de Lisette dans *les Engagements imprévus*. Au 2e acte, dans un duo, se trouvent ces deux vers :

>J'aime mon maître tendrement,
>Ah! combien j'aime ma maîtresse!

« On vit alors l'actrice tourner manifestement son regard vers la reine, mettre la main sur son cœur, et chanter ces paroles avec une expression des plus significatives... » — « Un soir, en 1792, » — c'est bien vague. A quel moment de l'année 1792? Cette représentation eut lieu le lundi 20 février 1792. Mme Elisabeth en rend compte dans une lettre au comte d'Artois, en date du 23 février.

« Paris est presque tranquille, écrit-elle. L'autre jour, il y a eu, à la Comédie italienne (1), où était la reine avec ses enfants, un tapage infernal, qui a fini par une scène étonnante, dont beaucoup de gens ont été attendris : — la plus grande partie de la salle a crié

---

(1) La Comédie italienne, ou Théâtre italien, était située entre les rues Favart et Marivaux. On y jouait des comédies ou des opéras-comiques. Malgré le nom de ce théâtre, les pièces et les acteurs étaient français. Ce théâtre, appelé plus tard Théâtre Favart, puis Théâtre de l'Opéra-Comique, a été brûlé le 25 mai 1887.

Vive le roi! et *Vive la reine!* à faire tomber les voûtes ; on a battu ceux qui n'étaient pas du même avis, et on a fait répéter quatre fois un duo qui prêtait à des rapprochements. Mais c'est un moment, un éclair comme en a la nation, et Dieu sait si cela continuera. » (1)

III

On le voit, M. Henry Lumière aurait trouvé, dans le seul journal des *Révolutions de Paris*, plus d'un fait curieux, plus d'une anecdote intéressante. J'aurais encore plus d'un oubli à signaler dans son livre. Ainsi, il ne nous dit pas que, dès le mois de juillet 1790, le *Théâtre français* avait pris le titre de *Théâtre de la Nation* (2). Il omet également de nous dire que les mots : *Comédiens ordinaires du roi*, maintenus en 1789, en 1790 et pendant les premiers mois de 1791, furent supprimés le 22 juin 1791, au lendemain du voyage de Varennes.

Au mois de novembre 1792, le Théâtre de la Nation joua une pièce de circonstance, qui, à ce titre, n'aurait pas dû être omise dans une histoire de ce

---

(1) *La Vie de Madame Elisabeth*, par M. A. DE BEAUCHESNE, t. II, p. 465.

(2) On lit à cette occasion, dans les *Contemporains de 1789 et 1790*, par l'auteur de la *Galerie des états généraux*, t. III, p. 272 : « *Théâtre français*, maintenant *Théâtre de la Nation*. On semble rougir du nom de Français, on l'emploie le moins que l'on peut. Bizarre et singulière manie ! »

théâtre pendant la Révolution. Et cependant ni Théodore Muret, ni M. Welschinger, ni M. Lumière n'en ont parlé. C'était une pièce en vers intitulée *l'Apothéose de Beaurepaire*, de Charles Lesur (1). Malgré ses apparences de *pièce patriotique*, elle n'eut pas l'honneur de plaire aux *Révolutions de Paris*, qui en donnent cette analyse :

« Une espèce de *sans-culotte*, petit-maître et pédant (2), après avoir justifié le suicide patriotique du commandant de Verdun, qui n'en avait pas besoin, en vient, on ne sait par quelle transition, à calomnier le peuple, en lui prêtant l'intention de violer, à la première circonstance favorable, les lois saintes de la propriété. Un autre sans-culotte, déclamant contre les riches, semble introduit tout exprès pour amener une tirade contre les agitateurs *prétendus* qui, dit-on, vont dans la société prêchant l'égalité de fait comme une conséquence de celle de droit, et, à ce sujet, le sans-culotte, bel esprit, fait à ses camarades le petit argument que voici : « Ces trois verres posés sur cette « table, sont tous trois de même grandeur et pleins « jusqu'au bord ; ils sont tous trois bien égaux. — « Sans doute. — Buvons. » Les deux bonnes gens de la pièce boivent jusqu'à la dernière goutte. Le docteur a soin de ne vider son verre qu'à moitié, et dit : « Eh

(1) Beaurepaire, commandant de Verdun, sommé par le conseil municipal de rendre la place aux Prussiens qui l'assiégeaient, se fit sauter la cervelle. La Convention lui décerna les honneurs du Panthéon et donna son nom à une rue de Paris, quartier Montorgueil.

(2) Ce rôle était rempli par Saint-Fal.

« bien ! mes amis, vous le voyez : ces trois gobelets,
« tous trois égaux d'abord, ne le sont plus maintenant;
« le mien conserve encore du vin. A qui la faute ? Si
« vous ne vous étiez pas pressés plus que moi de boire,
« si je ne m'étais pas modéré plus que vous, nous
« serions encore égaux ; et voilà comme les uns de-
« viennent pauvres, les autres riches. La société est
« composée d'avares et de prodigues, mais le prodigue
« n'a rien à reprocher et à demander à l'avare; heu-
« reusement que la vertu nous rend véritablement et
« parfaitement égaux, » etc. Et tout le parterre, et
toutes les loges, et surtout les capitalistes, habitués
de l'orchestre, d'applaudir ! et le sans-culotte, bon
homme, de s'écrier avec un geste innocent : « Ah !
« bien, qu'ils y viennent ! Si je rencontre un de ces
« agitateurs, je le conduirai moi-même à ce tribunal
« du mois de septembre... — Que dis-tu là ? » répond
avec l'expression de l'horreur le pédant sans-culotte ;
et tout de suite une violente jérémiade contre les journées du 2 et 3 septembre... Puis les tambours, le
sacrophage, comme dit un des trois interlocuteurs, »
etc., etc. (1)

Aux yeux des *Révolutions de Paris*, cette pièce soi-disant populaire, n'est qu'un ballon d'essai aristocratique : « Cette bagatelle, tombée comme des nues sur la scène française, n'est sans doute qu'un essai qui nous annonce de plus grands desseins. » Et la feuille de Prudhomme disait leur fait à ce poète, à ces acteurs

(1) *Révolutions de Paris*, t. XIV, p. 460.

séditieux, qui osaient médire des massacres de septembre. « Taisez-vous donc, écrivait-elle, petits intrigants mal déguisés, et ne venez pas dans les journaux, sur les murailles, au théâtre, calomnier le peuple à tout propos, et lui reprocher éternellement *un moment de sévérité inévitable*, un *acte de justice*, de vengeance même, si vous voulez, *qu'il s'est permis à regret, et dont il a, autant qu'il a pu, adouci la rigueur nécessaire.* »

Le 3 septembre 1793, les acteurs et les actrices du Théâtre de la Nation furent arrêtés en masse à la suite de la représentation de *Paméla*. M. Lumière a raconté d'une manière intéressante les nombreux incidents qui se rattachent à cette pièce; mais pourquoi n'a-t-il rien dit, ou presque rien, de la captivité des comédiens? Cela pourtant rentrait tout à fait dans son sujet.

Les actrices avaient été emprisonnées à Sainte-Pélagie; les acteurs aux Madelonnettes et à Port-Libre (1).

Un des prisonniers des Madelonnettes, Coittant, a écrit une relation (2) de son séjour dans cette prison,

---

(1) Desessarts, le seul des acteurs du Théâtre de la Nation, avec Molé, qui n'ait pas été arrêté le 3 septembre 1793, était à ce moment à Barèges, dont les eaux lui avaient été ordonnées. C'est là qu'il apprit l'arrestation de ses camarades. Cette nouvelle lui causa une telle émotion qu'il mourut suffoqué à l'âge de 55 ans. Etienne et Martainville, *Histoire du Théâtre français pendant la Révolution*, t. III, p. 108.

(2) Cette relation a été publiée pour la première fois dans le *Tableau des prisons de Paris*, pour faire suite à l'*Almanach*

où se trouvent d'assez nombreux détails relatifs aux artistes du Théâtre de la Nation. Je lui emprunte les suivants :

« Les commensaux de notre corridor étaient *plusieurs artistes du Théâtre français*, M. de Boulainvilliers, le lieutenant de police, M. de Crosne, le général Lanoue, Fleurieu, ancien ministre de la marine...

« La fille du citoyen *Fleury*, artiste du Théâtre français, enfant de quatre ans, aussi intéressante qu'on l'est à cet âge quand on réunit tout ce qui en fait le charme, se présente dans le dehors et dit bonjour à son papa, qu'elle aperçoit par la fenêtre : on l'arrache à sa vue ; les pleurs de l'innocence ne peuvent toucher le stupide gendarme...

« Séquestrés du monde entier, nous passions cependant quelquefois des moments assez agréables. Dans notre corridor, surtout celui du troisième, il s'était établi une amitié dont les nœuds se resserraient tous les jours par le malheur commun... Les bons mots, les plaisanteries faisaient un peu diversion à notre ennui. *Dazincourt* (1) était toujours jovial. « N'est-il pas étonnant, disait-il, de me trouver ici ? Qu'on y retienne des empereurs, des rois, des tyrans, des ducs et des marquis, cela se conçoit, mais que je me voie

---

des prisons ; une seconde fois dans l'*Histoire des prisons de Paris et des départements*, par J.-B. NOUGARET, Paris, l'an V, juin 1797.

(1) Dazincourt jouait les rôles de valets ; il avait créé, le 27 avril 1784, le rôle de *Figaro*.

en leur compagnie, moi qui ne suis qu'un pauvre valet sans-culotte, oh ! certes, il y a de l'injustice !... »

Un jour, Villers de Montmartin, ci-devant conseiller au parlement, logé au second étage de la prison dans une chambre à huit personnes, voulut occuper celle de *Saint-Prix* (1), dans laquelle il vaquait une place par la sortie de *Duval* (2), son commensal. Il la disputait à un ci-devant procureur au parlement, M. Duchemin, à qui elle appartenait par droit d'ancienneté. Après une discussion très vive, M. Duchemin eut gain de cause et partagea la chambre de Saint-Prix. Dazincourt dit à ce sujet : « Je suis bien persuadé qu'il n'aurait pas demandé à être dans la mienne, si elle eût été vacante, car il se serait sans doute refusé à demeurer avec un pauvre valet ; il aimait mieux partager la chambre d'un empereur. »

Duchemin tomba dangereusement malade. Pendant tout le temps de sa maladie, Saint-Prix ne quitta pas son chevet, lui donnant bouillon, médecine, etc. Une fois, après trois nuits de veille, il sortit de sa chambre avec les lèvres aussi noires que du charbon.

Un détenu, le sieur Boivin, marchand de vin, porte Bernard, était accusé d'avoir souffert la vente du numéraire dans sa maison. Il fut acquitté, mais sous caution. Il devait rester en prison jusqu'à ce qu'il eût

---

(1) Saint-Prix remplissait au théâtre les premiers rôles du tragique.

(2) Alexandre Duval, le futur académicien, était entré comme acteur au Théâtre français en 1793. — Au tome III de ses *Œuvres complètes*, il a donné de curieux détails sur sa captivité et celle de ses camarades aux Madelonnettes.

versé trois mille livres, et il n'en avait pas le premier sol. Un de ses compagnons de captivité, Logette, négociant, rue de la Chanvrerie, les lui avança, sans vouloir même de reçu : « Non, dit-il, la parole d'un honnête homme me suffit. » — « Cependant, continue Coittant, la nouvelle s'était répandue parmi nous que Boivin devait garder prison jusqu'à ce qu'il eût trouvé trois mille écus pour sa caution. Elle parvint jusqu'à *Vanhove* l'aîné, qui faisait sa partie de piquet avec *Fleury ;* il tire son portefeuille en s'écriant : « Que je suis heureux ! je puis faire la somme. J'ai à peu près quatre mille cinq cents livres; quinze cents me suffiront pour le temps que je compte rester en prison. Où est-il ? » Il court pour les lui offrir. Boivin était parti. Il apprend que Logette l'avait prévenu ; il se console de n'avoir pu obliger un frère en pensant qu'il s'est trouvé dans la prison un homme que la fortune avait mis dans la position de venir au secours d'un malheureux. »

Décidément, c'étaient de braves gens que les *Comédiens ordinaires du roi*, et j'aurais voulu que M. Lumière s'intéressât un peu plus à leur sort.

J'aurais bien encore quelques omissions et quelques inexactitudes à signaler dans son ouvrage. Je n'en relèverai plus qu'une, relative à Julie Candeille, l'auteur de *la Belle Fermière*. « Julie Candeille, dit M. Lumière, joignant une séduisante beauté à ses brillantes qualités d'auteur et d'actrice, avait inspiré une violente passion au conventionnel Vergniaud. » Et il cite le passage suivant de Michelet : « Un cœur de femme, faible et charmant, tenait comme enfermé ce cœur de lion de Vergniaud... La voix et la harpe de Mlle Candeille, la belle, la bonne, l'adorable, l'avaient fasciné... Cette femme, belle et ravissante, pleine de grâce morale, avait recherché, aimé ce paresseux génie qui dormait sur les hauteurs... Vergniaud s'était laissé aimer; il avait enveloppé sa vie dans cet amour, et il y continuait ses rêves... (1) ». Michelet est revenu plusieurs fois sur ces amours de Vergniaud et de Mlle Candeille (2). Louis Blanc et Lamartine (3) en parlent également. Exact ou non, le fait importe assez peu à l'histoire; mais du moment où il plaisait à MM. de Lamartine, Louis Blanc, Michelet — et M. Henry Lumière — de le reproduire, peut-être auraient-ils dû rappeler, en même temps, qu'en 1817, la *Biographie des hommes vivants*, éditée par Michaud, ayant fait mention de ce bruit, tout en déclarant ne pas y croire, Julie Candeille, alors Mme Simons, le réfuta, non sans succès, dans une brochure intitulée : *Réponse de Mme Simons Candeille à un article de la Biographie, 17 juin 1817 :* « J'aurais peine, disait-elle à la page 4, j'aurais peine à me rappeler les traits de M. Vergniaud : *je ne lui ai jamais parlé.* »

Cette affirmation si précise, produite à une époque où vivaient encore un grand nombre de contemporains

---

(1) *Les Femmes de la Révolution*, par Michelet.
(2) Voir l'*Histoire de la Révolution*, par Michelet.
(3) Lamartine, *Histoire des Girondins*, livre XVIII ; — Louis Blanc, *Histoire de la Révolution*, t. VII, p. 271.

de Vergniaud, ne rencontra aucun démenti. M. Michaud rétracta son article, et dans celui que publia plus tard la *Biographie universelle* (tome LX), il n'est plus fait allusion aux prétendues amours de l'orateur de la Gironde avec *la belle, la bonne, l'adorable* Mlle Candeille.

Le volume de M. Henry Lumière n'en est pas moins plein d'intérêt, et malgré les réserves que j'ai dû faire, j'en recommande la lecture. C'est un livre agréable, et qui est loin d'être sans valeur. Il renferme quelques documents nouveaux, mais ce n'est pas l'œuvre définitive que nous sommes en droit de demander. Ce vaste et beau sujet, *le Théâtre français pendant la Révolution,* attend encore son historien.

15 septembre 1895.

LE
FEUILLETON DE GEOFFROY [1]

I

LES thèses pour le doctorat, — j'entends le doctorat ès lettres — valent presque toujours d'être lues. Elles forment d'ordinaire une monographie composée avec soin, puisée le plus souvent aux sources mêmes. L'auteur, en l'écrivant, sait que son œuvre sera examinée de près par des juges compétents, qui ont mission de relever ses erreurs et ses inexactitudes, s'il lui arrive d'en commettre; il lui faut donc prévoir les critiques, aller au-devant et d'avance y répondre. Pour cela, force

---

[1] *Geoffroy et la Critique dramatique sous le Consulat et l'Empire (1800-1814)*; par M. Charles-Marc DES GRANGES, docteur ès lettres. — Un volume in-8°, librairie Hachette et Cie, 1897.

lui est bien d'étudier son sujet sous toutes ses faces, de le retourner de çà, de là, partout, de suivre enfin le conseil du fabuliste :

> Creusez, fouillez, bêchez ; ne laissez nulle place
> Où la main ne passe et repasse.

C'est justement ce que vient de faire M. Charles-Marc des Granges, dans sa consciencieuse et très remarquable thèse sur *Geoffroy et la critique dramatique sous le Consulat et l'Empire.*

Geoffroy est le créateur du feuilleton dramatique. C'est lui qui a trouvé, dès le début de ce siècle, la forme sous laquelle n'a cessé de s'exercer depuis la critique des théâtres. Bien que, de son temps, il n'ait jamais été gratifié, comme le sera plus tard Jules Janin, du titre de *prince des critiques* ; bien qu'on l'appelât tout bourgeoisement le *Père Feuilleton,* il n'en a pas moins été le chef d'une dynastie. Il a eu des successeurs dont le talent a brillé d'un vif éclat, mais dont aucun ne l'a égalé. Son succès a été considérable, et son influence a été aussi grande que son succès. Au lendemain de la Révolution, alors que Corneille et Racine étaient détrônés au profit de Voltaire ; alors que Molière lui-même se voyait préférer Marivaux et Beaumarchais, il a rétabli les rangs. Il a remis à leur vraie place et fait rentrer dans leurs droits les légitimes possesseurs du trône. Sans chasser Voltaire du palais, il s'est obstiné à ne lui accorder que la plus haute des charges subalternes, — et cela, au moment où, grâce aux efforts de la

Harpe, la « Trinité tragique française » était un article
de foi. Molière, à son tour, est replacé à son rang ; il
est, pour Geoffroy, « le premier comique de tous les
siècles et de tous les pays » ; il est « le père nourri-
cier de tous ses successeurs ; lui seul a ouvert les
sources du comique : on peut lui appliquer ce
qu'Ovide a dit d'Homère, qui fournissait des sujets à
tous les poètes :

> ... *a quo ceu fonte perenni*
> *Vatum Pieriis ora rigantur aquis.* »

Et comme il ne se trompe pas sur les maîtres,
Geoffroy ne se trompe pas sur leurs prétendus disciples. Ceux-là s'attachent aux « apparences » des
œuvres classiques ; ils imitent des formes et des cadres, ils construisent du pseudo-Racine comme les
architectes, à côté d'eux, font du pseudo-grec. Le
critique se refuse à voir en eux autre chose que les
« bâtards » de Racine et de Corneille : ni les Chénier,
ni les Baour, ni les Brifaut, ni les Luce de Lancival,
n'ont le droit de se proclamer « classiques » ; ils se
sont affublés d'un costume de famille, mais ce n'est
pas le même sang.

A la veille du formidable assaut que le romantisme
allait diriger contre la tragédie et le théâtre classiques,
Geoffroy a restauré et affermi le répertoire. Si le
romantisme, malgré son triomphe bruyant, ne put
renverser les grands maîtres du XVIIe siècle, — si les
pseudo-classiques ne parvinrent pas alors à entraîner
leurs maîtres dans une chute profonde, — c'est parce

qu'il s'était formé, grâce à Geoffroy, un « public » qui désormais admirait à bon escient les vrais chefs-d'œuvre, — des « acteurs » qui savaient les jouer, — un « théâtre » qui en faisait ses titres de noblesse.

Le romantisme lui-même dut beaucoup à la sévérité de Geoffroy envers les pseudo-classiques. En effet, pour qu'une renaissance dramatique fût possible, il fallait d'abord démontrer aux contemporains leur impuissance radicale à réaliser la perfection classique ; il fallait, tout en souhaitant un ouvrage digne de Racine ou de Molière, discréditer, l'une après l'autre, toutes ces tentatives d'écoliers impuissants. En balayant du théâtre les *Thésée*, les *Artaxercès*, les *Ninus II*, les *Omasis*, les *Hector*, Geoffroy ne contribuait pas peu à « fermer » pour toujours le « classicisme. »

La marque de Geoffroy, c'est son impeccable bon sens, son dédain du romanesque et de la sensiblerie, son mépris pour le faux marivaudage. Parmi les comédies nouvelles, le « feuilleton » loue toujours celles qui dénotent « l'observation des mœurs », et non pas exclusivement celles qui peignent des ridicules ; le seul genre condamné sans pitié, c'est le drame « pathétique et romanesque » à la fois faux et dangereux. Par là encore, Geoffroy a été un précurseur; il a devancé, sinon préparé, le retour à la simplicité et au naturel qui s'est effectué au théâtre après 1840.

Mais Geoffroy n'a pas été seulement le premier de nos critiques dramatiques, — le premier en date et le premier aussi par le talent, — il a eu l'honneur, et j'y reviendrai tout à l'heure, il a eu, — ne craignons pas de dire le mot, — il a eu la gloire, au sortir de la Révolution, de contribuer plus que personne (Chateaubriand excepté) à restaurer dans les esprits les grandes doctrines de la religion et de la morale ; de faire, dans son feuilleton, une guerre sans merci, sans trêve, une guerre à mort contre tout ce qui se rattachait, de près ou de loin, au philosophisme et à l'esprit révolutionnaire.

Et pour cela, vivant, il a été couvert d'outrages ; mort, il a eu à subir, l'injustice, le dédain et presque l'oubli. Le livre de M. des Granges le remet aujourd'hui en lumière. Justice lui est enfin rendue, avec une telle abondance de preuves, avec une telle force de démonstration, que le voilà maintenant replacé à son rang pour n'en plus déchoir.

II

Le volume de M. des Granges s'ouvre par une biographie de Geoffroy. Elle est intéressante et très complète ; j'essaierai cependant d'y ajouter quelques traits, qui ont échappé à l'auteur.

Julien-Louis Geoffroy est né à Rennes le 17 août 1743. Après de brillantes études dans sa ville natale, au collège des Jésuites, qui ne comptait pas alors moins de 4.000 élèves, il entra, le 14 septembre 1758, au noviciat de la Compagnie de Jésus, à Paris, rue du Pot-de-Fer. La Compagnie n'ayant pas comme aujourd'hui des « collèges scolastiques » réservés aux seuls novices, ceux-ci, après leurs premiers vœux, étaient envoyés dans les collèges ordinaires pour y suivre les cours de philosophie. Aussi, en octobre 1760, Geoffroy passait-il au collège Louis-le-Grand pour y faire ses trois années de philosophie.

Au mois d'août 1762, les Jésuites étaient contraints d'abandonner le collège Louis-le-Grand et de se disperser. Forcé de rentrer dans le monde, Geoffroy prit alors, sans doute d'après le conseil de ses anciens maîtres, le « petit collet », costume adopté, sous l'ancien régime, soit par les cadets de famille aspirant à un bénéfice, soit par les jeunes gens d'humble origine qui cherchaient à se placer comme précepteurs ou à devenir « régents » dans les collèges de la Faculté des Arts. Quoiqu'il ait probablement quitté le « petit collet » d'assez bonne heure, puisqu'il se maria, on prit plaisir, après la Révolution, à le surnommer « l'abbé Geoffroy » ; et ce titre, qui, dans la bouche de ses adversaires, était une injure et signifiait renégat et « défroqué », ce titre est resté dans l'histoire littéraire. Nos contemporains disent encore, avec une pointe de malignité, « l'abbé Geoffroy », — ce qui n'est plus une insulte, mais une sottise. Geoffroy n'avait même pas reçu les « ordres mineurs » (1); il porta le « petit collet » par contenance, voilà tout.

La catastrophe qui anéantit les Jésuites laissait

---

(1) La *tonsure* et le *sous-diaconat*, qui ne confèrent point le sacrement de l'*Ordre*, et ne font pas le prêtre.

Geoffroy, à peine âgé de vingt ans, sans état et sans occupation; il était naturel qu'il en cherchât une analogue à celle qui venait de lui être enlevée. Il entra au collège Montaigu, l'un des meilleurs de Paris, comme *maître de quartier*. L'emploi était modeste, mais il laissait au jeune homme des loisirs précieux, et Geoffroy, qui n'avait encore aucun grade universitaire, put se préparer à devenir *maître ès arts*. Ce « titre » était porté par tous ceux qui avaient reçu de la Faculté la *licence d'enseigner*.

« Docteur agrégé » en 1772, il est nommé en 1776 à la chaire de rhétorique du collège de Navarre. A cette même date, il débute à l'*Année littéraire*, qui vient de perdre Fréron, et jusqu'en 1790, où l'*Année littéraire* cesse de paraître, il en sera un assidu collaborateur.

A la fin de 1779, Geoffroy avait passé de la rhétorique du *collège de Navarre* à celle du *collège Mazarin*, appelé aussi des Quatre-Nations. Ce dernier était alors le seul qui possédât, comme aujourd'hui les lycées de Paris, deux professeurs de rhétorique. Désireux de se faire un nom dans la critique, sans nuire à sa réputation universitaire, Geoffroy avait dû rechercher ce poste, un des moins chargés et des plus rémunérateurs.

La Révolution venue, il fut l'un des principaux rédacteurs de l'*Ami du Roi*, le journal de l'abbé Royou. M. des Granges ne consacre que peu de lignes à cet épisode de l'*Ami du Roi*; je le regrette, car dans toute la carrière de Geoffroy, il n'en est pas de plus honorable. L'abbé Royou et ses collaborateurs exposaient leur liberté, leur vie même; et pour rédiger leur feuille, il leur fallait autant de courage que de talent. Chaque jour, Camille Desmoulins et ses dignes émules les dénonçaient à la populace. Je trouve, dans les *Révolutions de Paris* du 11 juin 1791, la description suivante d'une « caricature » qui courait alors les rues de la capitale :

« Il paraît une nouvelle caricature à la manière anglaise, et dont le digne auteur de l'*Ami du Roi*, « dom Royou », semble être le principal sujet. Elle représente un âne bien organisé, bien nourri, avec des oreilles hors de toutes proportions pour la longueur ; l'artiste a sacrifié la correction du dessin à la ressemblance du portrait. La croix dorsale est très marquée : le poitrail du quadrupède est recouvert d'un ample rabat, auquel pendent les *insignia* de l'ordre de Saint-Lazare. Une espèce de marmiton à grosse tête, à visage luisant, au teint huileux, d'une vaste corpulence, marche derrière en se dandinant, et touche avec une plume d'oie l'animal chargé de deux énormes bâts remplis de chiffons de papier noirci. Comme dans les anciens tableaux d'église, on a écrit, entre les jambes de l'homme trapu qui va derrière, ces quatre mots français latins : « *Geoffroi Lasnier*, ou *Petrus Comestor* ». Ces deux inscriptions sont expliquées au bas par une note que voici :

« P. Geoffroy, régent de rhétorique au collège des Quatre-Nations, sacrilège et parjure; le matin et le soir du jour marqué pour son serment civique qu'il prêta, ce cuistre des aristocrates corrigea une épreuve de l'*Ami du Roi*. *Petrus Comestor*, surnom caractéristique du susdit Geoffroi Lasnier, qui lui fut solennellement donné à la table du gymnase où il régente encore.

« Cette gravure *chargée* porte pour titre général : *Les deux font la paire* (1).

M. des Granges ne semble voir dans l'*Ami du Roi* qu'un journal « violent et courageux ». Ce qu'il ne dit pas, et ce qu'il eût fallu dire, c'est que l'abbé Royou fut un admirable journaliste. Tandis qu'André Chénier ne servait qu'en volontaire et à ses heures, que Mallet du Pan, Camille Desmoulins et Rivarol ne descendaient dans la lice qu'une fois par semaine, la lutte pour l'abbé Royou était de tous les jours. Il ne quittait jamais le harnois de guerre. Lorsqu'il a déposé les armes, ce n'était pas pour se reposer, c'était pour mourir. A côté de spirituels et vivants croquis des séances de la Constituante et de la Législative, on trouve dans l'*Ami du Roi* des articles pleins d'éclat. Camille Desmoulins n'a pas de plus mordante satire que la *Lettre de l'abbé Royou à M. de Loménie décardinalisé, moitié de force, mais toujours archevêque de Sens, malgré lui, malgré la Constitution* (2).

Rivarol n'a pas de pages plus éloquentes que le *Tableau des mouvements de la capitale depuis le départ du roi jusqu'à son retour.*

---

(1) *Révolutions de Paris*, tome VIII, p. 458.
(2) *L'Ami du Roi*, n° du 2 avril 1791.

A l'apothéose de Voltaire, décrétée par l'Assemblée constituante, l'*Ami du Roi* répondait, le 1er juin 1791, par un très bel article, que je signale tout particulièrement à l'attention de M. des Granges. On peut, je crois, sans crainte de se tromper, l'attribuer à Geoffroy.

« Le 4 mai 1792, dit M. des Granges, un mandat est lancé contre l'abbé Royou, qui, obligé de se cacher, trouve un asile chez son second frère, Claude-Michel Royou. C'est chez lui, ou peut-être chez un ami, qu'il meurt le 21 juin ou le 8 juillet 1792. » La date de sa mort était, en effet, jusqu'à ces derniers temps, restée incertaine. Elle a pu être fixée par un érudit breton, M. Julien Trévédy. Des notes fournies à ce dernier par M. de Royou, petit-neveu de l'abbé, petit-fils de l'historien Corentin Royou, il résulte que le célèbre rédacteur de l'*Ami du Roi* est décédé le 21 juin 1792, chez l'abbé Ermès, rue Saint-Jacques, n° 15, et qu'il a été inhumé le 23 juin, dans le cimetière de la paroisse de Saint-Jacques-du-Haut-Pas.

Le mandat lancé contre l'abbé Royou visait aussi ses collaborateurs. Geoffroy put échapper à l'arrestation en se réfugiant dans un village, à Juvigny (Aisne), où il exerça pendant quelques années les fonctions de « maître d'école ». Il rentra à Paris au commencement de 1796, et se remit de plus belle à écrire dans les journaux ; il collabora notamment au *Véridique*, dirigé par Corentin Royou. Le 18 fructidor déporta Corentin Royou à l'île de Ré (et non à l'île d'Oléron, comme le dit M. des Granges). Geoffroy échappa, cette fois encore, mais comme toutes les feuilles auxquelles il aurait pu travailler venaient d'être supprimées, il fut réduit, pour s'assurer le pain quotidien, à entrer, comme « maître d'études », à la pension Hix, dans le faubourg du Roule. C'est là que vint le chercher, à la fin de 1799, M. Bertin, lequel avait acheté depuis peu aux frères Baudouin le privilège d'une humble feuille intitulée *le Journal des Débats*, qui avait été oubliée dans la proscription universelle.

Geoffroy avait cinquante-sept ans. Son premier *feuilleton* parut le 11 ventôse an VIII (2 mars 1800). A partir de ce moment, et pendant quatorze ans de suite, il écrira un *feuilleton* presque tous les deux jours.

III

Rien ne se peut voir de plus complet que l'étude et l'analyse de ces milliers de feuilletons par M. des Granges ; au point de vue littéraire, il a vraiment épuisé le sujet. Mais Geoffroy était autre chose qu'un critique dramatique, un simple homme de lettres. S'il n'eût été que cela, comment expliquer qu'il ait exercé une si grande influence, non moins considérable en province qu'à Paris, une influence telle qu'elle fait presque de lui un personnage historique ? C'est là, me semble-t-il, ce que M. des Granges n'a pas vu, ce qu'il n'a pas assez dit tout au moins et ce que je voudrais indiquer ici très rapidement.

Au mois de mars 1800, lorsque Geoffroy y publia son premier feuilleton, le *Journal des Débats* avait huit cents abonnés (1). Cinq ans après, il en avait quinze mille, alors que les autres journaux n'en comptaient que dix-sept mille à eux tous (2). Ce chiffre de quinze mille abonnés ne tarda pas à être dépassé, et la feuille de la rue des Prêtres-Saint-Germain-l'Auxerrois eût bientôt plus d'abonnés, à elle seule, que tous les autres journaux réunis. A quoi tenait ce prodigieux succès ? Au prix de l'abonnement ? Evidemment non. Le *Journal des Débats* coûtait plus cher que ses concurrents. A l'éclat de sa rédaction politique ? De rédaction politique, il n'en avait pas, et il n'en pouvait pas avoir : il n'y avait alors d'autres premiers-Paris que ceux du *Moniteur*, rédigés souvent dans le cabinet même de Bonaparte. A l'abondance de ses informations et à l'intérêt de ses nouvelles ? Il n'avait pas le droit d'être informé, et il ne lui était pas loisible de donner des nouvelles, à moins qu'elles ne fussent parfaitement insignifiantes. Dans une *Note de l'Empereur*, de juin 1805, relative précisément au *Journal des Débats*, Napoléon écrivait ces lignes significatives : « Toutes les fois qu'il parviendra une nouvelle désagréable au gouvernement, elle ne doit point être publiée jusqu'à ce qu'on soit telle-

---

(1) *Correspondance et relations de J. Fiévée avec Bonaparte, premier consul et empereur*, 1802-1813, tome II, p. 131.
(2) Fiévée, tome II, p. 127, 128.

ment sûr de la vérité qu'on ne doive plus la dire, parce qu'elle est connue de tout le monde. Il n'y a point d'autre moyen d'empêcher qu'un journal ne soit pas arrêté. (1) »

A quoi donc, encore une fois, tenait le succès du *Journal des Débats*? Il était dû à son *feuilleton*. On lit dans une des notes de Fiévée à l'Empereur : « Le succès de ce journal repose *entièrement* sur les articles littéraires. (2) » En dehors de Geoffroy, ses rédacteurs littéraires étaient l'abbé de Féletz, Dussault, Hoffman, Delalot, Boissonade, Malte-Brun, tous gens d'esprit et de talent sans doute, mais qui n'étaient pas pour passionner l'opinion, pour valoir à la feuille où ils écrivaient un succès foudroyant. Geoffroy, lui, n'avait pas seulement l'esprit, l'érudition et le talent ; il avait la verve, la chaleur, le goût de la polémique, la passion de la bataille ; il aimait à recevoir des coups et à en rendre : il était journaliste jusqu'au bout des ongles. Avec ces qualités, Geoffroy était assuré d'avoir beaucoup de lecteurs. Il ne se pouvait guère cependant que de simples comptes rendus dramatiques, si mordants fussent-ils, que des analyses de comédies ou de drames passionnassent à ce point que les abonnés arrivassent ainsi par milliers, non seulement de Paris, mais encore et surtout de la province.

S'ils dévoraient ainsi le *feuilleton*, s'ils voulaient

---

(1) Fiévée, tome II, p. 114.
(2) *Ibid*, tome II. p. 118. Note XXXIV, juin 1805.

l'avoir à eux et chez eux pour le relire, c'est que
Geoffroy s'était fait l'organe, l'interprète éloquent et
passionné, non de telle ou telle théorie littéraire, mais
de la révolution, où plutôt de la restauration qui fer-
mentait alors dans toutes les idées ; c'est qu'il
répondait à un besoin général des esprits en défendant toutes les idées, tous les principes sains et raisonnables, si longtemps méconnus et oubliés qu'ils
apparaissaient maintenant comme des nouveautés ;
c'est enfin qu'il faisait, avec une verve et un esprit
infinis, une guerre ardente, implacable, à l'esprit révolutionnaire, aux encyclopédistes et à leur chef. Con-
tinuateur de Fréron, mais plus heureux que lui, et
venu à l'heure propice, il ne se lassait pas de porter à
Voltaire des coups victorieux. « Ses articles, dit très
bien Alfred Nettement, ses articles étaient des événements, et il semblait à la société que sa vengeance contre tant d'idées folles, contre tant de
théories désastreuses, contre tous les hommes et
tous les principes qui l'avaient bouleversée, il lui
semblait que sa vengeance était à la fin venue. Plus
elle était âpre et dure, plus elle convenait aux
esprits irrités. L'auteur de l'*Intérieur des comités
révolutionnaires*, M. Ducancel, raconte que, lorsque
sa pièce fut représentée en 1795, un des prisonniers
de la Terreur loua une loge à l'année, uniquement
pour assister aux cent représentations de ce drame.
On le remarquait chaque fois, les yeux ardemment
fixés sur les acteurs, la bouche entr'ouverte, pleurant de joie, battant des mains, s'agitant sur sa ban-

quette et répétant souvent : « Comme je suis vengé ! »
Il y avait quelque chose de cela dans les sentiments qu'on éprouvait en lisant les feuilletons de Geoffroy. (1) »

IV

Trois chapitres, dans ce volume, sont particulièrement curieux; ce sont ceux dans lesquels M. des Granges raconte les querelles de Geoffroy avec ses adversaires, qui peuvent se diviser en trois groupes : les *philosophes*, c'est-à-dire ceux qui, comme Rœderer ou Palissot, représentent les traditions du xviiie siècle ; les *journalistes*, ses confrères ; et les *acteurs*. Il y a eu, dans ces petites guerres qui, à peine apaisées, renaissent presque aussitôt, bien de la verve dépensée, bien de l'esprit jeté au vent. Le *Père Feuilleton* a eu plus d'une fois affaire à forte partie ; mais il était de force à tenir tête à tous, et il le fit bien voir. S'il lui est arrivé de revenir de la bataille l'oreille saignante, il n'en est jamais sorti la tête basse, et, sauf en de rares rencontres, il en est toujours sorti vainqueur. Prompt à la riposte, heureux et plaisant dans le choix des épithètes, d'une perspicacité maligne et sûre, il maniait le sarcasme avec une force peu commune. Ses répliques tournent trop aisément à l'aigreur, à la colère, à l'invective ; mais, souvent

---

(1) Alfred NETTEMENT, *Histoire politique, anecdotique et littéraire du « Journal des Débats »*, tome I, p. 102, 1842.

aussi, elles montent de l'indignation à l'éloquence. Ce maître critique est aussi l'un des maîtres du pamphlet.

M. des Granges a voulu tout savoir de ces guerres de théâtre qui étaient, au milieu des guerres de Napoléon, comme la petite pièce après la grande. Feuilletons, brochures, articles de journaux, satires, dialogues, épigrammes, caricatures, il a tout recherché et tout retrouvé. Voici pourtant une épigramme qui me paraît lui avoir échappé. C'était au mois de janvier 1803; on commençait à parler de la prochaine arrivée à Paris de la « Vénus de Médicis ». D'où le huitain suivant décoché à Geoffroy :

L'ESPOIR DU CRITIQUE

Enfin nous voilà sûrs, par des rapports précis,
Disais-je à certain Aristarque,
Que la Vénus de Médicis,
Pour nous rendre visite, en ce moment s'embarque.
« *Bone Deus!* c'est bien ce qu'il me faut »,
Me répond en riant le censeur de Voltaire :
« Que j'aurai de plaisir dès qu'elle prendra terre,
A lui chercher quelque défaut! »

J'emprunte cette épigramme aux *Lettres* de Reichardt, écrites de Paris en 1802-1803. Ces lettres, pleines d'observations originales, de portraits pris sur le vif et de précieux détails, sont peut-être la meilleure peinture que nous possédions de la société sous le Consulat (1). Nulle part on ne voit mieux quelle place

---

(1) *Un Hiver à Paris sous le Consulat (1802-1803), d'après les Lettres de J.-F. Reichardt,* par A. Laquiante.

importante Geoffroy avait su conquérir dès le début.
Le Prussien Reichardt, ancien maître de chapelle de
Frédéric II, est très hostile au critique du *Journal
des Débats.* S'il reconnaît « qu'en matière d'art et de
critique, il frappe souvent juste », il a bien soin
d'ajouter : « A mon avis, il divague en matière de
philosophie et de religion ; il dépense son talent et son
érudition à décrier les écrivains les plus éminents (1). »
Notre Prussien n'aime donc pas Geoffroy, et cependant il en parle sans cesse, parce qu'aussi bien, à
Paris, tout le monde s'en occupe. M. des Granges
trouvera dans ces *Lettres* plus d'un détail curieux, en
particulier sur la querelle Georges-Duchesnois. Reichardt, dans sa lettre du 18 janvier 1803, signale un
pamphlet contre Geoffroy, qui vient de paraître sous
le titre : *La conjuration de Mlle Duchesnois contre
Mlle Georges Weymer, pour lui ravir la couronne.*
En tête est une vignette représentant Mlle Georges
en costume royal : de la main droite, elle tient le
sceptre ; de la gauche, le buste de Geoffroy, surmonté
d'une girouette, avec cette devise : *Ecco il vero poli-
cinello !* En exergue, ce vers :

Si j'ai séduit G***, j'en séduirai bien d'autres !

L'auteur, M. Boullault (2), qui tient pour Mlle Du-

---

(1) *Reichardt*, p. 21.
(2) J. Boullault, auteur de plusieurs comédies-vaudevilles
et de romans qui eurent, en 1801 et 1802, un certain succès :
*la Mendiante de qualité, Mes Amours à Nanterre, le Fantôme
vivant.* Son pamphlet contre Geoffroy est rarissime.

chesnois, suppose un scrutin pour ou contre les deux tragédiennes et en donne ainsi le résultat :

POUR Mlle DUCHESNOIS	POUR Mlle GEORGES
1° Tous les gens de lettres ; 2° Tous les acteurs célèbres retirés de la Comédie, notamment Mlles Clairon et Dumesnil ; 3° Quelques membres actuels du théâtre, notamment M. et Mme Talma, Fleury et quelques subalternes, tels que Florence et Mlle Suin ; 4° Les élèves de l'Ecole polytechnique ; 5° Geoffroy, rédacteur du fameux feuilleton.	1° Le corps des médecins. Ils disent qu'ils n'ont jamais vu un si beau sujet ; 2° Mlles Raucourt, Volnais, MM. Dazincourt, Lacave et le souffleur ; 3° 400 gratis distribués régulièrement dans la salle et bien stylés ; 4° Des députés de la ville d'Amiens ; 5° Geoffroy, rédacteur du fameux feuilleton.

« Il paraîtra peut-être singulier, ajoutait l'auteur du pamphlet, de voir M. Geoffroy dans les deux partis. Nous ne savons comment concilier cette bizarrerie; mais c'est un fait dont nous ne pouvons douter; on se dit tout bas, dans la société, que Mlle Duchesnois n'avait fait que toucher son cœur, mais que Mlle Georges lui a tourné la tête. »

Douze ans plus tard se produisit « l'incident Talma ». M. des Granges en a parlé, avec agrément comme toujours, mais sans entrer dans le détail. J'avais eu l'occasion de parler de cet épisode, il y a deux ou trois ans, dans mon livre sur l'*Année 1817* (1). On me pardonnera de reproduire ici quelques-unes des pièces que j'apportais alors au dé-

---

(1) *L'Année 1817*, par Ed. Biré. H. Champion, éditeur, 1895.

bat, et dont, je l'avoue, je regrette l'absence dans le livre de M. des Granges.

Dans son feuilleton du 8 décembre 1812, Geoffroy avait écrit sur Talma les lignes suivantes : « Talma, j'en conviens, a éprouvé mes censures; sa manière et son système ne sont point de mon goût. J'ai le malheur de n'être pas fort sensible à l'art de contracter les nerfs, de se donner des convulsions, de rouler les yeux et de se rendre le visage bien effrayant; il me semble qu'il y a dans ce procédé plus de mécanisme, ou, si l'on veut, de charlatanisme que de vrai talent. — Dans les arts d'agrément, je n'admets rien de hideux, de difforme et d'ignoble. De beaux vers, des sentiments vrais et naturels, le langage du cœur, l'expression vive et franche des passions de l'âme me paraissent bien préférables aux contorsions du corps et à toute cette pantomime qui n'est bonne qu'à faire peur aux femmes, aux enfants et au peuple. »

Le lendemain, 9 décembre, on jouait au Théâtre français *le Philinte de Molière* et *la Revanche*. Geoffroy était dans une petite loge du rez-de-chaussée, assez près du théâtre, avec trois autres personnes. Tout à coup, la loge s'ouvre, un homme entre brusquement, l'œil égaré, comme Hamlet, l'air furieux comme Oreste. C'était, en effet, Oreste et Hamlet, c'était Talma. « C'est vous que je cherche », dit-il à Geoffroy en le souffletant, s'il faut en croire la *Biographie des Contemporains* (1), en lui serrant la main comme

---

(1) *Biographie des Contemporains*, tome II, p. 430.

dans un étau et en l'égratignant jusqu'au sang, d'après la version du *Journal de l'Empire* (1) ; et d'un air tragique : *Sortez, sortez ! — Sortez vous-même*, répond le critique, assisté de ses voisins. Talma dut céder au nombre; seulement, à la porte, dans un beau désespoir, il continua à vomir contre son adversaire des torrents d'invectives, jusqu'au moment où des amis raisonnables intervinrent, se saisirent de sa personne et, l'entraînant hors du théâtre, mirent fin à cette déplorable scène.

Geoffroy raconta lui-même l'attaque dont il avait été l'objet dans un article où le venin le plus dangereux se dissimulait sous les phrases les plus brillantes. Talma répondit par une lettre adressée au *Journal de l'Empire*, qui la publia dans son numéro du 16 décembre :

« Sans cesse en butte, écrivait-il, aux attaques de M. Geoffroy, instruit que, depuis deux ans, il jouissait gratuitement d'une loge au Théâtre français, je ne sais comment ni à quel titre, encore tout ému, je l'avoue, d'un article récent dans lequel il avait, à mon égard, poussé le droit de la critique au delà de toutes les bornes; frappé, en le voyant dans cette loge, de l'idée subite que, poursuivi avec acharnement par lui, je me trouvais cependant contribuer à lui fournir une place commode pour y venir méditer ses invectives contre moi, il ne m'a pas été possible de retenir mon

---

(1) *Journal de l'Empire*, 15 décembre 1812. — On sait que le *Journal des Débats* avait dû prendre, à partir du 27 messidor an XIII (16 juillet 1805), le titre de *Journal de l'Empire*.

indignation. Je suis entré dans la loge pour l'en faire sortir, et non pour le frapper, comme il le prétend... Il est triste, sans doute, pour moi d'avoir à entretenir le public de pareils détails. C'est à lui à juger, du reste, si, comme le prétend M. Geoffroy, je suis gâté par les flatteries, lorsque, dans le journal le plus répandu en Europe, je me vois abreuvé d'injures et de dégoûts. »

L'Empire, cependant, touchait à sa chute. Les Bourbons allaient rentrer, ramenant avec eux la liberté et la paix. La politique, depuis quinze ans bannie des journaux, allait y reparaître et y prendre la première place. Le *feuilleton*, après avoir été si longtemps la vie même et la force du journal, n'en serait plus que l'agrément et la parure ; son règne ne survivrait pas à celui de Napoléon... Geoffroy, du moins, plus heureux que l'empereur, ne fut pas condamné à signer lui-même son abdication : il mourut le 26 février 1814.

5 septembre 1897.

L'ARMÉE A L'ACADÉMIE [1]

I

C'EST une heureuse idée qu'a eue M. de La Jonquière de réunir dans un même cadre les figures qui ont à la fois appartenu à l'armée et à l'Académie française. Il n'y en a pas moins de soixante. Le chiffre eût même été beaucoup plus considérable, si l'auteur n'avait cru devoir se borner aux académiciens qui ont fait partie de l'armée militante. Il n'a pas fait état de ceux qui ont été commissaires des guerres, attachés au ministère de la guerre ou à la maison des princes du sang. C'est ainsi qu'il a passé sous silence certains académiciens que les circonstances ont mêlés à des événe-

---

[1] *L'Armée à l'Académie*, par C. DE LA JONQUIÈRE, capitaine d'artillerie, breveté d'état-major. Un volume in-8, Perrin et Cie, éditeurs, 1898.

ments militaires et qui y ont fait belle figure ; tels Valincour, secrétaire des commandements du comte de Toulouse, blessé à la bataille de Malaga (1701), et Campistron, qui suivit le duc de Vendôme dans vingt batailles, ne cessant jamais de s'attacher à la personne du prince, même aux instants les plus périlleux.

Les chapitres sur les académiciens du XVIIe et du XVIIIe siècle sont des plus intéressants ; mais je dirai seulement quelques mots de ceux du XIXe. En voici la liste : Lacuée de Cessac, le comte de Ségur, Daru, Destutt de Tracy, Chateaubriand, Alexandre Duval, Jouy, de Bonald, Lally-Tolendal, le duc de Lévis, le duc de Richelieu, Droz, Mathieu de Montmorency, Lamartine, le général de Ségur, Viennet, Emmanuel Dupaty, Salvandy, Alfred de Vigny, le duc de Noailles.

Les notices de M. de La Jonquière sont très bien faites, sobres, aimables, judicieuses. Le lecteur y trouvera profit et agrément. Quelques inexactudes s'y sont glissées, et il ne se pouvait guère qu'il en fût autrement. L'auteur, j'en suis sûr, me saura gré de les lui signaler.

Sans m'astreindre à suivre l'ordre chronologique, je commencerai par Chateaubriand : *ab Jove principium.*

« François-Auguste, vicomte de Chateaubriand, naquit, dit M. de La Jonquière, le 4 septembre 1767, au château de Combourg. »

Il y a ici une triple erreur. Chateaubriand est né le

4 septembre 1768 (et non 1767); ses prénons étaient François-*René*, et non pas François-*Auguste*; il vint au monde, non au château de Combourg, mais dans la ville de Saint-Malo.

> Voici son extrait de baptême :
> . Extrait des registres de l'état civil de la commune de Saint-Malo pour l'année 1768 ;
> *François-René* de Chateaubriand, fils de René de Chateaubriand et de Apolline-Jeanne-Suzanne de Bédée, son épouse, né le 4 septembre 1768, baptisé le jour suivant par nous Pierre-Henri Nouail, grand vicaire de l'évêque de Saint-Malo. A été parrain Jean-Baptiste de Chateaubriand, son frère (1), et marraine Françoise-Gertrude de Contades, qui signent et le père. Ainsi signé au registre : Contades de Plouër, Jean-Baptiste de Chateaubriand, Brignon de Chateaubriand, de Chateaubriand et Nouail, vicaire général.

Comme on le voit par cet extrait de baptême, le futur auteur du *Génie du christianisme* était né, non à Combourg, mais dans une des vieilles rues de Saint-Malo. Il écrira quarante ans plus tard, au début de ses Mémoires :

> La maison qu'habitaient alors mes parents est située dans une rue sombre et étroite de Saint-Malo, appelée la rue des Juifs : cette maison est aujourd'hui transformée en

---

(1) C'est lui qui, dans la suite, devint le petit-gendre de M. de Malesherbes, et fut guillotiné, le 22 avril 1794, avec l'illustre défenseur de Louis XVI. Furent guillotinées le même jour, la fille de Malesherbes, veuve de Le Peletier de Rosambo, guillotiné le 20 avril, et sa petite-fille, Mme de Chateaubriand. La sœur de Malesherbes, Mme de Senozan, fut guillotinée quelques jours plus tard, le 10 mai.

auberge. La chambre où ma mère accoucha domine une partie des murs de la ville, et à travers les fenêtres de cette chambre on aperçoit une mer qui s'étend à perte de vue, en se brisant sur des écueils... J'étais presque mort quand je vins au monde. Le mugissement des vagues, soulevées par une bourrasque annonçant l'équinoxe d'automne, empêchait d'entendre mes cris ; on m'a souvent conté ces détails ; leur tristesse ne s'est jamais effacée de ma mémoire. Il n'y a pas de jour où, rêvant à ce que j'ai été, je ne revoie en pensée le rocher sur lequel je suis né, la chambre où ma mère m'infligea la vie, la tempête dont le bruit berça mon premier sommeil, le frère infortuné qui me donna un nom que j'ai presque toujours traîné dans le malheur. Le ciel sembla réunir ces diverses circonstances pour placer dans mon berceau une image de ma destitinée (1).

A dix-sept ans, Chateaubriand obtint un brevet de sous-lieutenant au régiment de Navarre. Il tint garnison à Cambrai, puis à Dieppe. « Je pris goût à mon métier, dit-il, je travaillais à la manœuvre ; on me confia des recrues que j'exerçais sur les galets, au bord de la mer. » Il était à Rouen lorsque l'insurrection, en 1790, se mit parmi les soldats de Navarre. Son colonel, le marquis de Mortemart, émigra, les officiers le suivirent. Il n'avait ni adopté ni rejeté les nouvelles opinions ; aussi peu disposé à les attaquer qu'à les servir, il ne voulut ni émigrer ni continuer la carrière militaire, il se retira.

Il s'embarqua pour l'Amérique au commencement de 1791, se proposant de découvrir ce fameux passage

(1) *Mémoires d'outre-tombe*, tome I, p. 22.

du nord-ouest qui avait déjà tenté un si grand nombre d'explorateurs. Un soir, dans une ferme, sur les bords de l'Ohio, tandis que les patates de son souper ébouillaient sous sa garde, il s'amusa à lire à la lueur du feu, en baissant la tête, un journal anglais tombé à terre entre ses jambes. En tête de la feuille se lisaient, écrits en grosses lettres, ces mots : *Flight of the king* (Fuite du roi). C'était le récit de l'évasion de Louis XVI et de l'arrestation de l'infortuné monarque à Varennes. Le journal racontait aussi les progrès de l'émigration et la réunion des officiers de l'armée sous le drapeau des princes français.

Son parti fut pris à l'instant. Le 2 janvier 1792, il débarquait au Havre; il se mariait à la fin de mars, et dès le mois de juillet, il partait pour rejoindre l'armée des princes.

Il se rendit d'abord à Bruxelles, puis à Trèves, et s'engagea dans la septième compagnie bretonne, commandée par M. de Gouyon-Miniac. Ses compagnons se moquaient bien un peu de lui et de ses paperasses.

Je m'asseyais, dit-il, avec mon fusil, au milieu des ruines ; je tirais de mon havresac le manuscrit de mon voyage en Amérique ; j'en déposais les pages séparées sur l'herbe autour de moi ; je relisais et corrigeais une description de forêt, un passage d'*Atala* dans les décombres d'un amphithéâtre romain, me préparant ainsi à conquérir la France. Puis je serrais mon trésor dont le poids mêlé à celui de mes chemises, de ma capote, de mon bidon de fer-blanc, de ma bouteille clissée et de mon petit Homère, me faisait cracher le sang. J'essayais de fourrer *Atala*, avec mes inutiles cartouches, dans ma giberne ; mes camarades se moquaient de moi et arrachaient les feuilles qui débordaient des deux côtés du couvercle de cuir (1).

Après avoir pris part au siège de Thionville, où il fut blessé, Chateaubriand, atteint de la petite vérole, se trouva dans l'impossibilité de continuer la campagne et reçut, le 16 octobre 1792, un certificat honorable de congé que le capitaine de Gouyon lui délivra au camp de Longwy. Le récit de ses souffrances, de sa vie de misère dans les Pays-Bas, à Jersey et à Londres, est dans toutes les mémoires. Ces années d'épreuves ne furent pas perdues pour l'écrivain. « Les souvenirs de ma vie militaire, a-t-il dit lui-même, se sont gravés dans ma pensée ; ce sont ceux que j'ai retracés au sixième livre des *Martyrs.* »

Ce chapitre est un des meilleurs du livre de M. de la Jonquière. Seulement l'auteur indique à tort comme ayant eu lieu sous l'Empire, entre les *Martyrs* et l'*Itinéraire de Paris à Jérusalem,* la publication des *Nachtez.* Lorsque, en 1800, Chateaubriand quitta l'Angleterre pour rentrer en France sous un nom supposé, il n'osa se charger d'un trop gros bagage et laissa la plupart de ses manuscrits à Londres. Parmi ces manuscrits se trouvait celui des *Nachtez.* Quatorze années s'écoulèrent avant que les communications avec la Grande-Bretagne se rouvrissent. Chateaubriand ne songea guère à ses papiers dans le

(1) *Mémoires d'outre-tombe,* tome II, p. 25.

premier moment de la Restauration ; et d'ailleurs comment les retrouver?

Ils étaient restés renfermés dans une malle chez une Anglaise qui avait loué au jeune émigré un petit appartement à Londres. Il avait oublié le nom de cette femme; le nom de la rue et le numéro de la maison où il avait demeuré étaient également sortis de sa mémoire. Deux de ses amis, MM. de Thuisy, après bien des courses infructueuses, retrouvèrent enfin, dans un village à plusieurs milles de Londres, la famille de son hôtesse. La malle avait été conservée, et le manuscrit rentra aux mains de Chateaubriand, qui le revit avec soin. C'est ainsi que les *Natchez* ont paru seulement en 1826, œuvre à la fois de la jeunesse et de la maturité de l'auteur, à la fois poème et roman. Le poème renferme des beautés de premier ordre ; le roman est plein de scènes neuves et dramatiques, où se développent l'admirable caractère d'Outougamiz, les grâces légères et piquantes de Mila, les vertus touchantes, les aventures intéressantes de Céluta. Un critique du temps, le spirituel abbé de Féletz, résumait ainsi son jugement, resté vrai après trois quarts de siècle : « Les *Natchez* sont l'œuvre d'un génie fort, vigoureux, puissant et original ; c'est un ouvrage qui n'a point de modèles ; l'illustre auteur me permettra d'ajouter, et qui ne doit pas en servir (1). »

---

(1) *Mélanges de philosophie, d'histoire et de littérature,* par M. DE FÉLETZ, de l'Académie française, tome III, p. 304.

Comme il a avancé d'un an la date de la naissance de Chateaubriand, M. de la Jonquière avance aussi un peu la date de sa mort, qu'il place au mois de juin 1848. L'auteur du *Génie du christianisme* est mort le 4 juillet 1848.

II

A l'armée des princes, en même temps que Chateaubriand, se trouvait plus d'un futur académicien, le duc de Lévis, le duc de Richelieu, le vicomte de Bonald.

Né le 2 octobre 1754 au château de Mouna (près de Milhau), d'une vieille famille du Rouergue, Bonald entra en 1774 dans les mousquetaires où il servit deux ans. Ce corps ayant été supprimé par le comte de Saint-Germain, ministre de la guerre, Bonald se décida à quitter le service (1776), se maria et revint s'établir à Milhau.

Il émigra en 1791 et alla s'enrôler dans l'armée de Condé, avec laquelle il fit la campagne de 1792, simple volontaire perdu dans les rangs. Après le licenciement de l'armée des princes, il se retira à Heidelberg, où il composa son premier ouvrage : *Théorie du pouvoir politique et religieux dans la société civile démontrée par le raisonnement et par l'histoire*. Le livre fut imprimé à Constance par des prêtres émigrés qui y avaient établi une imprimerie française. La première édition, publiée en 1796, ne porte pas le nom de l'auteur, mais seulement ces mots : *par M. de B..., gentilhomme français.*

« M. de Bonald, dit M. de la Jonquière, publia encore plusieurs ouvrages dont les principaux sont : *la Législation primitive*, à laquelle il travailla longtemps et qu'il ne fit paraître qu'en 1821, et *l'Origine du langage.* » Il y a là tout d'abord une assez grosse erreur de date. Ce n'est pas en 1821 que fut publiée *la Législation primitive*, mais en 1802, sous le Consulat. Elle parut tout à côté du *Génie du christianisme* et dans le même sens réparateur. A un moindre degré sans doute que le livre de Chateaubriand, mais cependant dans une mesure honorable, elle contribua à relever les ruines morales de la société. Bonald ne se dissimulait pas du reste la supériorité du livre de son ami, et il la proclamait en ces termes dans son *Discours préliminaire* : « La vérité dans les ouvrages de raisonnement est un roi à la tête de son armée au jour du combat : dans l'ouvrage de M. de Chateaubriand, elle est comme une reine au jour de son couronnement, au milieu de la pompe des fêtes, de l'éclat de la cour, des acclamations des peuples, des décorations et des parfums. »

Bonald n'a jamais publié d'ouvrage ayant pour titre, comme le dit M. de la Jonquière, *l'Origine du langage.* Sous la Restauration, il fit paraître deux volumes de *Recherches sur les premiers objets des connaissances morales.* Dans cet ouvrage, au jugement de Sainte-Beuve, « il a défendu la philosophie spiritualiste par les armes les plus aiguisées et les plus habiles qu'elle ait maniées de nos jours. Les physiologistes de l'école de Lucrèce et de La Marck qui pourront et oseront lui répondre (car la querelle à mort est entre eux et lui) sont encore à naître (1). » Eloge d'une singulière valeur dans la bouche de Sainte-Beuve, qui appartenait lui-même, en philosophie, à l'école des physiologistes, et ne se cachait pas de professer les doctrines de La Marck. Dans ses *Recherches sur les premiers objets des connaissances morales*, Bonald s'est occupé longuement de l'origine des idées qu'il ramène à celle de la parole ; il a sur cette question des pages admirables, mais il n'en reste pas moins qu'il n'a jamais publié d'ouvrage ayant pour titre : *l'Origine du langage.*

S'il est un académicien qui ne ressemble en rien à Bonald, c'est M. de Jouy, l'auteur de *l'Ermite de la Chaussée-d'Antin.* M. de la Jonquière, qui parle excellemment de l'auteur de *la Législation primitive*, s'est peut-être montré trop indulgent pour Jouy, que son beau-frère, le général Thiébault, me paraît avoir parfaitement jugé dans cette page de ses *Mémoires :*

« Jouy qui, toutes les fois que l'occasion s'en est présentée, a passé du royalisme au libéralisme, de l'ultracisme au républicanisme, du bourbonisme au napoléonisme, et *vice versa ;* qui, sous les noms de Jouy et de *de Jouy*, quoique son nom fût *Etienne*, a chanté la duchesse d'Angoulême et rédigé la *Minerve;* qui, sous la Révolution, a été forcé d'émigrer comme

---

(1) *Causeries du lundi*, tome IV, p. 342.

aristocrate, et qui, sous la Restauration, a été enfermé à Sainte-Pélagie comme patriote exalté ; Jouy, auquel le *Dictionnaire des girouettes* en a conféré quatre, quoiqu'il eût droit à beaucoup plus (1)... »

Sa morale était encore pire que sa politique. Les histoires que Thiébault nous raconte de cet *Ermite* de la Chaussée d'Antin et autres lieux nous montrent que, s'il distribuait une fois par an le prix de vertu, il s'appliquait surtout à ne pas le mériter.

Jouy servit, dès l'âge de dix-sept ans, dans la Guyane française, puis dans l'Inde comme sous-lieutenant d'artillerie. De retour en France en 1790, il entra, en 1792, à l'armée du Nord, avec le grade de capitaine. Le général O'Moran, un Irlandais vieilli au service de la France, le prit comme aide de camp. Jouy n'avait alors que vingt-trois ans. Il fut fait adjudant général chef de bataillon après la prise de Furnes, à laquelle il s'était distingué. Menacé d'arrestation en 1793 et obligé de se réfugier en Suisse, il rentra au mois d'avril 1795 et fut réintégré dans le grade d'adjudant général. Le 1er prairial (20 mai 1795), il contribua à sauver la Convention, et fut nommé chef de l'état-major d'un corps de troupes campées au Trou-d'Enfer, près Marly. En 1797, à vingt-huit ans, il donna sa démission pour se consacrer aux lettres. Son beau-frère Thiébault prend ici congé de lui en ces termes : « Si l'on ne considérait que son esprit et sa vaillance, peu d'hommes plus que lui auraient été

---

(1) *Mémoires du général baron Thiébault*, t. I, p. 416.

faits pour parcourir la carrière des armes, et pour la parcourir avec éclat; mais ces qualités sont loin de suffire, et Jouy dut être convaincu que, hors d'état de se commander à lui-même, il était incapable de commander à d'autres. Ce dut être sans regret qu'il vit le temple de Mars se fermer pour lui et qu'il se voua désormais au culte des Muses (1). »

Très brave, très crâne, Jouy ne laissait pas d'être avec cela un grand hâbleur. Il se plaisait à raconter qu'en 1794 il avait été condamné à mort par le tribunal révolutionnaire, en même temps que le général O'Moran, mais qu'ayant réussi à tromper ses geôliers, il avait eu la douleur, avant de gagner la Suisse, de voir passer dans la rue Saint-Honoré la charrette qui traînait à l'échafaud son général. L'honnête M. Empis, son successeur à l'Académie, raconte aussi cet épisode, dans son Discours de réception :

Devant Saint-Roch, la foule lui fait obstacle ; il s'abrite sous l'auvent de l'échoppe que nous voyons encore aujourd'hui adossée contre l'église. Des cris de joie, des hurlements sauvages se font entendre. Une charrette passe ; on conduit un homme au supplice. Quel est ce malheureux ? C'est O'Moran, c'est son général qui meurt pour l'avoir sauvé ; O'Moran, *seule victime de l'arrêt qui vient de les frapper tous deux.* M. de Jouy baisse la tête ; ses larmes vont le trahir. O'Moran l'avait aperçu, triste et dernière consolation. L'aide de camp veut encore remercier son général d'un regard où parle toute son âme. Une seconde charrette s'avance : ses yeux rencontrent ceux de

---

(1) *Mémoires* de Thiébault, t. I, p. 524.

Gorsas, son premier maître de pension. Gorsas allait mourir (1). »

On écrit parfois l'histoire d'une étrange façon à l'Académie française. Parti de Paris au mois d'octobre 1793, Jouy n'y est revenu qu'au mois d'avril 1795; il a passé en Suisse toute l'année 1794. Or, c'est le 6 mars 1794 que le général O'Moran a été guillotiné, en même temps que deux autres généraux, Hector Chancel et J.-B. Davaine, et un habitant de Dijon, Nicolas Reverdot (2). Quant à Gorsas, l'ancien maître de pension de Jouy, il ne se pouvait guère qu'il se trouvât, le 6 mars 1794, sur la charrette qui suivait celle d'O'Moran : il avait été guillotiné cinq mois auparavant, le 7 octobre 1793 (3).

M. de La Jonquière n'a pas reproduit, d'après M. Empis, l'épisode académique de la rue Saint-Honoré et du sensible Jouy voyant passer les fatales charrettes, abrité « sous l'auvent de l'échoppe que nous voyons encore aujourd'hui adossée contre l'église Saint-Roch ». Il s'est contenté de dire que Jouy avait été condamné en même temps que le général O'Moran. C'est une erreur. Jouy n'a pas eu l'honneur d'être condamné à mort par le tribunal révolutionnaire.

(1) *Discours de réception de M. Empis :* séance de l'Académie française du 23 décembre 1847.
(2) H. WALLON, *Histoire du tribunal révolutionnaire de Paris*, t. II, p. 462.
(3) WALLON, t. I, p. 375.

III

Le duc de Richelieu, qui a rendu plus de services à la France que M. de Jouy, avait eu, comme son confrère, une existence des plus mouvementées. A Versailles, pendant les journées des 5 et 6 octobre 1789, il se tint courageusement aux côtés du roi, au poste que lui assignaient ses fonctions de premier gentilhomme de la chambre. Quelques semaines plus tard, il partait pour Vienne, avec l'intention d'y séjourner un certain temps. Mais, à peine arrivé, il apprit que l'armée russe se préparait à attaquer Ismaïl. Il partit aussitôt pour la Russie, avec son ami le prince de Ligne. A l'armée de Potemkin, il retrouva son parent, le comte Roger de Damas, qui servait dans les rangs russes et le présenta au général en chef. Ils furent admis à prendre part à la campagne. Le siège d'Ismaïl se prolongea pendant plusieurs mois. Le 22 décembre 1790 la ville était enlevée d'assaut. Richelieu y entrait l'un des premiers, à la tête de son bataillon, et obtenait, en récompense de sa valeur, une épée d'or et la décoration de Saint-Georges. Promu successivement aux grades de colonel, puis de général-major, il se rendit à Saint-Pétersbourg, après la conclusion de la paix avec la Turquie.

Au début des guerres de la Révolution, l'impératrice Catherine le chargea d'une mission auprès du prince de Condé, en vue de l'organisation d'une colonie d'émigrés, projet qui ne put être réalisé. Il tint à mettre, du moins, son épée au service de la cause royale et fut placé à la tête de l'un des six corps d'émigrés, avec lequel il fit campagne jusqu'au moment du licenciement de l'armée, en 1801. Il revint alors en Russie, où il reçut le commandement d'un régiment de carabiniers. En 1803, l'empereur Alexandre le nomma gouverneur d'Odessa, et, deux ans plus tard, en 1805, gouverneur de toute la nouvelle Russie.

La notice que M. de la Jonquière lui a consacrée est une des plus intéressantes de son volume. Seules, les dernières lignes appellent une ou deux rectifications. « Il revint au pouvoir, dit l'auteur, après l'assassinat du duc de Berry (février 1820); mais ne voulant pas suivre jusqu'au bout le mouvement de réaction déterminé par ce tragique événement, il se retira au bout de quelques mois et fut remplacé par M. de Villèle (15 décembre 1820). Il mourut peu de temps après d'une attaque d'apoplexie (16 mai 1821), emportant dans sa tombe les sympathies universelles, l'estime de ses adversaires, la consolation d'avoir rendu à son pays de signalés services dans des circonstances pénibles et ingrates. » Le second ministère Richelieu n'a pas duré quelques mois seulement, de février à décembre 1820, mais près de deux ans, du 20 février 1820 au 14 décembre 1821. Il n'est pas non plus tout à fait exact de dire que le duc de Richelieu fut remplacé par M. de Villèle. Comme ministre des affaires étrangères, il fut remplacé par M. de Montmorency; comme président du conseil, il n'eut pas de successeur. Dans le ministère constitué le 15 décembre 1821, il n'y avait pas de président du conseil. Ce titre ne fut conféré à M. de Villèle que le 5 septembre 1822. Encore ministre au mois de décembre 1821, M. de Richelieu n'était donc pas mort le 16 mai précédent. Il mourut le 17 mai 1822.

S'il est un écrivain qui ait vraiment représenté l'armée à l'Académie, c'est le général Philippe de Ségur, qui avait les plus glorieux états de services comme soldat, et dont l'*Histoire de Napoléon et de la Grande Armée en 1812* est un des plus beaux livres de ce siècle. « Le général Gourgaud, dit M. de la Jonquière, prétendit réfuter l'œuvre de Ségur, opposer la légende à l'histoire : ce fut le point de départ d'une vive polémique entre les deux écrivains, polémique terminée par un duel où Ségur fut blessé. » Il y avait peut-être lieu de donner plus de détails sur ce duel ; j'emprunte ceux qui suivent aux journaux du temps.

Ce fut Ségur qui demanda satisfaction à son adversaire. Les deux officiers se donnèrent rendez-vous, le 14 juillet 1825, à Sablonville, auprès du bois de Boulogne; l'autorité prévenue empêcha leur rencontre en les faisant arrêter à leur sortie des barrières. Elle eut lieu le lendemain près de la barrière du Maine.

Le général Gourgaud avait pour témoins le général Pajol et le colonel Duchamp, officiers de l'ancienne armée. Le général de Ségur était assisté du comte Lobau et du comte Dejean, ancien aide de camp de Napoléon. Ségur reçut d'abord un coup d'épée au bras, et le général Gourgaud reçut ensuite une blessure dans le corps. Les témoins décidèrent que le combat était terminé, et que l'affaire ne devait pas avoir d'autre suite.

Le chapitre sur le général de Ségur se termine ainsi : « A partir de 1840, il cessa d'écrire et vécut dans la retraite. Il mourut en 1873, âgé de quatre-vingt-treize ans. » Bien loin qu'il ait cessé d'écrire à partir de 1840, c'est, au contraire, dans les années qui vont de 1840 à sa mort qu'il écrivit les huit volumes qui forment son œuvre capitale et qui ont paru sous ce titre : *Histoire et Mémoires*. On y trouve un récit de la campagne de 1814, qui est un chef-d'œuvre presque égal à son *Histoire de la Guerre de 1812*. Dans la collection déjà si riche des Mémoires de ce siècle, ceux du général Philippe de Ségur méritent d'occuper une des premières places.

IV

Avec Chateaubriand, Lamartine est la plus grande gloire littéraire du xixe siècle. Il figure lui aussi parmi les académiciens qui ont, passagèrement au moins, tenu l'épée. « A la Restauration, dit M. de la Jonquière, il entra dans les gardes du corps. Aux Cent jours, il accompagna le duc de Berry jusqu'à la frontière belge ; puis, sa compagnie ayant été licenciée à Béthune, se retira en Suisse. Il en revint à la chute définitive de l'empereur, rejoignit son corps à Beauvais..., et quitta l'armée à ce moment. » C'est peut-être un peu court. Puisque le poète des *Méditations* est ici surtout à titre de soldat, il convenait de s'arrêter un peu au temps où il a servi dans la compagnie de Noailles. Sa première garnison fut Beauvais. Le 26 juillet 1814, il écrit à son ami Aymon de Virieu, garde du corps comme lui, mais en garnison à Versailles. Il regrette l'Italie et la Suisse, où il a déjà fait de longs séjours :

> Qu'êtes-vous devenus, bords riants, frais bocages
>   Où l'Arno promène ses eaux?
> Qu'êtes-vous devenus, magnifiques rivages
> Où la mer de Tyrrhène, à l'abri des orages,
>   Entoure Naples de ses flots?
> Et vous, brillants aspects, sublimes paysages,
> Qu'admira mon enfance aux rives du Léman?
> C'en est donc fait! Je vais dans ces tristes parages
> Célébrer vainement vos séduisants rivages
>   Et mourir en vous regrettant!

Et la lettre se termine prosaïquement par l'indication de son adresse : — *Al. de L., garde du corps, chez M. Durand, épicier, grande-rue Saint-Martin, à Beauvais* (1).

La lettre suivante, en date du 3 août, commence ainsi : « Je me console dans cet ennuyeux séjour et plus ennuyeux métier en me promenant tous les jours cinq ou six heures dans la campagne, un livre et un crayon à la main. » Suit la *copie du journal de ses promenades*. Le *Journal* est moitié prose et moitié

---

(1) *Correspondance de Lamartine*, t. II, p. 40.

vers. Après la signature : *A. de L.*, *4ᵉ brigade*, vient ce post-scriptum : « Comment trouves-tu le métier ? Pour moi je n'ose le dire. Mais vive le roi ! et tout irait bien. » (1)

Le 15 août, toujours à Virieu : « J'ai toujours été à l'exercice malgré ma fièvre, et je me recouche en revenant. Je suis le plus digne de pitié des êtres d'ici-bas. Du reste on m'admire au manège, et les instructeurs n'ont qu'une voix : *Bien placé ! A merveille ! Regardez monsieur !* Ils ne se doutent pas de ce que je souffre sur un cheval sans selle. On nous mène bien sévèrement... » Malgré la fièvre et l'exercice, les vers vont toujours leur train. Cette fois, c'est une romance dans le goût de Millevoye, *le Saule pleureur*. « Voici seulement, écrit-il, une petite romance que j'ai faite, il y a trois jours, sur un saule et sous un saule, dans un petit cimetière de village près d'ici. » Il y a toujours un post-scriptum : « Comment trouves-tu ma romance ? Je n'en ai pas le génie, comme on dit. Je lis Ducis, et je trouve cela bien médiocre. Je connais quelqu'un qui a plus d'*estre*. » (2)

Les lettres se succèdent ainsi, prose et vers mêlés, jusqu'aux premiers mois de 1815. Celle du 3 mars est datée de Mâcon, où le jeune garde du corps est en congé de semestre ; il y fait part de ses projets à Aymon de Virieu : « *Si rien de nouveau n'arrive, j'irai t'embrasser à Paris vers le 20 à peu près de ce mois-ci.*

---

(1) *Correspondance...*, t. II, p. 44.
(2) *Ibid.*, p. 50.

J'y resterai trois ou quatre jours pour des visites, et j'irai m'enfouir à Beauvais pour quatorze mois et tâcher d'y vivre avec mes seuls appointements. » (1) — Or, il arriva ceci de nouveau, que Napoléon débarqua au golfe Jouan, traversa la France au pas de course et entra à Paris le 20 mars, précisément le jour fixé par Lamartine pour sa propre arrivée. Cela changea naturellement un peu ses projets. Au premier bruit du débarquement de Bonaparte, il courut à Paris. Il accompagna le roi jusqu'à Béthune, « avec des peines et des fatigues incroyables », dit sa mère dans son *Manuscrit*. « Là, continue Mme de Lamartine, étant licencié et remercié par les princes, il revint avec de grands dangers. Quelque temps après, il partit d'ici (de Milly), il alla en Suisse. Mais la bataille de Mont-Saint-Jean arriva, nos princes revinrent et Alphonse rentra aussi et se rendit à Paris, où il est encore (22 juillet 1815), et où il fait des démarches pour obtenir un emploi diplomatique. Nous avons beaucoup d'espérances. » (2) On sait si les espérances de la mère devaient être dépassées par son glorieux fils !

Parmi ceux qui accompagnaient les princes, de Paris à Béthune, se trouvait, avec Lamartine, un autre académicien de l'avenir, Alfred de Vigny, sous-lieutenant dans les gendarmes rouges de la maison du roi. Ce voyage de Béthune (pourquoi M. de La Jonquière n'en a-t-il rien dit ?) nous a valu deux chefs-

---

(1) *Correspondance*, t. II, p. 64.
(2) *Le Manuscrit de ma mère*, avec commentaires, prologue et épilogue, par A. DE LAMARTINE, p. 183.

d'œuvre : le premier épisode de *Servitude et grandeur militaires* d'Alfred de Vigny, *Laurette ou le cachet rouge* ; et, dans l'*Histoire de la Restauration* de Lamartine, ce merveilleux récit des Cent-jours qui joint à la vie et à l'attrait des souvenirs personnels la grandeur et l'éloquence de l'histoire, et qui n'a pu être égalé que par le récit de Chateaubriand dans ses *Mémoires d'outre-tombe*.

Chateaubriand, Lamartine, Vigny, trois noms qui suffiraient à montrer l'intérêt du livre de M. de La Jonquière, livre bien fait et d'une très réelle valeur, où l'on voit que pas n'est besoin de passer par l'Ecole normale pour savoir écrire, et que manier l'épée est souvent un bon apprentissage pour manier la plume. Si nous étions encore au temps où pas un volume ne se pouvait présenter sans une ou deux bonnes épigraphes, M. de La Jonquière aurait pu inscrire en tête du sien :

> *Dextra tenet calamum,*
> *Strictum tenet altera ferrum* ;

ou encore ce mot de Cervantès, le glorieux mutilé de Lépante : *Nunca la lanza embotó la pluma* : Jamais la lance n'émoussa la plume.

12 janvier 1897.

CHOSES DE BRETAGNE [1]

I

Il y aura du bruit dans Landerneau. » Ce mot du Rennais Alexandre Duval, dans sa comédie des *Héritiers*, se vérifie aujourd'hui une fois de plus. A Landerneau, à Saint-Brieuc, à Guingamp, à Quimper, un peu partout en Bretagne, « il y a du bruit », et les échos m'en arrivent jusqu'en ce coin retiré du Morbihan, sur les bords de

[1] *Perrinaïc, une compagne de Jeanne d'Arc*, par M. QUELLIEN. Paris, Fischbacher, 1891. — *Perrinaïc, la compagne de Jeanne d'Arc*, par le même, dans la *Revue encyclopédique* du 1er octobre 1893. — *Le Roman de Perrinaïc; Réponse à M. Quellien*, par J. TRÉVÉDY. Vannes, Lafolye, 1894. — *Histoire du Roman de Perrinaïc de M. Quellien*, par J. TRÉVÉDY; Rennes, Caillère, 1894. — *Annales de Bretagne*, publiées par la Faculté des lettres de Rennes, livraison d'avril 1894, articles de MM. LOTH et JOURDAN. — *Une prétendue compagne de Jeanne d'Arc. Pierrone et Perrinaïc*, par Arthur DE LA BORDERIE, membre de l'Institut. (*Le Correspondant*, livraison du 10 juin 1890.)

cette *petite mer* (1), où ne parviennent guère d'habitude les rumeurs du dehors. Donc, on bataille ferme de nos côtés, pour savoir si on élèvera, ou non, au sommet du Menez-Bré (près Guingamp), un monument en l'honneur de *Perrinaïc*, — un monument qui sera tout entier en granit de Kersanton, et qui devra être colossal, car d'une part, le Menez-Bré a une altitude de 300 mètres et, d'autre part, les promoteurs de la statue de Perrinaïc veulent qu'on la voie de la falaise : or, la falaise est à trente ou trente-cinq kilomètres. Besoin sera donc que le monument ait la largeur et la hauteur d'une cathédrale.

Mais déjà vous m'arrêtez et vous me dites — « Je vois bien, d'après cela, que Perrinaïc doit être la plus grande héroïne de la Bretagne, de cette terre qui a produit tant de héros. Comment donc se fait-il que je n'en aie jamais entendu parler? » — Ne soyez pas trop confus de votre ignorance, ami lecteur. Elle vous est commune avec tout le monde, car nul, jusqu'à ces derniers temps, n'avait entendu parler de cette héroïne. Les Bretons les plus bretonnants n'en soupçonnaient pas plus que vous l'existence, lorsque tout récemment, M. Quellien, un Breton de Paris, nous a annoncé la bonne nouvelle. Grâce à lui, nous connaissons maintenant dans ses plus petits détails la vie de cette *Compagne de Jeanne d'Arc*, et, je puis, en m'aidant des écrits de son historien vous en tracer ici une rapide esquisse.

(1) *Mor-Bihan*, petite-mer.

Vers ce temps-là (1429), il n'y avait plus d'Anglais en Bretagne, mais les Anglais étaient restés les ennemis héréditaires. On les chargeait de toutes les iniquités. Les moines allaient de village en village prêchant contre eux la croisade. Monté sur le piédestal de la croix du calvaire, le missionnaire chantait un cantique de circonstance, le plus souvent un chant composé par le célèbre *Kloarek* Kaerrymell. Après le cantique venait le sermon, une harangue enflammée, soufflant le patriotisme sur cette multitude émue. Des paroisses entières se levaient, suivant le prêcheur vers les villes, demandant à combattre, grondant un refrain de malédiction contre le Saxon : *Malloʒ War Saoʒ!*

Dans la région circonvoisine du Goëllo, du pays trécorois et de la Cornouaille, aux environs de Guingamp, dans la paroisse de Guranhuel, vivaient alors deux femmes, sur les confins d'un chemin peu frayé et d'un petit bois abritant une très vieille chapelle. La plus âgée s'appelait *Perrinaïc*. Elle était fille d'un homme d'armes tué pendant la dernière incursion des Anglais. Ayant perdu sa mère de bonne heure, elle avait pris pour compagne une jeune fille orpheline comme elle, et sans doute aussi du fait des Anglais. Toutes deux s'étaient vouées au deuil. Elles passaient leur temps à parer l'autel de la chapelle voisine et à faire le bien en souvenir de leurs défunts. Perrinaïc prenait part quelquefois aux travaux des champs; d'autres fois, dans le paysage austère de Bré, à la lisière de Coat-an-Noz (1), elle aimait à écouter le carillon des cloches de Guingamp, le chant des voix aériennes.

Ces voix lui disaient-elles d'aller au secours de la France et de bouter l'Anglais hors du royaume? Un jour, elle partit avec sa compagne, nu-pieds, les sabots noués sur l'épaule, comme les pèlerins et les mendiants de Bretagne. Bravement, les deux Bretonnes allaient rejoindre Jeanne d'Arc. Elles la trouvèrent à Orléans, d'où la Pucelle venait de chasser les Anglais. A partir de ce moment, jusqu'au jour où Perrinaïc et sa suivante seront prises à Corbeil, en mars 1430, Perrinaïc ne quittera plus Jeanne d'Arc.

Ne sont-elles pas toutes deux, la Bretonne et la Lorraine, deux sœurs, deux « frères d'armes », ayant même foi, même héroïsme, même mission? Mais ici je dois laisser parler M. Quellien lui-même. « Il y avait sur elles, dit-il, une sorte de commun destin... Les ténèbres de leur origine ne cachent-elles pas une parenté de races? Mêmes instincts, mêmes aptitudes, même goût de la nature, même discernement de son mystérieux langage, même simplicité, même pureté de cœur, même fonds de compassion dans l'âme! » Aussi comme elles s'aiment et s'entendent! « Parfois elles se surprenaient à soupirer sans se dire pourquoi. »

Perrinaïc et sa compagne « se tenaient aux côtés de la Pucelle sans sortir de son rayonnement. » Bien

---

(1) Bois de la nuit ou du couchant.

qu'elles « fussent mieux faites pour les confidences que pour l'action, et que l'ombre convînt à leurs discrètes personnes, » nos deux Bretonnes « descendaient dans la mêlée derrière l'étendard de Jeanne. » Seulement, tandis que la Bergère de Domrémy disait : « Je ne peux voir le sang français couler sans que les cheveux ne se dressent sur ma tête », la fille de l'homme d'armes de Guranhuel n'éprouvait sur le champ de bataille aucune émotion, si ce n'est le plaisir de voir les Anglais tomber sur les sillons, comme tombent les épis sous la faux du bon moissonneur. Elle entrait dans la mêlée « en toute simplicité, comme elle entrait autrefois dans la maison ».

Frappée de son énergie, de son extraordinaire et merveilleux sang-froid, Jeanne lui confia une importante et difficile mission, celle d'aller à Paris « aider le carme Jean Dallée, qui ourdissait contre les Anglais une redoutable conspiration ». Perrinaïc partit aussitôt avec sa compagne, et leur historien nous les représente « allant ainsi par la route, l'âme ensommeillée au souffle morose du vent de mars, la main dans la main, sabots noués sur l'épaule, récitant quelque chapelet. » Arrivées à Corbeil, elles tombèrent aux mains des Anglais et furent conduites dans les prisons de Paris (1). Elles devaient y rester six mois. En attendant de comparaître devant ses juges, la compagne de Perrinaïc s'occupait à chanter « les

---

(1) Paris était alors (mars 1430) et resta jusqu'en 1436 sous la domination anglaise.

gwers d'adieu à la Bretagne » M. Quellien en cite quelques couplets :

« Notre lande est aussi vaste que le firmament à midi ; — là pleure, comme les trépassés, le vent, sur le soir, — le vent du soir.

« Sous un pied de fougère, un ramier avait fait son nid, — pigeonnier où venaient les araignées dresser leurs toiles parmi la rosée brillante comme l'or, etc., etc., etc. »

Au mois de septembre 1430, les deux Bretonnes furent traduites devant les juges d'Eglise. Perrinaïc était accusée de plusieurs crimes : de blasphèmes, — de fidélité à Jeanne d'Arc, — de sacrilèges pour avoir fait à Jargeau, le jour de Noël, une double communion, — d'hérésie, de possession démoniaque. Quand on lui demanda pourquoi elle était venue de Bretagne vers la Pucelle, elle fit cette fière réponse : « Par l'ordre de Dieu. » — Condamnée, ainsi que sa suivante, à être brûlée vive, elle marcha courageusement au supplice. C'était un dimanche, le troisième jour de septembre (1430), au parvis de Notre-Dame. Au moment de gravir le bûcher, elle embrassse son amie, et les deux pauvres filles, en se quittant à jamais, entonnent une dernière fois la complainte d'adieu. La légende populaire nous a conservé les détails du supplice de Perrinaïc et de sa compagne. M. Quellien a retrouvé cette vieille *Légende*, dont il n'hésite pas à dire : *Elle est plus belle que toute histoire :*

« — Et les voix des deux pauvres femmes s'élevèrent alors, — et l'on entendit Perrinaïc,

« Gravissant son calvaire, — murmurer ce chant d'affliction :

« Dans l'Eglise de ma paroisse sont les beaux offices, — et les cloches sont éclatantes. Chères cloches, adieu ! Cloches saintes de mon pays ! »

Suivent quatre strophes, dans le même ton ; puis M. Quellien, revenant au supplice de la sœur de Jeanne d'Arc, reprend : « De pareils crimes ne s'accomplissent jamais sans que des signes passent dans le ciel. La *légende populaire* poursuit :

« Aussitôt on assista à un prodige unique ; les Anglais en furent frappés de stupeur ;

« Car un vent brûlant se mit à souffler au-dessus de leurs têtes ;

« Et tout le monde de se lever avec épouvante, en voyant les Angles rouges de feu...

« Et avec des tisons, on vit des démons qui mettaient le feu dans la voûte du ciel ;

« Et chaque assistant croyait même qu'il brûlait jusqu'en ses entrailles ;

« Au point que les prêtres gémissaient : — « Cette fille-là était donc une pauvrette de Dieu. »

Perrinaïc était morte, loin de sa chère Bretagne, martyre de sa foi et de son patriotisme. Il était naturel que ses compatriotes de Guranhuel la considérassent comme une sainte. Aussi M. Quellien nous apprend-il que, dans la forêt de Coat-an-Noz, on remarquait jadis, près des cabanes de charbonniers, une image de femme encadrée dans une niche et ayant pour piédestal un bûcher. Lorsqu'on demandait aux bûcherons pourquoi la Vierge Marie était ainsi représentée, ils ne manquaient jamais de répondre : « Ce n'est pas une sainte Vierge, mais une fille de chez nous dont nous ne savons plus le nom. C'est la fille qui fut brûlée par les Anglais. »

Ainsi il ne restait plus de Perrinaïc qu'une grossière et douteuse image. Son nom même avait péri. Mais voilà que M. Quellien a pu retrouver ce nom. Il a pu reconstituer l'histoire tout entière de l'héroïne, depuis sa naissance jusqu'à sa mort, et, à l'aide de longues et patientes recherches, établir cette histoire sur des bases solides, indestructibles. Comment s'étonner dès lors qu'il n'ait pas voulu se contenter, pour elle, d'une petite statue de bois, enfouie au creux d'un chêne, comme celle qu'on voyait autrefois dans la forêt de Coat-an-Noz ? Comment être surpris qu'il ait songé à obtenir pour la *compagne de Jeanne d'Arc* une statue colossale, taillée dans le granit breton, un monument gigantesque, de 60 pieds de haut, se dressant au sommet du Menez-Bré, dans le voisinage de cet humble village de Guranhuel, où s'étaient écoulées, dans l'ombre et la prière, ses premières années ?

L'entreprise, sans doute, présentait plus d'une difficulté ; mais on sait que les Bretons sont tenaces, — même et surtout les Bretons de Paris. M. Quellien a donc multiplié les articles de journaux. Il a organisé des conférences, des expositions, des fêtes artistiques et littéraires. Il a créé « l'Œuvre du monument de Perrinaïc », placée sous le patronage des « Dames de

Bretagne ». A côté du comité primitif dit Comité de vulgarisation, est venu tout rémment se placer un Comité d'action, sous la présidence de deux académiciens, M. Jules Simon et M. Leconte de Lisle. M. Leconte de Lisle vient de mourir. J'espère bien que M. Jules Simon vivra encore de longues années, mais je doute qu'il lui soit donné de présider à l'inauguration de la statue du Menez-Bré ; car il paraît bien que les affaires du « Monument de Perrinaïc » ne marchent guère, — ou plutôt qu'elles ne marchent pas du tout.

II

Il s'est produit, en effet, une chose singulière. La Bretagne, on le sait, a le culte de ses vieilles traditions, de ses saints et de ses héros. On aurait pu croire, dès lors, qu'elle aurait accueilli avec enthousiasme les découvertes et les révélations de M. Quellien ; qu'elle aurait fait fête à Perrinaïc et se serait montrée fière de cette gloire nouvelle, ajoutée à ses anciennes gloires. C'est le contraire qui a lieu. L'explication est bien simple. De toutes nos provinces, la Bretagne est celle où la fleur de poésie s'est toujours épanouie avec le plus d'éclat, de douceur et de force. Lorsque parut, il y a quelque cinquante ans, le *Barzas-Breiz*, si pieusement recueilli et si savamment édité par M. de la Villemarqué, George Sand déclara qu'en aucun temps et dans aucun pays rien de si beau ne s'était vu depuis

Homère. La source n'est pas tarie ; on chante encore en breton, et plus d'un, parmi nos poètes bretons actuels, a eu souvent de fortes et touchantes inspirations. Il me suffira de rappeler M. Luzel, tant de fois couronné par l'Institut. Mais à côté de ses *bardes*, la Bretagne a aussi ses érudits, dont la conscience égale le savoir. Ici encore, qu'il me suffise de citer M. Arthur de la Borderie, de l'Académie des inscriptions et belles-lettres, et à coup sûr l'un des membres les plus éminents de cette illustre compagnie. Il est arrivé que les érudits bretons ont eu la curiosité d'examiner d'un peu près les dires de M. Quellien, et voici ce qu'ils ont trouvé.

Jean Chuffart, chanoine de Notre-Dame, successeur de l'illustre Gerson dans le poste de chancelier de l'Eglise de Paris, a laissé une chronique qui a été publiée sous le titre inexact, mais aujourd'hui consacré, de *Journal d'un bourgeois de Paris de 1405 à 1449*. On y rencontre le passage suivant :

« Le troisième jour de septembre (1430), un dimanche, furent prêchées, au parvis Notre-Dame, deux femmes qui, six mois environ auparavant, avaient été prises à Corbeil et amenées à Paris, dont la plus âgée, Pierrone, était de la Bretagne bretonnante. Elle disait et soutenait que dame Jeanne (Jeanne d'Arc), qui faisait la guerre dans l'armée des Armagnacs (dans l'armée du roi Charles VII), était bonne et que ce qu'elle faisait était bien fait et selon Dieu.

« Elle reconnut avoir reçu le précieux corps de Notre-Seigneur deux fois en un jour.

« Elle affirmait et jurait que Dieu lui apparaissait souvent en forme humaine et lui parlait comme un ami parle à un ami, et que la deuxième fois qu'elle l'avait vu, il était vêtu d'une longue robe blanche et dessous hucque vermeille. Ce qui est autant qu'un blasphème. Elle ne voulut jamais rétracter cette affirmation, qu'elle voyait souvent Dieu ainsi habillé : *c'est pourquoi* elle fut ce jour même (3 septembre 1430) condamnée à être brûlée ; elle le fut et mourut en persistant dans cette affirmation. Sa compagne dans le même moment fut mise en liberté (1). »

Il est encore question de Pierrone en un autre endroit du *Journal* dit *d'un bourgeois de Paris*. Le 4 juillet 1431, un mois et quelques jours après la mort de Jeanne d'Arc, il y eut à Paris une procession générale à l'église de Saint-Martin des Champs, où le dominicain Jean Graverent, inquisiteur de France, fit un sermon ayant pour objet l'apologie du procès et de la condamnation de la Pucelle. Il la peignit des plus noires couleurs, l'accusant d'avoir vécu « homicide de chrestienté, pleine de feu et de sang », toujours vouée, toujours dévouée aux œuvres et aux illusions coupables de « l'ennemy d'enfer ». Pour la ravaler encore davantage, lui ôter, aux yeux du peuple, ce que sa figure et son rôle avaient d'extraordinaire, il s'efforça de la mêler, de la confondre avec diverses hallucinées de ce temps:

« Encore, dit-il en son sermon (rapporte le *Journal d'un bourgeois*) qu'elles étaient quatre femmes, dont trois avaient été prises, c'est à savoir cette Pucelle (Jeanne d'Arc), Pierrone et sa compagne, et une qui est avec les

---

(1) *Journal d'un bourgeois de Paris de 1405 à 1449*, édition Tactey (1881), p. 259-260.

Armagnacs (dans le parti de Charles VII), nommée Catherine de la Rochelle, laquelle dit que, quand on consacre le précieux corps de Notre-Seigneur Dieu, elle voit les merveilles du haut secret de Notre-Seigneur Dieu... Et disait que toutes ces quatre pauvres femmes, frère Richard le cordelier les avait toutes ainsi gouvernées (1), car il était leur beau père (leur directeur), et que le jour de Noël (25 décembre 1429), en la ville de Jargeau, il bailla à cette dame Jeanne la pucelle trois fois le corps de Notre-Seigneur, ce dont il était beaucoup à blâmer, et l'avait baillé à Pierrone celui jour deux fois (2). »

Un autre écrivain du XVe siècle, a parlé de la mort de Pierrone. C'est le dominicain Jean Nider, auteur d'un traité de théologie morale, dans lequel il donne aux hommes pour exemple et pour modèle les mœurs et les vertus des fourmis d'où le titre de son livre ; *Formicarium* ou *Formicarius liber*, « Livre des fourmis ». Nider était au concile de Bâle, vers 1439 ; il y rencontra maître Nicole Lami, qui représentait à cette assemblée l'Université de Paris et qui lui donna divers détails, consignés dans le *Formicarium*, non seulement sur Jeanne d'Arc, mais aussi sur deux femmes, où il est facile de reconnaître Pierrone et sa compagne. Après avoir parlé de la Pucelle et de son supplice, Nider ajoute :

Dans le même temps parurent aux environs de Paris deux femmes (*duo feminœ*) se disant publiquement en-

---

(1) C'est-à-dire jetées ou entretenues dans ces visions, ces hallucinations diaboliques.
(2) *Journal...* p. 271-272.

voyées par Dieu pour secourir Jeanne la Pucelle. Je tiens de maître Nicole Lami que l'inquisiteur de France les fit arrtêer comme coupables de magie ou de sorcellerie *velut magæ vel maleficæ*. Plusieurs docteurs en théologie, les ayant examinées, constatèrent qu'elles étaient abusées par les hallucinations du malin esprit (*maligni spiritus deliramentis deceptæ*). L'une de ces femmes, ayant reconnu les fraudes de l'ange de Satan, se repentit sur les remontrances des docteurs et, comme elle le devait, abjura ses erreurs. Mais l'autre, s'obstinant à y persévérer, fut livrée au feu (1).

En dehors de ces textes de Jean Chuffart et de Nider, on ne trouve rien sur Pierrone, dans les chartes et les chroniques du xve siècle, absolument rien. Ce que l'histoire nous apprend d'elle se réduit donc à ceci :

Avant le 25 décembre 1429, on ne sait rien sur son compte.

Le 25 décembre 1429, elle était à Jargeau en même temps que Jeanne; elle avait pour confesseur le cordelier Richard, et elle communiait deux fois.

Depuis lors jusqu'au mois de mars suivant, on ne sait ce qu'elle devint. En mars, elle fut prise ainsi que sa suivante aux environs de Corbeil.

Amenée à Paris, elle y resta six mois en prison, elle affirma courageusement sa foi dans la divinité de la mission de la Pucelle : c'est là le beau trait de son histoire. On lui fit son procès, qui roula sur ses prétendues visions, son amitié, sa familiarité avec Dieu,

---

(1) *Formicarium*, liv. V, ch. viii.

incriminées comme attentatoires à la majesté divine, c'est-à-dire blasphématoires. Sa compagne, qui avait eu des prétentions du même genre, les rétracta et fut relâchée. Pierrone, persistant dans ses hallucinations, se vit condamner et exécuter sur le parvis de Notre-Dame, le 3 septembre 1430.

Voilà toute son histoire. Et cette histoire, ce n'est pas M. Quellien qui l'a découverte, qui l'a *déterrée* et mise au jour en 1891, dans sa brochure de *Perrinaïc* (1). A cette date de 1891, il y avait déjà près de cinquante ans qu'elle était connue de tous les érudits, et même de beaucoup qui ne se piquent pas de l'être. Dès 1847, en effet, les textes du *Bourgeois de Paris* et de Nider avaient été publiés par M. Quicherat, dans son grand ouvrage sur le *Procès de Jeanne d'Arc* (2), l'un des plus beaux monuments élevés par la science à la gloire de la France et de sa libératrice.

III

Avec Pierrone — la Pierrone de l'histoire — les matériaux manquaient pour élever un monument colossal, au sommet d'une montagne. M. Quellien — rendons-lui cette justice — l'a parfaitement compris et, bravement, il a substitué le roman à l'histoire : il a créé de toutes pièces *Perrinaïc*.

---

(1) *Perrinaïc, une compagne de Jeanne d'Arc*, par C. Quellien. Paris, Fischbacher, 1891.

(2) Voy. Quicherat, t. IV, p. 467, 473, 474, 504.

Tout ici lui appartient, tout est de son invention, même le nom de l'héroïne. Les documents historiques l'appellent *Pierrone* de Bretagne. Mais ce nom n'était pas pour convenir à M. Quellien. Il a une physionomie trop française. Besoin est de lui donner un air *plus breton*. *Perrinaïc*, cela fera très bien... à Paris. En Bretagne, M. Loth, le savant doyen de la Faculté de Rennes et l'un de nos premiers celtistes, aurait appris à M. Quellien que la forme bretonne de Pierrone aurait été *Pezrona*. Au xve siècle, le nom de *Perrinaïc* n'existait pas.

Quoi qu'il en soit, notre auteur a trouvé un nom pour Pierrone. Il s'agit maintenant de lui trouver un berceau, un lieu de naissance. M. Quellien n'est pas embarrassé. Il fait naître Perrinaïc en plein cœur de la Bretagne bretonnante, à quelques lieues de Guingamp, au village de Guranhuel. Et il a pour cela une bonne raison, tout au moins un « indice » sérieux. Tout auprès de Guranhuel se trouve la forêt de Coat-an-Noz, et, dans cette forêt, nous l'avons vu, existait autrefois une petite statuette, une image de femme ayant pour support une manière de bûcher. On se rappelle le mot des bonnes gens du pays : « C'est une fille de chez nous... C'est la fille qui a été brûlée par les Anglais ! » Donc Perrinaïc était bien de Guranhuel. L' « Indice » dont se prévaut ici M. Quellien est à tout le moins un commencement de preuve. Malheureusement, cet « indice » sérieux, cette image de la Vierge au bûcher, tout cela n'a jamais existé que dans l'imagination de M. Quellien.

On ne peut garder à cet égard aucun doute, lorsqu'on a lu la savante et très spirituelle brochure de M. Trévédy, vice-président honoraire de la Société archéologique du Finistère. Ces érudits bretons, je l'ai dit, sont des gens terribles. M. Trévédy a procédé lui-même à une minutieuse enquête sur ce point, et il nous en fait connaître les résultats :

« M. Luzel, écrit-il, l'heureux *trouveur* de tant de *guerziou*, de *soniou*, de *contes* bas-bretons, avait visité Coat-an-Noz avant M. Quellien : et que de fois il s'est assis dans les huttes des bûcherons, des sabotiers et des charbonniers ! Il a vu plus d'une sainte vierge : il n'a jamais remarqué ce piédestal en manière de bûcher. « Quand à la jeune fille brûlée par les « Anglais, jamais, dit-il, je n'y ai entendu faire la « moindre allusion. »

« Autre renseignement et recueilli d'hier. Un homme fort intelligent, qui parcourt souvent les routes de la forêt, m'écrit qu'il s'est enquis et auprès de plusieurs. Toutes les maisons de la forêt ont une *bonne vierge*, aucune n'est posée sur un piédestal en forme de bûcher. Jamais personne n'a vu ni entendu parler non plus de la fille brûlée par les Anglais. Parmi les témoins entendus par mon *enquêteur*, figure un homme de soixante ans, né sur la lisière de la forêt et y demeurant, « très versé dans les traditions locales », et un autre, maire dans le voisinage, qui habite depuis soixante-six ans sa commune natale. (1) »

(1) *Le Roman de Perrinaïc; Réponse à M. Quellien*, par

Il faut donc que M. Quellien renonce à placer le berceau de Perrinaïc à Guranhuel, et c'est vraiment dommage, car Guranhuel est précisément à deux pas du Ménez-Bré, de la montagne au sommet de laquelle M. Quellien voudrait mettre sa statue.

Quels étaient les parents de Perrinaïc et que faisaient-ils ? Elle-même, que faisait-elle en Bretagne ? Qu'était-elle lorsqu'elle vint en France ? Fille ? femme ? veuve ? jeune ? vieille ? Nous avons vu, en commençant, comment M. Quellien répond à toutes ces questions. Sur quels documents, sur quelles traditions s'appuie cette partie de son récit ? Elle ne s'appuie sur rien, absolument rien. L'auteur en faisait lui-même l'aveu, au début de sa brochure de 1891 : « On ne sait rien, écrivait-il, sur l'enfance de Perrinaïc ; nulle part je n'ai retrouvé une trace bien authentique de son court passage sur la terre bretonne... Jusqu'à sa mission avec Jeanne d'Arc, il faut avoir recours à une sorte d'évocation. » Va donc pour l'*évocation !* mais à la condition de reconnaître que nos érudits bretons n'ont peut-être pas tort, quand ils trouvent que l'*évocation* est une base trop fragile pour servir de support à une statue colossale, à un monument de 60 pieds de haut.

Mais nous arrivons à l'année 1429. Perrinaïc va

J. TRÉVÉDY, ancien président du Tribunal de Quimper, vice-président honoraire de la Société archéologique du Finistère, p. 10. — Dans une seconde brochure, *Histoire du roman de Perrinaïc de M. Quellien*, M. J. Trévédy est revenu, avec une nouvelle force, sur ses premières démonstrations.

partir pour la France. M. Quellien nous a dit dans quelles conditions; il nous a dit la haine dont les Bretons, en ce temps-là, étaient animés contre les Anglais; il nous a montré, dans une éloquente peinture, les paroisses se levant tout entières à la voix des missionnaires qui prêchent la croisade contre l'ennemi héréditaire, répétant avec eux les refrains de malédiction contre le Saxon, et les chants composés par le célèbre *Kloarek* Kaërrymell. Cette fois, M. Quellien avait compté sans un autre érudit, qui n'est ni M. Loth, ni M. Trévédy, mais M. Arthur de la Borderie, l'homme de France qui sait le mieux sa Bretagne, et qui sur la Bretagne au xve siècle en particulier, a fait les recherches les plus approfondies. Or, voici les réflexions que lui inspire la peinture de M. Quellien :

« Ce début est beau, d'une couleur épique. Historiquement, il est tout à fait en dehors du vrai. Sous le long règne du duc de Bretagne Jean V, entre Bretons et Anglais les hostilités furent rares, insignifiantes; par suite, l'antipathie entre les deux races s'affaiblit beaucoup. Dans les chroniques de l'époque, je ne connais rien qui puisse justifier ou motiver une peinture de ce genre. Quant au « célèbre *Kloarek* Kaerrymell », il n'en existe trace nulle part; c'est un enfant de l'imagination du barde de Perrinaïc » (1).

Cependant Perrinaïc est en France. Le moment

---

(1) *Une prétendue compagne de Jeanne d'Arc. Pierrone et Perrinaïc*, par Arthur DE LA BORDERIE, membre de l'Institut, page 13.

est venu pour M. Quellien de montrer qu'elle a été bien véritablement la *compagne de Jeanne d'Arc*, sa confidente, son amie. Sur les rapports de Pierrone avec Jeanne il n'y a pas autre chose que le texte du *Bourgeois de Paris*, où il est dit que Pierrone, à la fête de Noël de 1429, se trouvait, comme Jeanne, dans la ville de Jargeau, qu'elles avaient l'une et l'autre le même confesseur, que Pierrone reçut ce jour-là deux fois la communion et Jeanne trois fois. Voilà exactement tout ce que l'histoire authentique nous apprend de leurs relations. Elle nous montre, *un seul jour*, Pierrone se rencontrant avec Jeanne. M. Quellien nous les montre *toujours* ensemble, ne se quittant plus, se jetant ensemble dans la mêlée, et, après la bataille, pleurant sur les morts. C'est le triomphe de l'*évocation !* Mais j'ai bien peur que ce triomphe ne soit qu'éphémère. Il me paraît difficile, en effet, de ne pas se ranger ici à l'opinion du savant professeur d'histoire de la faculté de Rennes, M. E. Jordan, qui a tiré du texte du *Bourgeois de Paris* une conclusion diamétralement opposée à celle de M. Quellien. Dans un excellent article sur *Perrinaïc*, après avoir cité la rencontre de Jeanne et Pierrone à Jargeau, M. Jordan ajoute :

On ne sait rien de plus sur leurs relations. Il n'est pas certain que ces relations aient été intimes, ni même qu'elles aient été toujours bonnes. Jeanne, qui croyait à sa propre mission, ne croyait pas toujours à celle des autres. Nous en avons pour preuve Catherine de la Rochelle. Jeanne, avec son franc parler ordinaire, ne craignait pas de la dénoncer comme une hallucinée et de la renvoyer dédaigneusement à son mari, à ses enfants, à son ménage. Rien ne prouve qu'elle ait pris au sérieux les voix de Pierrone. Rien ne prouve qu'elle n'eût pas repoussé comme compromettant, le témoignage favorable que lui rendait cette *obscure visionnaire*. La tactique des ennemis de la Pucelle, bien visible dans le sermon de Graverent, consistait à la confondre avec ces femmes auxquelles son exemple avait tourné la tête. Mais il n'y a aucune raison pour que la postérité se prête à cette confusion (1).

Cette confusion, entièrement inadmissible, est surtout impossible sur un point, le plus important de tous, le rôle militant de la Pucelle. C'est ce que fait très bien remarquer M. de la Borderie. Les ennemis, les accusateurs de Jeanne n'ont pas manqué de lui faire un crime de ses exploits, de tous ses actes de guerre. Jean Graverent, dans son sermon du 4 juillet 1431, lui reproche durement d'avoir « vécu homicide de chrestienté, pleine de feu et de sang ». Si Pierrone, comme l'a écrit M. Quellien, avoit constamment suivi Jeanne dans la mêlée et pris part à la « consommation du carnage », nul doute qu'on n'eût fait de ses homicides un chef d'accusation. Mais l'accusation portée contre elle, nous la connaissons ; nous la connaissons par un contemporain, témoin oculaire et bien informé de la procédure ; on n'y trouve aucune mention d'homicide ni d'aucun acte de guerre ;

---

(1) *Annales de Bretagne*, publiées par la Faculté des lettres de Rennes, livraison d'avril 1894, p. 427-436.

donc Pierrone n'avait pas été la compagne de Jeanne d'Arc sur les champs de bataille (1).

L'histoire ignore entièrement pourquoi Pierrone se trouvait aux environs de Corbeil quand elle y fut prise, en mars 1430. Pour expliquer cette circonstance, M. Quellien imagine de lui faire donner par la Pucelle une mission importante, celle d'aller à Paris « aider le carme Jean Dallée, qui ourdissait contre les Anglais une redoutable conspiration ». Toujours l'*évocation !* Elle va du reste se donner de plus en plus carrière, à mesure que nous avancerons.

IV

Perrinaïc et sa compagne (ce n'est pas Jeanne d'Arc que je veux dire) sont dans les prisons de Paris. Quand vient le soir, quand l'*Angelus* tinte aux clochers de la ville, elles songent à leur chère Bretagne, à leur pauvre église de Guranhuel, à la vieille forêt de Coat-an-Noz, à leurs longues promenades sur les hauteurs du Menez-Bré, d'où elles entendaient, par les temps calmes, le carillon joyeux des cloches de Guingamp. Elles se prennent alors à pleurer, et, le cœur bien gros, elles chantent les *gwerz* d'adieu à la Bretagne : — « Notre lande est aussi vaste que le firmament à midi... » Ils sont bien jolis, ces couplets,

---

(1) La Borderie, p. 11.

et ils font grand honneur au barde du xve siècle qui les a composés. J'avais cru d'abord qu'ils avaient pour auteur « le célèbre *Kloarek* Kaerrymell », mais je me trompais. Kaerrymell n'y est pour rien, et cela pour deux bonnes raisons. La première, c'est que le célèbre Kaerrymel, nous le savons maintenant par M. de la Borderie, n'a jamais existé; la seconde c'est que les couplets chantés par Perrinaïc et sa compagne en 1430 sont l'œuvre, non d'un barde du xve siècle, mais d'un barde du xixe, — M. Quellien lui-même ! Il les a composés en breton, traduits en français et imprimés, il y a tout juste trois ans ! (1)

Sur le supplice de Perrinaïc, M. Quellien nous donne un récit très circonstancié. Il veut bien reconnaître qu'il ne l'a pas pris de l'histoire, mais il déclare formellement l'avoir tiré de la *légende populaire*. « Où l'histoire, dit-il, a laissé des vides, *le peuple place des légendes dont le sens est infaillible*. La légende est un symbole, et à cet égard elle est quelquefois plus *vraie* que les événements transmis par des témoignages historiques. Il aura été facile, somme toute, et bien touchant, de combler les lacunes à l'entour de la gracieuse manifestation de Perrinaïc. »

Soit. A défaut de témoignages historiques, M. Quellien va s'appuyer sur la tradition, sur la légende, sur une *légende populaire*, de celles *dont le sens est infaillible*, parce qu'elles sont contemporaines des événe-

---

(1) Voy. Quellien, *Perrinaïc*, édit. Fischbacher. 1891, p. 33.

ments et l'œuvre même du peuple. Voyons donc la *légende populaire* de M. Quellien. C'est un *gwerz* breton, dont j'ai donné quelques couplets dans la première partie de ce chapitre. M. Quellien l'a inséré, dans la *Revue encyclopédique* du 1ᵉʳ 1893, au cours d'une de ses études sur *Perrinaïc* (1). Après l'avoir lu, un de nos plus savants folkloristes, M. H. Gaidoz, frappé de la beauté de cette *légende populaire*, mais ayant quelques doutes sur son authenticité, crut devoir consulter à ce sujet M. Luzel (2). S'il avait mieux connu les œuvres de M. Quellien, il n'eût pas fort inutilement dérangé cet excellent M. Luzel. Toutes les strophes du *gwerz* breton, citées par M. Quellien dans la *Revue encyclopédique* de 1893, et données par lui comme extraites d'une *légende populaire plus belle que toute histoire*, toutes ces strophes ont été composées en breton et en français par M. Quellien lui-même, qui les a imprimées pour la première fois dans sa brochure de 1891. Les a-t-il du moins composées en se servant des données que lui fournissait la tradition populaire? En aucune façon, car il nous apprend en un autre endroit qu'il n'existe « aucune tradition populaire » sur Perrinaïc. Voici ses propres paroles : « *Le peuple ne nous a rien transmis sur Perrinaïc la Bretonne*. Je devais, au souvenir même de Perrinaïc, composer

---

(1) *Perrinaïc, la compagne de Jeanne d'Arc*, par M. Quellien dans la *Revue encyclopédique* du 1ᵉʳ octobre 1892 (Supplément), colonne 550.

(2) Voy. *Mélusine*, janvier-février 1894.

cette *cantilène* dans le dialecte national : que les lecteurs français me pardonnent une traduction forcément infidèle (1). »

Le procédé vraiment est trop commode. Les documents historiques vous manquent ; « l'histoire a laissé des vides ». Qu'à cela ne tienne ! Ces vides, on les remplira en faisant appel à la tradition. Après tout, la légende, une *légende populaire* — peut suppléer avantageusement à l'histoire absente. Mais ici une petite difficulté se présente. « Le peuple ne nous a rien transmis » ; de *légende populaire*, il n'y en a pas. Eh bien ! nous en créerons une. Nous fabriquerons une *cantilène*, dans le dialecte national ; nous la traduirons en français et nous l'imprimerons, une première fois, sans bruit, sans fracas, avec la modestie qui sied à un bon barde. Au bout de deux ou trois ans, dans un autre travail, sans nul avertissement préalable, sans rien qui puisse détromper le lecteur, nous la citerons à titre de *légende populaire, plus belle que toute histoire !* — Après cela, si le cœur nous en dit, nous demanderons, comme suite à cette *légende*, à cette tradition populaire vieille de trois ans — mettons quatre ans, pour faire bonne mesure — nous demanderons, qu'elle soit consacrée par l'érection, sur une haute montagne, d'un monument gigantesque !

Eh bien ! non, M. de la Borderie, M. J. Trévédy,

---

(1) *Perrinaïc, une compagne de Jeanne d'Arc*, par M. Quellien. Fischbacher, 1861.

M. Jordan, et bien d'autres avec eux, ont eu raison de protester contre cette mystification... colossale. Non; quand Bertrand Duguesclin, Arthur de Richemont et Olivier de Clisson, quand nos trois connétables attendent encore leur monument, non, la Bretagne n'en élèvera pas un sur le Menez-Bré, en l'honneur de M. Quellien et de ses *Cantilènes !* Nous avons un meilleur usage à faire de notre granit.

23 septembre 1894.

UN
CRITIQUE D'AUTREFOIS[1]

I

Jamais en France on n'a noirci tant de papier, et cependant on ne lit plus. Sans doute, on parcourt le journal du matin, la revue de la quinzaine, le roman du jour; mais c'est là précisément ce que j'appelle ne pas lire. Aussi bien, on ne demande à ses lectures que la satisfaction passagère d'une vaine curiosité. Tout au plus sont-elles, pour quelques-uns, le moyen, non de suivre le mouvement intellectuel, mais d'en avoir une idée superficielle et de pouvoir, au besoin, en dire son mot

[1] Les Œuvres et les Hommes au XIXe siècle (deuxième série). *Portaits politiques et littéraires*, par J. BARBEY D'AUREVILLY; un vol. in-8°. Alphonse Lemerre, éditeur, 23, passage Choiseul. 1898.

dans un salon. On ne lit plus les chefs-d'œuvre anciens ; on ne lit plus même les ouvrages parus d'hier, pour peu qu'ils soient graves et sérieux. On lit seulement les articles qui en parlent — et qui permettront d'en parler. De là le succès des critiques, à l'heure actuelle. Jamais ils n'ont été plus nombreux et plus goûtés. Ils mettent leurs articles en volumes, et de ces volumes quelques-uns se vendent. Qu'ils ne se fassent point illusion cependant ; leur règne n'est que d'un moment. Qu'ils songent à ceux qui les ont précédés, et qui ont eu, comme eux et plus qu'eux, la vogue d'une heure et d'un jour. Qui relit aujourd'hui Dussault et Féletz, Gustave Planche et Philarète Chasles, Villemain et Nisard ? On m'assure même qu'on ne lit plus guère Sainte-Beuve, le premier de tous pourtant, le plus grand critique de ce siècle et peut-être de tous les siècles.

Ce qui est certain, c'est qu'on ne le réimprime plus. Et voilà, chose singulière ! qu'on réimprime Barbey d'Aurevilly. On ressuscite, après trente ans et plus, ses vieux feuilletons. De ces feuilletons d'antan, déjà vingt volumes ont paru (je dis *vingt* volumes), et il y en aura d'autres. Rien d'ailleurs n'est plus justifié que ce succès posthume. Le talent abonde dans ces volumes, où se montrent, presque à chaque page, les qualités les plus rares, la verve, l'originalité, la vigueur, l'éclat — et aussi parfois la bizarrerie du style — et par-dessus tout le dédain de la banalité, le mépris de l'opinion courante. Jamais personne moins que Barbey d'Aurevilly, *n'a vagué le train commun,* selon le mot de Montaigne. C'est pourquoi ces articles, que l'on pouvait croire à jamais oubliés, sont plus neufs que ceux de nos critiques d'hier et d'aujourd'hui. Les livres dont il a parlé, même ceux qui furent célèbres un jour, sont allés pour la plupart rejoindre les vieilles lunes. Ses feuilletons, au contraire, sont presque tous jeunes, pimpants et fringants comme autrefois. C'est à peine si quelques-uns ont des rides, et ces rides sont si fièrement portées, qu'elles ressemblent à celles du vieux don Diègue :

Ses rides sur son front ont gravé ses exploits.

II

Le vingtième volume de *les Œuvres et les hommes au XIX*ᵉ *siècle* (c'est le titre que Barbey d'Aurevilly avait donné lui-même au recueil de ses articles) vient de paraître. Il est intitulé : *Portraits littéraires et politiques.*

Le premier chapitre a pour titre : *Shakespeare et Balzac.* Il est du 10 mai 1864. A cette date, la critique presque tout entière contestait le génie de Balzac. Sainte-Beuve, dont les jugements alors faisaient loi, n'en parlait qu'avec dédain, presque avec mépris. « Il y a toujours, disait-il, à distinguer pour ne pas être dupe, entre l'école des vrais grands esprits et l'école des grands *farceurs.* Le mot est lâché. Balzac me paraît avoir été à cheval entre les deux. La part du *charlatan* qui s'exalte et qui se prend au sérieux est considérable en lui à côté de la vraie veine de talent. » Il se complaît à signaler « son manque de justesse, son grossissement de coup d'œil, ses hallucinations passé un certain point, ses faux airs de science, ses bizarreries de tout genre ».

S'il consent à reconnaître que l'auteur de la *Comédie humaine* était doué de *quelques dons* rares, c'est pour ajouter aussitôt : « ce qu'il avait de bon, il l'outrait et le gâtait en le forçant. Il usait et abusait des passions de ses personnages jusqu'à la manie, jusqu'à la frénésie. Il en tenait lui-même dans toute sa personne. » Sainte-Beuve ne s'en tenait pas à ces aménités. Balzac lui avait décoché, dans sa *Revue parisienne*, quelques jolies épigrammes. Le critique ulcéré ira jusqu'au bout de sa vengeance. Il ne craindra pas d'écrire, longtemps après, lorsque Balzac ne sera plus là pour lui répondre : « Il y a des moments où, presque invariablement dans les romans de Balzac, il commence à suinter, à travers les fausses élégances, une odeur de *crapule*. Je demandais à un jeune homme du jour, et homme d'esprit, qui venait de voir le drame de *Mercadet*, si c'était bien : « C'est *salope*, me répondit-il, mais c'est très bien. » Ce qui m'était répondu là d'un ton sérieux est un genre d'éloge que méritent la plupart des œuvres de Balzac (1). » Ailleurs déjà, il avait dit : « Balzac en ses romans, c'est une marchande de modes, ou mieux

---

(1) Sainte-Beuve, *Port-Royal*, T. I, à l'Appendice.

une marchande à la toilette. Que de belles étoffes chez lui ! mais elles ont été portées ; il y a des taches d'huile et de graisse presque partout. » Et encore : « Quand j'ai lu ces choses-là, ces descriptions sales et minutieusement ignobles de Balzac, il me semble toujours que j'ai besoin de me laver les mains et de brosser mon habit. » Il lui plaît de ne voir en lui qu'un émule de Pigault-Lebrun, « un Pigault-Lebrun de salon, le Pigault-Lebrun des duchesses ». Et s'il veut bien ne plus le comparer à l'auteur de *Monsieur Botte*, ce sera pour lui prédire le destin de ce pauvre Mercier, l'auteur de *la Brouette du vinaigrier* : « Le dramaturge Mercier, dira-t-il, qui, pour l'exubérance, les inégalités et les hasards de talent (bien qu'avec moins de finesse), n'est pas sans rapport avec M. de Balzac, eut en son temps une vogue presque semblable (1). »

M. Nisard n'était pas pour se laisser entraîner à de telles outrances de langage ; mais il avait peine à goûter autre chose, dans l'œuvre de Balzac, que le joli roman d'*Eugénie Grandet* : « Dans sa trop vaste galerie, disait-il, parmi *une multitude d'ébauches excessives*, mais vivantes, il y a deux portraits achevés, ceux du père Grandet et de sa fille, dans le roman durable d'*Eugénie Grandet* (2). »

Pas plus que Nisard, Armand de Pontmartin n'avait rendu justice à Balzac. Tout en reconnaissant

---

(1) SAINTE-BEUVE, *Portraits contemporains*, T. I.
(2) D. NISARD. *Histoire de la littérature française*, T. IV.

qu'il y avait dans son œuvre de véritables prodiges, de nombreux sujets d'éblouissement et de surprise, il n'en avait pas moins dirigé contre lui un éloquent et très vif réquisitoire (1).

Pendant qu'autour de lui les maîtres de la critique contestaient ainsi Balzac, Barbey d'Aurevilly, lui, n'hésitait pas à le glorifier, à proclamer que la *Comédie humaine* était le plus grand monument littéraire du XIXe siècle. « Nous avons, disait-il dans son article du 10 mai 1864, nous avons aussi notre Shakespeare. D'aucuns peut-être l'appelleront Victor Hugo. Mais nous non ! Nous l'appellerons hardiment Balzac. »

Après avoir rappelé que la maîtresse faculté de l'esprit de Shakespeare était ce genre d'imagination toute-puissante qui se souvient avec autant de force qu'elle invente, et qui, passionnée et inépuisable, s'exaspère au lieu de s'affaiblir quand elle s'exprime, il montre très bien que cette faculté est aussi la *caractéristique* du génie de Balzac, et que l'auteur du *Père Goriot* la possède aussi complète que l'auteur du *Roi Lear*. Cela établi, il montre ensuite que Balzac a, tout autant que Shakespeare, l'invention, ou le ressouvenir des impressions éprouvées qui est souvent toute l'invention humaine ; l'observation et l'intuition, qui n'est guère que l'observation foudroyante ; la passion et la couleur, qui en est la fille ; et par dessus tout, l'esprit, l'esprit enfin qui couronne et

(1) *Causeries du samedi*, T. I.

parfume le génie de sa fleur la plus légère et de son parfum le plus pénétrant. « Balzac, ajoute-t-il, a tout cela autant que Shakespeare ; mais en plus, il a une foule de nuances que Shakespeare n'a pas et ne pouvait avoir, puisqu'elles viennent d'une civilisation et d'une éducation beaucoup plus raffinées que l'éducation et la civilisation de Shakespeare ; et voilà qui lui constitue déjà de fait, sinon de mérite original et personnel, une première supériorité que nous voulons bien ne pas compter, mais qui compte cependant ; car, en littérature comme en politique, on est bien obligé, quoi qu'on fasse, de tenir pour quelque chose les résultats. »

En regard des types imaginés par Shakespeare, il place ceux que Balzac a créés, et il fait voir qu'ici encore le second peut être reconnu, *pour le moins*, égal en imagination au premier. « Comptez, dit-il, ses types et ses caractères — et leur énumération, si nous la faisions, couvrirait ce chapitre tout entier ! — puis, rangez-les vis-à-vis des types et des caractères de Shakespeare, et osez dire quels sont les plus vrais, les plus beaux, les plus profonds ! Le grand dramaturge anglais, qui n'avait pas de plan comme le romancier français, pas de monument dans la tête, dont à l'avance il eût mesuré toutes les faces, comédien, bohémien, despotisé perpétuellement par la circonstance, écrivant à la diable ses sublimités, n'avait jamais songé à faire défiler dans son *Théâtre* les *trois mille* types auxquels avait pensé l'auteur de la *Comédie humaine*, et dont il avait réalisé une assez grande partie, pour l'emporter sur le nombre et sur la variété des types de l'œuvre de Shakespeare. »

Barbey d'Aurevilly est de ceux qui, une fois lancés, ne s'arrêtent pas facilement, surtout quand ils se sentent sur une bonne piste. Il insiste donc sur cette unité de composition qui donne à Balzac, à égalité d'imagination avec Shakespeare, un avantage qu'il semble difficile de contester, et ici encore j'ai plaisir à le citer :

« Artiste suprême, écrit-il, Shakespeare, en produisant ses drames sans une vue plus haute que chacun d'eux, m'apparaît comme un sculpteur ou comme un peintre, le premier des peintres et des sculpteurs si vous voulez. Mais Balzac, avec l'unité multiple et la prodigieuse ornementation de sa *Comédie humaine*, me fait l'effet d'un architecte qui, comme Michel-Ange, serait à la fois peintre et sculpteur, et ferait équation avec l'idée même de l'architecture, qui implique la notion des deux autres arts. Et, encore, quand j'ai dit, un architecte, ai-je assez dit?... Est-ce qu'il y a un monument extérieur d'une assez étonnante plasticité, d'une forme assez variée et assez vaste, pour équivaloir à un monument intellectuel comprenant toute l'âme humaine et qui l'exprime avec des mots, plus forts pour tout rendre du fond de cette âme, que le marbre inflexible ou la couleur inanimée, même quand le génie taille l'un et fait flamber l'autre sur les murs de ses Alhambras ? »

Je l'ai dit, Barbey d'Aurevilly est lancé; il poursuit donc, au risque, cette fois, d'aller trop loin.

Il y a dans tout écrivain, à quelque genre qu'il appartienne, un côté par lequel on peut toujours prendre la juste mesure de sa hauteur. Ce côté, ce sont les idées générales, qui, si l'homme est seulement supérieur, et quelle que soit l'œuvre qu'il fasse, se mêlent à ce qu'il fait et superposent le penseur à l'artiste. C'est ainsi que Shakespeare a semé les dialogues de ses pièces d'une foule de pensées qui frappent au passage et ouvrent tout à coup, sur la vie ou les choses de la vie, des horizons lumineux ou sombres. De telles pensées, y en a-t-il dans la *Comédie humaine*, et dans quelle mesure ?

Peu d'années après la mort du romancier, un de ses amis, l'éditeur Dutacq, chargea précisément Barbey d'Aurevilly de trier dans les œuvres complètes de Balzac tout ce qui ressemblait à une pensée qu'on pouvait mettre entre deux chiffres romains, comme les *Maximes* de la Rochefoucauld. On en devait faire une publication qui s'appellerait l'*Esprit de Balzac*. Barbey d'Aurevilly se mit à la besogne ; il nota dans l'œuvre romanesque du maître toutes les *pensées* qui s'en pouvaient détacher, et il en trouva *plusieurs milliers,* dignes de supporter l'épreuve de l'entre-deux des chiffres. Il fut ébloui. « C'était, dit-il, un Oural de diamants. »

Dans son enthousiasme, il ne se tient pas d'ajouter : « Révélation de la plus belle face certainement du génie de Balzac, qui, en composant ses romans, avait touché à tout d'une main de maître : à la religion, à la philosophie, à la politique, à la législation, à la littérature, aux arts, etc., et qui, par-dessus le grand romancier, et le grand écrivain, établissait le grand moraliste et le penseur le plus original et le plus profond ! Il est, je le répète, très déplorable que la mort de Dutacq, l'ami particulier de Balzac et qui avait été l'inspirateur de ce travail, en ait fait abandonner l'idée ; car on aurait un livre prodigieux qui, pour la valeur et le nombre exorbitant des pensées prises dans l'œuvre d'un seul homme, ne pourrait se recommencer avec les pensées d'aucun homme de génie des temps modernes ou du passé. J'en porterais bien le défi ! »

C'était aller un peu loin. Il n'en reste pas moins que Barbey d'Aurevilly avait raison contre Sainte-Benve et les autres critiques de son temps, lorsqu'il osait écrire, presque seul alors contre tous, que Balzac était un homme de génie, un des plus grands de toutes les littératures, et que nous pouvions sans crainte l'opposer à Shakespeare.

III

Dans ce nouveau volume, Barbey d'Aurevilly a deux chapitres sur Chateaubriand. Le premier est de 1859. La réaction contre le chantre de *René* était alors très vive et presque générale. La poésie était décidément « vieux jeu », La lyre n'était plus qu'une « vieille guitare ». La philosophie, la politique et les lettres, l'antiquité, Rome et la Grèce : sottises que tout cela ! Grands mots et grandes phrases avec lesquelles on en avait heureusement fini ! L'heure des petites phrases, des petits livres et des petits écrivains était enfin arrivée : au style de Chateaubriand on préférait le style de M. About.

Cette fois encore, Barbey d'Aurevilly se mit en travers de l'opinion courante. Il proclama, en toute rencontre, que Chateaubriand avait été et qu'il était resté le plus grand écrivain du siècle. On en voulait surtout aux *Mémoires d'outre-tombe*, et l'on s'obstinait à y voir une œuvre de déclin. Le critique n'hésitait pas à dire, au contraire, que ces Mémoires, comme emploi de langue et art profond, et aussi par la sincérité du sentiment et la magnificence de l'expression, étaient supérieurs à tous les autres ouvrages de leur auteur, que jamais son talent n'avait été si puissant ni si beau. « La langue, écrivait-il, y est maniée comme le marbre par la vieille main de Michel-Ange. »

C'était un lieu commun, à ce moment, de reprocher à Chateaubriand d'être trop personnel, d'avoir trop parlé de lui-même dans ses *Mémoires*, comme si l'objet des mémoires n'était pas précisément de parler de soi. Avec quelle ardeur Barbey d'Aurevilly répond à ce reproche ! « Les hommes disait-il, ces besaciers qui ont dans leur sac, sur le dos, l'égoïsme qu'ils voient dans le sac de devant chez les autres ; les hommes qui n'entendent pas qu'on s'occupe plus de soi que d'eux, ont presque tympanisé Chateaubriand de s'être trop occupé de lui-même... Que de fois j'ai entendu dire « qu'il en était insupportable », même à ceux qui l'admiraient, mais qui en étaient impatientés.

C'est que le sentiment de leur *moi*, à eux, souffrait de la dilatation et de la supériorité du sien ; — c'est qu'ils étaient plus hommes que littéraires ; — c'est que leur égoïsme n'aurait pas parlé dans cette langue qui fait tout pardonner ; — c'est qu'ils n'auraient eu ni cette beauté ni cette puissance à leur service, et qu'ils ne sentaient — comme les âmes esthétiquement développées et amoureuses du beau ! — ni cette puissance, ni cette beauté, dont ils méconnaissaient la source ! »

Et en effet, la source, la vraie source du génie de Chateaubriand, c'est Chateaubriand ! Quand il est vraiment inspiré, il est sa propre Muse à lui-même... Et ici Barbey d'Aurevilly à une page superbe, dans laquelle il montre la fausseté, dans l'ordre littéraire tout au moins, du mot célèbre de Pascal : *le moi est haïssable*. Si le mot de Pascal était vrai, il emporterait du coup toute la littérature personnelle, tout ce qui est lyrique et élégiaque, la plus immense part de la poésie humaine. Et l'Histoire elle-même, combien n'y perdrait-elle pas ! La personnalité de l'historien ne doit pas être absente de l'histoire ; elle illumine, elle échauffe, elle vivifie le récit impersonnel des faits qu'il raconte. Et c'est même (pour le dire en passant) la supériorité des historiens modernes sur les historiens de l'antiquité. « Excepté, dit très bien Barbey d'Aurevilly, excepté quelques œuvres épiques et dramatiques où le mérite du poète est de s'effacer et de se mouvoir dans des personnalités qui ne sont pas la sienne, et que le mot de Pascal ne détruirait pas, il s'en irait, pour peu que ce mot cruel triomphât du *je* de l'homme, de plus de la moitié de l'âme et des littératures, et c'est par masses qu'on écraserait l'esprit humain ! »

Si je ne me trompe, Barbey d'Aurevilly a ici pleinement raison. Il a raison, lorsqu'il tient *René* pour le premier livre, en génie, de Chateaubriand; c'est le plus court de ses ouvrages, mais le génie ne se mesure point aux proportions de la matière. Il a raison encore, lorsqu'il tient pour admirables « ces vastes *Mémoires d'outre-tombe*, qui sont le monument de toute la vie de Chateaubriand et le défilé du xixe siècle. » Le premier, il les met à leur vraie place, au premier rang, et, au moment de s'en séparer, il en dira encore : « Ecoutez-les, ces glorieux *Mémoires d'outre-tombe*, et dans ce ramassis historique des hommes et des choses de son temps qu'il pousse devant lui, vous entendrez les pieds méprisants de René, comme quand il poussait les feuilles sèches tombées à l'automne, dans les bois de Combourg ! Et, de fait, cette personnalité de René est si profondément celle de Chateaubriand que les événements les plus heureux, les plus éloignés, par les côtés positifs, du dégoût et de l'ennui qui sont son mal irrémédiable, n'ont pu venir à bout de cette âme malade d'infini, dans les gloires finies de la vie ! »

L'honneur du critique digne de ce nom, c'est de n'être pas à la suite de tout ce qui a la vogue; c'est, au contraire de devancer l'opinion, de saluer le chef-d'œuvre encore méconnu; de crier, le premier, du haut du mât de misaine : « Italie ! Italie ! » — Cet honneur, Barbey d'Aurevilly l'a eu plus souvent qu'aucun autre des critiques de son temps, et, dans ce volume même, on vient de le voir, à propos de la *Comédie humaine* et des *Mémoires d'outre-tombe*.

Dans ce volume, dont je voudrais seulement arracher les pages sur Berryer, publiées au lendemain de la mort du grand orateur, dans le journal *le Pays*, et qui se ressentent trop de leur lieu d'origine, plus d'un chapitre encore serait à signaler, ceux notamment sur Taine, Sainte-Beuve, Alexandre Dumas fils, Paul de Molènes, Beaumarchais et Benjamin Constant. Ce dernier article, en particulier, est le plus spirituel du monde. On a donc bien fait de réimprimer ces vieux feuilletons, et il faudra encore nous en donner d'autres. Barbey d'Aurevilly a été un des écrivains les plus originaux de ce siècle. Ses défauts mêmes, sa recherche excessive de ce qui est rare et de ce qui brille, son dédain exagéré des opinions communément reçues, ses affectations de romantisme, son goût du panache, ces défauts ne sont pas aujourd'hui pour nous déplaire.

Où est le mal s'il a introduit la poésie dans la critique, s'il a voulu que sa Muse eût des ailes et n'allât pas seulement à pied, comme celle dont parle Horace : *Musa pedestris* ? On demandait un jour à un berger ce qu'il ferait s'il devenait tout à coup millionnaire :
— Je garderais mes moutons à cheval ! répliqua-t-il.
— Garder ses moutons à cheval, voilà justement ce qu'a fait Barbey d'Aurevilly, et ce qui n'est pas donné à tous les bergers de la critique.

6 mars 1898.

VOYAGEURS ET POÈTES [1]

I

ENÉ Bazin est le plus fin et le plus délicat de nos romanciers, et il est en même temps un aimable, un charmant touriste, curieux de voir et d'apprendre, heureux, au retour, de nous dire ce qui lui a paru vrai et ce qui lui a semblé utile. Déjà il nous avait donné sur l'Italie des notes à la fois pittoresques et instructives. Il nous donne aujourd'hui, sous ce titre : *Terre d'Espagne*, un autre volume qui nous promène agréablement de Saint-Sébastien à Cadix et à Gibraltar, avec une pointe à Lisbonne et une échappée sur Tanger.

En arrivant à Valladolid la veille d'une corrida, M. René Bazin nous dit : « Je m'étais promis de ne

---

[1] *Terre d'Espagne*, par René Bazin. Un vol. in-18. Calmann Lévy, éditeur. 1895. — *Heures perdues*, par le comte de Puymaigre. Deuxième édition. Plon, Nourrit et Cie, éditeurs, 1895.

pas parler des courses de taureaux. » Je crois bien qu'en passant la Bidassoa, il s'était fait aussi une autre promesse, celle de composer un livre qui ne ressemblerait en rien à celui que Théophile Gautier, il y a quelque cinquante ans, publia sous ce titre : *Tra los montes*. On connaît ce merveilleux volume, où l'écrivain fait passer sous nos yeux les villes et leurs monuments, les églises et les musées, en une suite de tableaux d'une exactitude, d'un coloris et d'un relief étonnants. Même le *Rhin* de Victor Hugo ne saurait soutenir la comparaison avec ce *Voyage* de Gautier, qui restera le modèle du genre. C'est pour cela sans doute, pour ne pas recommencer ce qui a été si bien fait, que M. René Bazin ne nous dit presque rien des cathédrales de Burgos et de Tolède, de Séville ou de Cordoue. Une ou deux pages pour chacune d'elles, et c'est tout. Deux pages également sur le musée de Madrid, si encombré de chefs-d'œuvre. Il me semble bien que c'est trop peu.

Est-ce à dire qu'il n'y ait pas de descriptions dans son livre ? Il y en a au contraire beaucoup. Seulement, au lieu de décrire les monuments, l'auteur s'arrête aux sites, aux paysages, aux effets d'ombre et de lumière. Dès les premières pages, par exemple, je trouve cette vue de Saint-Sébastien, prise le soir, d'une fenêtre ouverte sur la mer :

« Je rentre à l'hôtel. Il est bâti à l'extrémité droite de la plage et, devant moi, dans l'éclat languissant des crépuscules de septembre, la baie commence à s'endormir... Sa large bande de sable fin, les quais qui la bordent, les maisons neuves qui viennent ensuite, les collines étagées qui ferment l'horizon, suivent la même ligne courbe, régulière et précise, qu'interrompt assez loin, sur une roche avancée, le grand chalet de la reine, peint en *jaune* pâle jusqu'au premier, avec des hauts capricieux, tout *roses* de briques et de tuiles. La côte reprend au delà, promptement ramenée vers l'Océan, et formée de montagnes dont les dentelures sont *bleues*, et dont, je ne sais pourquoi, pour un rayon sans doute qui rejaillit de la mer, l'extrême pointe est *verte*. Une passe étroite lumineuse ; une autre montagne en face, ronde, boisée, couronnée par un fort abritant la vieille ville, et voilà Saint-Sébastien. La lumière décroît, et toutes les choses basses n'en ont plus que des reflets ; il ne reste qu'un ciel d'or et comme un jet d'étincelles à l'ourlet des montagnes. Des barques reviennent du large, très lentement, cachées par leur voile molle. »

Et, quelques pages plus loin, cette autre vue de la baie, prise du chemin qui monte à la forteresse.

« La baie entière s'encadre entre deux ormeaux : mâts des barques montant jusqu'à nous, comme les branches d'un taillis en retard, maisons pauvres tassées et qui se font de l'ombre, maisons *blanches* fuyant en demi-cercle, et la belle coquille d'eau *bleue*, et toujours la courbe élégante qui gouverne le paysage, et ramène les yeux aux choses déjà vues. L'horizon change et grandit tout en haut. C'est la mer infinie et luisante, le golfe où chaque rayon de soleil trouve une lame qui le renvoie, la côte française, avec la Rhune qui est de France et la Haya qui est d'Espagne, toutes deux estompées en ce moment et fondues dans la même brume, la terre montueuse de Guipuzcoa, qui s'élève *verte* d'abord, ayant à chaque sommet un château, une ville ou une ferme, et qui *bleuit* très vite, et presse au bas du ciel les aiguilles de ses pics. »

M. René Bazin a ainsi, en toute rencontre, de coquettes esquisses et, à défaut de grandes toiles, de charmantes aquarelles ; il a un joli brin de pinceau au bout de son crayon. Il m'est avis cependant qu'il abuse un peu des *bleus*, des *jaunes*, des *blancs*, des *roses* et des *verts*. C'est très bien de ne pas vouloir se mettre à la suite de Gautier, mais il ne faut pas que ce soit pour imiter Loti.

Aussi bien, ce ne sont pas les descriptions de paysage, encore qu'elles soient en général très réussies, qui font l'originalité du livre de M. René Bazin. Une femme d'esprit disait après avoir lu *Tra los Montes* : « Il paraît qu'il n'y avait pas d'Espagnols en Espagne lorsque M. Théophile Gautier y est allé. » M. René Bazin a été plus heureux. Il a rencontré au delà des monts beaucoup d'Espagnols, et il a cru avec raison que nous serions bien aises de faire connaissance avec eux.

C'est d'abord le P. Coloma, un père jésuite et un romancier, l'auteur de *Pequeneces*, le roman des mœurs madrilènes, qui a été, en Espagne, le plus grand succès littéraire de ces dix dernières années. Le P. Coloma est aujourd'hui âgé de quarante-cinq ans.

Il en avait dix-huit lorsqu'il écrivit sa première nouvelle : *Solaces de un estudiante*. Vers dix-neuf ans, il publia son deuxième roman, *Juan Miseria*. Il allait alors beaucoup dans le monde, et il l'aimait. Riche d'ailleurs, rien ne le forçant à écrire, il ne publia plus qu'une autre toute petite nouvelle jusqu'à son entrée en religion, à vingt-quatre ans. Mais ici je le laisse parler lui-même.

« Alors, me sentant la vocation, et les jésuites étant, à ce moment, chassés d'Espagne, je partis pour la France, et je fis mon noviciat dans le département des Landes. Je savais un peu le français, qu'une de mes sœurs m'avait appris, et j'arrivai à posséder assez bien votre langue, sauf à perdre plus tard ce commencement d'habitude, comme vous voyez. Il n'était plus question de littérature, mais de philosophie. Il en fut ainsi pendant les cinq ans de mon séjour en France, et même après mon retour en Espagne, où je professai, pendant l'année scolaire de 1878 à 1879, un cours de droit romain, à la Guardia, en Galice. Je ne repris la plume qu'en 1883. Mes supérieurs me demandèrent, vers cette époque, d'écrire dans une revue mensuelle qui s'imprime ici, et qui tire à quinze mille exemplaires : *El mensajero de el Coraçon de Jésus*. Je le fis et j'écrivis de courtes nouvelles, *Gorriona*, *Pilatillo*, *Mal Alma*, plusieurs contes pour les enfants. J'étais connu de la clientèle du *Messager* et d'un groupe de lettrés et d'artistes, mais inconnu du grand public. Il vint à moi tout à coup, et j'en fus surpris, lorsque je publiais *Pequeneces*, en 1890. Tous les journaux s'occupèrent du roman, soit pour le louer, soit pour le critiquer ; on voulut mettre des noms propres sur le visage de chacun de mes héros, et, comme toujours, on réussit à faire une légende autour du livre et de l'auteur. Qu'a-t-elle de vrai ? Evidemment, je me suis servi de mes souvenirs de jeunesse pour composer *Pequeneces*. Mais désigner des personnes, je ne le pouvais, ni ne le devais. J'ai essayé de montrer certains maux trop réels de notre société, au moyen d'une fable inventée. Voilà tout. Je ne m'attendais pas à tant de vacarme. En très peu de temps j'eus cinq éditions, la première tirée à cinq mille, chacune des quatre autres à huit mille exemplaires, ce qui est beaucoup en Espagne où on lit peu, et des traductions anglaises, portugaises, allemandes, françaises... A présent, cette grande vogue passée, je travaille paisiblement à une série de portraits du XVIIIe siècle, *retratos de antano*. »

Le P. Coloma a repris, après un moment de silence : — « Pour me punir de mon roman, on en a fait un de ma vie. J'ai vécu dans le monde, il est vrai. Un jour, Dieu fut bon, et m'appela. C'est tout ce qu'il y avait à dire. Le reste n'est qu'indiscrétions. Laissons dormir les morts. » Il ajouta, souriant de nouveau : — « Tout cela importe peu. Je cherche à faire œuvre utile. *Mes livres achevés, je les oublie.* J'en demande autant pour ce qui me concerne. Je suis un écrivain par ordre, et, dans un sens, malgré moi (1). »

(1) *Terre d'Espagne*, p. 61.

C'est égal, un écrivain qui, ses livres une fois faits, les oublie, et qui demande qu'on l'oublie lui-même, pour voir cela, il faut aller en terre d'Espagne.

L'entretien entre le romancier espagnol et le romancier français avait eu lieu au collège du Dousto, près de Bilbao. Le lendemain, M. René Bazin était à Santander, chez M. Pérèz Galdos, un romancier aussi, et l'un des meilleurs écrivains de l'Espagne contemporaine. Son œuvre est considérable. Il a commencé par écrire des récits patriotiques « à la manière d'Erckmann-Chatrian », dit M. René Bazin, qui fait ici, j'en ai peur, une confusion fâcheuse. Les récits de MM. Erckmann et Chatrian ne sont pas *patriotiques* ; ils sont révolutionnaires. Ce n'est pas du tout la même chose.

Comme M. Pérez Galdos, M. de Pereda demeure pareillement aux environs de Santander, et M. René Bazin s'est d'autant moins fait faute de l'aller voir que l'auteur de *Sotileza*, d'*Escenas montanesas* (Scènes de la Montagne), et de *la Puchera* (le Pot-au-feu) est sans conteste, à l'heure présente, le plus grand écrivain que possède l'Espagne. C'est un merveilleux artiste, un styliste achevé et, en même temps, un écrivain d'une rare fécondité. A défaut de ses autres mérites, il aurait encore droit au premier rang par la réforme qu'il a faite, en introduisant le langage populaire dans le langage littéraire, en les fondant avec art, en conciliant des formes tenues avant lui pour incompatibles. Une des plus grandes difficultés auxquelles se heurte le roman espagnol consiste dans le défaut de souplesse de la langue littéraire pour reproduire les nuances de la conversation courante. Les orateurs, les poètes, les historiens, les journaux eux-mêmes la maintiennent dans ses anciens moules académiques. De là d'irréductibles différences entre la manière d'écrire et la manière de parler, ce qui fait le désespoir et l'écueil du romancier. Pour vaincre ces difficultés, nul n'a été plus hardi que Pereda ; nul n'y a mieux réussi. Rappelons en passant que M. de Pereda est un ardent royaliste, et qu'il a siégé quelque temps aux Cortès dans les rangs de la minorité carliste.

Pérez Galdos et Pereda vivent toute l'année en province, et ne s'en trouvent pas plus mal. A Madrid, M. René Bazin nous montrera quelques autres littérateurs : au théâtre, Tamayo, l'auteur de nombreux drames, dont l'un au moins est excellent, *un Drama nuevo* ; et, près de lui, Echegaray, à la fois ingénieur, financier, homme d'Etat, dramaturge et poète. Dans le roman, Jouan Valera, le peintre des mœurs andalouses, aujourd'hui ambassadeur à Vienne ; Mme Pardon Bazan, la romancière des mœurs galiciennes ; Octavio Picon ; Léopoldo Alas, esprit mordant, critique redouté, romancier à ses heures, très connu sous le pseudonyme de Clarin.

C'est un homme du monde très lettré qui donne à M. René Bazin ces renseignements. Le spirituel écrivain est de ceux d'ailleurs qui sont heureux aux rencontres et qui excellent à faire parler les gens. C'est ainsi qu'en allant de Santander à Burgos, il trouvera en wagon un officier supérieur d'infanterie qui lui donnera toutes sortes de détails sur l'armée espagnole. Un autre jour, en revenant de Bilbao, toujours en chemin de fer, il aura pour voisin un négociant qui le mettra au courant des progrès de l'industrie et de la condition des ouvriers. Dans la Vieille-Castille, il aura pour compagnon de voyage un grand propriétaire, qui l'entretiendra longuement de l'agriculture. A Madrid, c'est un homme d'Etat, qui ne lui laisse rien ignorer de la situation politique. Ailleurs, c'est un prêtre éminent qui cause avec lui de la question religieuse et de l'éducation du clergé. Dans l'Andalousie, c'est un éleveur renommé qui lui apprend comment on prépare les taureaux destinés aux corridas. Je ne voudrais pas répondre qu'il n'y ait en tout cela un peu d'artifice; que l'auteur, toutes les fois qu'il a besoin de quelqu'un pour le renseigner, ne le trouve un peu trop à point, et qu'il n'ait trop souvent occasion de dire aux gens :

>La place m'est heureuse à vous y rencontrer.

Je m'empresse d'ajouter que, s'il y a un peu d'artifice dans le livre de M. René Bazin, il y a aussi beaucoup d'art, d'élégance, de finesse et de charme. Il y a même çà et là un peu de poésie, ce qui ne gâte rien. Que l'auteur y ait mêlé un peu de statistique, le cas n'est pas bien grave. Il lui était d'ailleurs assez difficile de faire autrement, puisque son livre devait paraître dans la *Revue des Deux-Mondes*, et que, pour passer à cette douane, besoin est de mettre un peu de plomb à ses dentelles.

II

Passer du livre de M. René Bazin à celui du comte de Puymaigre, ce n'est pas quitter la terre d'Espagne. Nul, en effet, plus que M. de Puymaigre, ne s'est occupé de l'Espagne et de sa littérature. Il ne lui a pas consacré moins de sept volumes dont voici les titres : les *Vieux Auteurs castillans* (deux volumes) ; la *Cour littéraire de don Juan II* (deux volumes) ; *Petit Romancero* ; *Romancero portugais;* le *Victorial, chronique de don Pedro Nino.* Mais l'auteur n'est pas seulement un érudit; il est aussi poète à ses heures. Outre un poème dramatique sur *Jeanne d'Arc*, il a composé un recueil de vers, *Heures perdues,* dont paraît aujourd'hui une seconde édition.

Je diviserais volontiers les poètes en quatre classes : 1° les vrais, les grands poètes, et l'on sait assez qu'ils sont rares ; je crois bien ne blesser personne en disant qu'à l'heure présente nous n'en avons pas un seul; 2° les *professionnels* — et ceux-là, certes, sont nombreux — qui font des vers et ne font pas autre chose, dont c'est là le métier (même quand ils sont riches et marquis, comme M. de Montesquiou), et qui chaque année, ou peu s'en faut, nous gratifient d'un nouveau volume; 3° les amateurs, ceux qui font des vers pour s'amuser, pour passer le temps, sans que l'inspiration jamais les leur dicte, ou quelque émotion sincère ou profonde ; 4° enfin (et ceux-là, comment les nommer?) les honnêtes gens qui ne font des vers que de loin en loin, et seulement pour consacrer un souvenir, une émotion, un rêve. Ces vers, le plus souvent, ils les gardent pour eux ou pour quelques amis de choix; quelquefois pourtant ils se décident à en former un petit recueil, et il est rare alors qu'ils récidivent.

M. de Puymaigre n'est pas, on le pense bien, un grand poète, et il n'y a jamais prétendu. Ce n'est pas, grâce à Dieu, un *professionnel*, et pas davantage un *amateur*. C'est un membre, et des mieux doués, de la quatrième classe, celle où l'on trouve, à défaut de grands poètes, de braves gens aimables, distingués, sans prétention, qui ne sont poètes que de loin en loin, par intermittence, et qui sont alors, à ces heures choisies, des poètes sincères, c'est-à-dire de vrais poètes.

En glanant dans leurs modestes recueils, on aurait vite fait de de composer une *Anthologie*, très supérieure à celle que les *Parnassiens* (l'élite de nos *professionnels*) publièrent, il y a quelques années, chez le bon éditeur Lemerre. Plus d'une pièce de M. de Puymaigre serait digne de figurer dans cette anthologie, celle-ci, par exemple :

L'AN DERNIER

L'an dernier, heureux, gai, mon fusil sur l'épaule,
Je parcourais ces bois, ces plaines et ces champs.
Je reprenais haleine à l'ombre d'un vieux saule,
Et poursuivais ma chasse avec de joyeux chants.

Si je voyais de loin, à travers le feuillage,
S'entourant de verdure, adossée au coteau,
S'élever au-dessus des murs gris du village
Cette blanche maison qu'on nomme le château,

Je disais, m'arrêtant de nouveau dans ma course :
Le bonheur, ô mon Dieu, vous me l'avez donné ;
Il ne faut pas au loin en rechercher la source,
Elle est presque toujours aux lieux où l'homme est né !

Le bonheur, il est là, derrière la charmille,
Derrière ce sapin aux bras rudes et verts,
Sous ce bleu toit d'ardoise, au foyer de famille,
Où, comme un jour rapide, ont passé tant d'hivers !

Le bonheur, il est là, près de la cheminée
Où tantôt nous serons réunis tous les trois ;
C'est près de ceux qu'on aime achever sa journée,
Les voir à ses côtés et répondre à leurs voix.

C'est sentir auprès d'eux sa tendresse élancée,
Dès qu'à son rideau blanc vient jouer le soleil ;
C'est à leur porte errer rempli de leur pensée,
Et craindre au moindre bruit de troubler leur sommeil.

Tout est doux et charmant : le troupeau sur la route,
La première gelée ou la première fleur,
La neige, le printemps, la pluie à large goutte,
Tout, près de ceux qu'on aime, est un nouveau bonheur.

Tout semble s'éclairer de cette amitié vive,
Soleil intérieur qui dore chaque objet ;
On ne désire rien qu'un autre jour qui suive
Et répète le jour qui finit son trajet.

Maintenant, abattu, mon fusil sur l'épaule,
C'est d'un pas vif, hâté, que je parcours ces champs.
Je ne prends plus haleine à l'ombre du vieux saule,
Et l'écho du vallon ne redit plus mes chants !

Cette « blanche maison », ce modeste château d'Inglange où, l'année précédente, le poète avait perdu son père, est située en Lorraine, aux environs de Metz. Encore quelques années, et il lui faudra la quitter à son tour, exilé volontaire, le jour où ce cher coin de Lorraine sera devenu terre d'Allemagne. Cet arrachement du sol de la patrie, du sol deux fois sacré où dorment tous les siens, lui a inspiré une des plus belles pièces de son recueil. Elle est trop longue pour que je la puisse reproduire en entier. J'en veux du moins citer ces fragments :

UN TRISTE JOUR D'AUTOMNE

Il arriva, ce jour, qu'il semblait impossible
    Que Dieu laissât jamais venir !

. . . .
. . . .

Il arriva, ce jour !... Le lendemain l'aurore,
    Avec ses gais rayonnements,
Sous le toit paternel nous retrouvant encore,
    Nous eût retrouvés Allemands !

Il arriva, ce jour !... C'était un jour d'automne,
    Un soleil pâle l'éclairait,
Le vent roulait déjà plus d'une feuille jaune,
    Tombée au bord de la forêt.

La campagne pourtant était encore belle,
    Et c'était la bonne saison,
Où jadis on voyait plus d'un ami fidèle
    S'en revenir vers la maison ;

Où l'amitié semblait plus intime, plus douce,
　　Où l'on se plaisait autrefois,
Dans les haltes de chasse, étendus sur la mousse,
　　A causer gaiement dans les bois...

. . . .

Avant que l'hiver sombre endorme la campagne,
　　C'était le temps d'activité,
D'affaires, de plaisirs, qu'un regret accompagne,
　　Un regret qu'on donne à l'Eté.

Bientôt allait venir l'heure de la vendange
　　Avec tous ses bruits, dans la cour,
De cuves, de barils, de chariots qu'arrange
　　Le tonnelier pour le grand jour !

Bientôt allaient venir les courtes matinées,
　　Les soirs plus longs durant si peu,
Les sarments pétillants au fond des cheminées,
　　Les lectures au coin du feu...

. . . .

A pied j'étais parti pour la prochaine gare,
Devançant ma famille. Entassement bizarre,
Cortège de l'exil, deux chars étaient remplis
De meubles, de ballots, de matelas, de lits,
Et me suivaient montant péniblement la côte.
Lorsque j'en atteignis la cime la plus haute,
Un cantonnier me dit : Au revoir !... Autrefois
Je chassais bien souvent dans ces deux petits bois
Coupés par un chemin, le passage des lièvres ;
M'arrêtant, un soupir s'exhala de mes lèvres,
Et je considérais d'un regard triste et long
Au-dessous de mes pieds tout ce charmant vallon,
Ses prés, ses gais moulins bordés par des saussaies,
Ses hameaux entourés de jardins et de haies,

> Ses coteaux, ses forêts fuyant à l'horizon,
> Ses vignes, ses chemins au talus de gazon,
> Ses champs bruns labourés, ses carrières de plâtre...
>
> . . . .
>
> Devant moi je voyais, au bas de la colline,
> Mon manoir aux murs blancs, le sapin qui s'incline,
> L'antique colombier, l'église avec sa tour,
> Le village groupant ses maisons alentour,
> La chapelle où dormaient mes tombeaux de famille,
> Le jardin, ses bosquets et sa vieille charmille,
> Le potager avec ses bordures de buis,
> Les vergers parfumés, l'automne, par les fruits ;
> Tous ces lieux où vivait la mémoire si chère
> D'un père bien-aimé, d'une sœur, d'une mère,
> D'une fille... C'est là que mes enfants un jour
> Devaient, me succédant, me pleurer à leur tour...
> Tout comme si ma vie allait être finie,
> Je ressentis alors un instant d'agonie,
> Puis m'essuyant les yeux d'un revers de ma main,
> D'un pas précipité je repris mon chemin.

Sa vieille maison, du moins, il ne la vendra pas, nul étranger n'en franchira le seuil ; les Allemands ne l'auront pas. Rien n'y sera changé ; et c'est pourquoi, quand il y reviendra, de loin en loin, il ne sera pas condamné à dire comme Olympio :

> Ma maison me regarde et ne connaît plus (1).

S'il ne l'habite plus, combien souvent il y revient par la pensée ! et comme il la chante toujours, en des vers doux et tristes !

---

(1) V. Hugo, la *Tristesse d'Olympio*, dans les *Voix intérieures*.

LA VIEILLE MAISON

Triste est de n'avoir plus un gîte,
Un gîte à soi depuis longtemps,
　　Un coin aimé,
Un vieux toit sous lequel s'abrite
Le souvenir de son printemps
　　Si parfumé ;

Où l'on trouve, avec leur mémoire,
L'exemple donné tour à tour
　　Par les aïeux ;
Où jeune nous avions dû croire
Que nous aussi pourrions un jour
　　Fermer les yeux.

Ce gîte, c'est là le grand centre
De nos soins et de notre espoir
　　De chaque instant ;
Toujours joyeux c'est là qu'on rentre,
Et parer notre vieux manoir
　　Nous charme tant !

Si l'on s'en revient d'un voyage,
On a pour la vieille maison
　　Quelque cadeau :
Un banc qu'on mettra sous l'ombrage,
Sur un beau tapis de gazon,
　　Au bord de l'eau...

. . . .

On rapporte quelque beau livre,
Quelque livre longtemps cherché,
　　Rare bouquin
Qui, sous les baguettes de cuivre,
Étale, quoique un peu caché,
　　Son maroquin ;

On augmente sa panoplie
D'un vieux poignard, d'un haubergeon
　　D'art espagnol,
Ou d'une rapière qui plie,
Et de ses deux bouts, comme un jonc,
　　Touche le sol.

Ainsi, pendant un long voyage,
On trouve à s'occuper partout
　　De son chez-soi.
Le souvenir nous encourage
Et donne un intérêt à tout,
　　Si loin qu'on soit ;

Mais lorsqu'on a perdu l'asile,
L'asile aimé des anciens jours,
　　Le toit chéri,
On va sans goût, de ville en ville,
N'espérant plus les doux retours...
　　Comme un proscrit !

La chère maison paternelle,
Elle est à moi, debout toujours,
　　Comme autrefois,
Un vieux colombier à son aile
Planant sur les prés de velours
　　Et les grands bois...

Mais la frontière me sépare
De ce nid où le souvenir
　　Aime à plonger...
Hélas ! qu'il est court, qu'il est rare,
Le temps où j'y puis revenir
　　En étranger !

A côté de la note attendrie, on trouve aussi dans ces *Heures perdues* la note gaie et railleuse. *Le Miracle, les Habits neufs du roi, la Bonne Aventure, le Petit*

Jeannot, les Trois Questions du roi, sont des contes charmants, d'ailleurs les plus honnêtes du monde, et dont le tour aisé, la grâce piquante et la belle humeur, rappellent les *Contes en vers* du bon Nodier. Leur longueur ne me permet pas d'en rien citer. Je m'en dédommagerai en reproduisant cette jolie fable :

L'ANE ET LA FLUTE

D'une fable bien ingénue
Faut-il que je vous fasse part ?
A l'esprit elle m'est venue,
 Par hasard.

L'autre jour, près de mon village,
On conte qu'un âne gaillard
S'avança dans un pâturage
 Par hasard.

Sa faim étant rassasiée,
L'âne rencontra du regard
La flûte d'un pâtre oubliée,
 Par hasard.

Il flaire l'instrument champêtre,
Un souffle de ses naseaux part
Et dans cette flûte pénètre,
 Par hasard.

Tout à coup ce souffle énergique,
Y circulant de part en part,
Produit une vague musique...
 Par hasard.

« A ces accords dignes des anges »,
S'écria l'animal vantard,
« Refuserait-on des louanges,
 Par hasard ? »

> Combien d'ânes qui n'obéissent
> En rien aux préceptes de l'art,
> Une fois, pourtant, réussissent...
> Par hasard !

C'est, en somme, un délicieux volume, et seul son titre — *Heures perdues* — pourrait offrir matière à critique. Nul lecteur, je le crois, ne regrettera les heures qu'il lui aura consacrées. L'inspiration, souvent touchante, est toujours aimable et gracieuse. Le style est pur, élégant, naturel; il n'a rien de commun, à coup sûr, avec ce *style nouveau*, dont M. de Puymaigre se gausse avec tant d'esprit dans ce sonnet par lequel je veux finir :

STYLE NOUVEAU

> Le bon monsieur Jourdain disait ne vouloir ni
> Prose, ni vers. Depuis on a fait une chose
> Admirable. L'on a de notre temps fini
> Par trouver ce qui n'est vraiment ni vers ni prose.
>
> On veut plus que jamais que toute rime soit
> Le plus riche possible, et la rime cherchée
> Avec soin, rarement le lecteur l'aperçoit :
> Comme chose honteuse on l'a si bien cachée !
>
> On compte sur ses doigts les syllabes, et lors
> Qu'on a ses douze pieds, grâces à des efforts
> Nouveaux, l'alexandrin pompeux se décompose.
>
> On travaille à cacher son travail, on accroît
> Les difficultés pour les vaincre, et l'on se croit
> Très habile en faisant des vers... qui sont en prose.

24 septembre 1895.

LIBRAIRE

ET

LIVRES ROMANTIQUES[1]

I

Je voudrais avant tout, disait un jour Sainte-Beuve, donner simplement des chapitres d'histoire littéraire, les donner vrais, neufs, s'il se peut, nourris de toute sorte d'informations sur la vie et l'esprit d'un temps encore voisin de date et déjà lointain de souvenir. » C'est un de ces chapitres d'histoire littéraire que vient d'écrire M. Adolphe Jullien. Son livre est vraiment *nourri de toute sorte d'informations* sur la seconde période du romantisme, celle qui va de 1831 à 1840. Que les mem-

---

[1] *Le Romantisme et l'éditeur Renduel*, par Adolphe Jullien. Un volume in-18, orné de cinquante illustrations, portraits, vignettes et caricatures, autographes, etc. Librairie Charpentier et Fasquelle, 1896.

bres du *petit Cénacle* ne sont-ils encore là pour applaudir à cette évocation de leur passé, à ce curieux et vivant volume où se retrouvent à chaque page les vignettes de Célestin Nanteuil et les caricatures de Benjamin Roubaud! Il eût suffi à Théophile Gautier d'y jeter les yeux pour déclarer le livre *truculent et portentueux*. Petrus Borel, le *lycanthrope*, se serait déridé en le feuilletant. Augustus Mac-Keat — de son vrai nom, Auguste Maquet — l'eût parcouru avec délices. Jehan du Seigneur en aurait fait son bréviaire et Philothée O'Neddy (1) son livre de chevet. Jules Vabre lui-même, *le compagnon miraculeux*, l'auteur de l'*Essai sur l'incommodité des commodes*, eût tressailli d'aise; seul, Victor Hugo, devant les révélations qu'il renferme, aurait fait la grimace.

Le volume de M. Jullien a tout l'attrait des *Mémoires*, non que l'auteur nous ait ici donné les siens, — il n'était pas né à l'époque qui revit dans son livre; — mais nous avons là, en réalité, les Mémoires du *bon éditeur* Renduel, dont M. Adolphe Jullien a reçu les confidences et dont il possède tous les papiers.

Ce fut un bonhomme très particulier qu'Eugène Renduel, un homme d'esprit et un sage, qui, après avoir fait fortune à Paris, se retira aux champs, pour n'en plus sortir, et y vécut en paix pendant plus de

---

(1) De son vrai nom Théophile DONDEY, auteur de *Feu et Flamme*.

trente ans, maire de son village, seigneur et maître du château et de la terre de Beuvron.

Il était né le 23 novembre 1798, au gros village de Lormes, situé sous les montagnes, aux confins des bois du Morvan. D'abord clerc d'avoué à Clamecy, il se rendit, dès ses vingt ans, à Paris, où il brûlait de faire fortune. En 1821, nous le trouvons rue de la Huchette, n° 40, au coin du quai Saint-Michel, chez le libraire Touquet, dont il était devenu le commis et sur lequel M. Adolphe Jullien aurait peut-être dû nous donner un peu plus de détails. Le colonel Touquet, réduit à la demi-solde par les événements de 1815, s'était fait libraire-éditeur. Pour faire pièce à la Restauration, il publia en 1820 une édition à bon marché des *Œuvres choisies de Voltaire*, en 15 volumes in-12 : inutile de dire que le brave colonel ne s'était pas fait faute de comprendre dans son *choix* les écrits les plus obscènes et les plus impies du patriarche de Ferney. En 1821, l'année précisément où Renduel entra chez lui, Touquet prépara, en même temps qu'un Rousseau en 12 volumes, une nouvelle édition de son auteur favori en 75 volumes in-12, et il inonda la France entière d'un prospectus où il annonçait à la fois quatre *Voltaire*, savoir : 1° le *Voltaire de la petite propriété*; 2° le *Voltaire du commerce*; 3° le *Voltaire de la grande propriété*; ces trois éditions ne différaient entre elles que par la qualité du papier sur lequel elles étaient tirées et par le prix ; 4° le *Voltaire des chaumières :* c'était, avec de nouveaux titres et des couvertures nouvelles, le *restant* de l'édition des *Œuvres choisies*. Le *Voltaire des chaumières* s'écoula assez facilement : le *Soldat laboureur*, qui était alors dans tout son éclat et toute sa vogue (1), sut gré au *colonel-éditeur* de ne l'avoir pas oublié et d'avoir travaillé pour lui.

Malheureusement pour Touquet, les choses n'allèrent pas aussi bien du côté de *la petite* et de *la grande propriété*, sollicitées par d'autres éditions faites avec plus de soins que les siennes. Le *commerce* lui-même ne répondit pas à son appel : les commis voyageurs préféraient acheter les *Chansons* de Béranger, moins coûteuses et plus portatives. Le débit des *Quatre Voltaire* ne tarda pas à s'arrêter presque entièrement : la catastrophe, quelque temps retardée, éclata enfin. Ce fut un désastre complet, un Waterloo commercial. Trahi par la fortune, entouré d'un régiment de créanciers, plus impitoyable qu'un régiment d'Anglais, l'intrépide colonel ne mourut pas, mais fut obligé de se rendre... en Belgique, où il arriva suivi de ce refrain moqueur, emprunté à une chanson populaire.

> S'il tombe dans le ruisseau,
> C'est la faute de Rousseau ;
> Et si le voilà par terre,
> C'est la faute de Voltaire.

En quittant le colonel, quelque temps avant sa chute, Renduel entra chez Hautecœur jeune, dont la

---

(1) *Le Soldat laboureur*, vaudeville de Brazier, Dumersan et Francis, fut joué pour la première fois aux Variétés, le 1er septembre 1821.

librairie était située rue de Grenelle-Saint-Honoré (aujourd'hui rue J.-J.-Rousseau, de la rue Saint-Honoré à la rue Coquillière). Enfin, au courant de l'année 1828, il installa, au numéro 22 de la rue des Grands-Augustins, ce « cabinet de la librairie » qui devait être, peu d'années après, le rendez-vous de toutes les célébrités littéraires et artistiques de l'époque, et surtout des chefs de file et des disciples enthousiastes de l'école romantique. En 1837, au plus fort de sa réputation, il transféra sa librairie au numéro 6 de la rue Christine, tout près de son premier domicile. A peu d'années de là, en plein succès, il renonçait aux affaires et se retirait à Beuvron.

Ses commencements, rue des Grands-Augustins, avaient été des plus modestes, et ne faisaient pas pressentir ses futures destinées. Il débuta en publiant un tout petit code (format in-32), puis des *Contes* de Berquin. Il ne se doutait guère à ce moment qu'aux Contes de Berquin, l'*ami des enfants*, succéderaient bientôt dans sa boutique *Mademoiselle de Maupin*, par Théophile Gautier, et *Champavert, contes immoraux*, par Pétrus Borel.

C'est seulement en 1831 — alors que le romantisme entrait dans sa seconde période, la période échevelée, — qu'Eugène Renduel devint officiellement l'éditeur de la nouvelle école. Il allait prendre la place de Ladvocat, qui sombrait, au lendemain de la Révolution de 1830, après avoir été sous la Restauration le libraire à la mode, l'éditeur des *Odes et Ballades*, de Victor Hugo, des *Poésies de Joseph Delorme*, de

Sainte-Beuve, des traductions de lord Byron, de Shakespeare, de Gœthe et de Schiller. Nul n'avait plus contribué au succès du romantisme, dans sa plus belle période. Peut-être eût-il été bien à M. Jullien de consacrer quelques pages à ce galant homme, qui fut le précurseur d'Eugène Renduel. « *Ladvocat !* dit Jules Janin dans un de ses meilleurs feuilletons (et il en a bien deux ou trois cents qui, pour être oubliés, n'en sont pas moins excellents) — *Ladvocat !* Il me semble que je vois briller encore en toutes lettres, au beau milieu d'une immense enseigne, en plein Palais-Royal, ce nom prophétique, ce nom précurseur de toutes les gloires de ce siècle, ce nom qui restera éternellement attaché à tous les chefs-d'œuvre de notre âge ! A ce nom de Ladvocat, nous nous inclinions les uns et les autres, quand nous avions seize ans ! Il brillait à nos yeux comme une flamme ; il était un phare poétique, il flamboyait comme une espérance ! Il était un but, il était un rêve ! Il était tout pour le jeune homme impatient de se produire, de devenir enfin *quelqu'un* à son tour ! *Si vis esse aliquis !* disait Juvénal...

« Cet homme a occupé la ville entière de son bruit et de son luxe, il était vraiment *le magnifique !* Il avait, chose inouïe ! incroyable ! un cheval à lui, un cabriolet à ses armes, deux ancres avec ces mots : *Aidez-moi !...*

« Certainement il avait bien ses petits travers, mais sa manie avait une certaine grandeur. Il est le premier dans ce siècle qui ait donné au manuscrit du poète, de l'historien, du romancier, une certaine valeur. Il est le premier qui ait fait vivre l'homme de lettres, et je me rappelle encore l'admiration et l'étonnement mêlé d'épouvante qui circulaient dans le faubourg Saint-Germain à cette annonce fabuleuse que Ladvocat avait payé douze mille francs le manuscrit de l'*Ecole des vieillards*.

« Un jour, il passait dans la rue de Vaugirard ; il voit à la porte d'un de ses confrères une femme en deuil qui semblait désolée. Il s'arrête, ou pour mieux dire, il arrête son cheval. « Eh ! Madame, d'où venez-vous ? — Je viens d'ici, répondit-elle, et l'on m'a refusé douze cents livres des chansons de mon mari. — Douze cents livres, répond Ladvocat, ça en vaut deux mille. — Et bien, dit la dame, prenez-les pour douze cents. — Madame, répondit l'autre, s'il s'agit de moi, je vous offre six mille francs de ces chansons ! » Et voilà comme il acheta les chansons de Désaugiers !...

« Et mille traits de cette verve et de cette audace !... En 1831, quand enfin, à bout d'expédients et de ressources, il s'avoua vaincu, la littérature de ce temps-ci fit un grand effort pour son libraire : elle se proposa de lui *donner* un livre, en quinze tomes in-8°, intitulé *le Livre des Cent et Un*. L'offre était belle et rare ; elle fut faite avec bonne grâce, elle fut acceptée avec reconnaissance... »

De ces *Cent et Un*, quelques années plus tard, lorsque le pauvre Ladvocat mourut dans la misère et dans l'oubli, deux ou trois, tout au plus, accompagnèrent son cercueil. — « Et songer, disait encore Jules Janin, que cet homme qui a fait imprimer tant de milliers et tant de milliers de feuilles de papier dans toute sa vie, il n'a pas eu, dans sa mort, ne fût-ce que par charité, ô presse ingrate! un simple billet de faire part! » (1)

Et voilà pourquoi j'aurais voulu que, parlant de l'heureux Renduel, mort en paix dans son château de Beuvron, M. Adolphe Jullien eût au moins un souvenir pour le malheureux Ladvocat, mort sur un lit d'emprunt.

II

Le chapitre consacré par M. Jullien aux relations de Victor Hugo avec Eugène Renduel est bien le plus piquant qui se puisse lire.

Le premier traité conclu entre l'éditeur et le poète est celui de *Marion Delorme*, signé le 20 août 1831. Ce traité et les suivants sont aux mains de M. Jullien. Rédigés avec une minutie extrême, surchargés par le poète de ratures restreignant encore les droits du libraire, ils montrent tous Victor Hugo imposant à son éditeur des conditions léonines, dont il exigeait l'exécution à une minute, à un centime près.

Le dernier traité est de 1837. Il a trait aux *Voix*

---

(1) Jules JANIN, *Critiques, Portraits et Caractères contemporains*, p. 223.

intérieures. Comme les exigences pécuniaires du poète allaient en croissant à chaque publication, Renduel s'aperçut qu'en suivant plus longtemps cette progression incessante, il irait droit à la ruine; il jugea donc prudent de s'arrêter, et quand parurent *Ruy-Blas* et *les Rayons et les Ombres*, il passa la main à Delloye.

On vient de voir que le premier traité passé entre Victor Hugo et Eugène Renduel était celui de *Marion Delorme*. Il donna lieu à un procès qui fut porté, le 30 septembre 1831, devant le tribunal de commerce. Dans ce procès, Renduel fut directement mis en cause, et je suis surpris que M. Adolphe Jullien n'en ait pas parlé. L'épisode est pourtant intéressant et mérite, si je ne m'abuse, d'être rappelé.

Au mois de novembre 1830, Victor Hugo qui avait traité, pour sa *Notre-Dame de Paris*, avec M. Gosselin, s'était engagé par un contrat formel, à donner à cet éditeur la préférence, à offres égales, sur tous les autres libraires, pour tous les ouvrages qu'il pourrait composer à l'avenir. Le 12 août 1831, au lendemain de la première représentation de *Marion Delorme*, il écrivit à M. Gosselin qu'on lui offrait 8.000 francs du manuscrit, avec tirage de quatre mille exemplaires. M. Gosselin, qui n'était rien moins qu'un « éditeur naïf », flaira le piège; il était évident pour lui qu'aucun éditeur sérieux n'avait pu faire une telle offre dans un tel moment, lorsque le commerce de la librairie était dans la détresse, et qu'on annonçait à chaque instant de nouvelles faillites. Il se contenta donc d'offrir 4.000 francs, en stipulant que le paiement de cette somme serait subordonné à la vente. La *ruse* n'ayant pas réussi, Victor Hugo traita avec Eugène Renduel.

Les journaux amis, et en particulier la *Revue de Paris*, avec laquelle le poète était alors au mieux, annoncèrent bien que « le manuscrit de *Marion Delorme* avait été acheté au prix de 8.000 francs (1) » ; mais la vérité était que Renduel n'avait payé le manuscrit que 2.000 francs et qu'on n'avait tiré que 1.100 exemplaires. Après avoir ainsi exposé les faits, M⁰ Nouguier, l'avocat de Gosselin, concluait en ces termes : « On a contrevenu, par une *supercherie indigne d'un homme loyal*, à la convention de novembre 1830. M. Renduel s'est rendu complice de la *déloyauté* de M. Hugo. »

Les affirmations de M. Gosselin étaient nettes, précises ; elles étaient de celles qui appellent une protestation indignée, une réfutation immédiate. L'avocat de Victor Hugo, M⁰ Durmont, se contenta de plaider l'incompétence. Voici son discours, tel que le rapporte la *Gazette des Tribunaux* :

« Je ne m'attacherai point à réfuter ici les allégations auxquelles on s'est livré ; car la juridiction commerciale n'est pas compétente. En effet, un auteur qui vend un livre de sa composition ne fait pas un acte de commerce. Si l'on a appelé au procès un justiciable, M. Renduel, libraire, il est manifeste que ce

---

(1) *Revue de Paris*, août 1831, p. 195.

n'a été que pour masquer l'incompétence de l'action dirigée contre M. Victor Hugo. » (1)

« Les moines ne sont pas des raisons » — ni les exceptions de procédure non plus. Victor Hugo le comprit un peu tardivement : quatre jours après l'audience du tribunal de commerce, la *Gazette des Tribunaux* recevait d'Eugène Renduel une longue lettre, très bien faite, très bien écrite, trop bien écrite, car la main et la plume de Victor Hugo lui-même s'y reconnaissaient à chaque ligne (2). Littérairement, l'auteur de *Marion Delorme* reprenait tous ses avantages sur le libraire Gosselin, voire même sur l'avocat Nouguier. Mais moralement?... Oui ou non avait-il écrit à M. Gosselin qu'on lui avait offert 8.000 francs de son manuscrit? Oui ou non avait-il traité avec M. Renduel, non plus pour 8.000 francs, mais pour 2.000? Sur ces deux questions, qui étaient tout le procès, la lettre était muette. Ce silence était un aveu.

Le tribunal de commerce se déclara incompétent. Une transaction intervint-elle? L'affaire fut-elle portée plus tard devant le tribunal civil? Je ne saurais le dire, les archives du Palais de Justice ayant été brûlées pendant la Commune. Quoi qu'il en soit, il restera de cette affaire cette petite phrase, qui se trouve dans l'exploit introductif d'instance de M. Gos-

(1) *Gazette des Tribunaux* du 2 octobre 1831.
(2) *Gazette des Tribunaux* du 14 octobre 1831. — Voyez aussi, *Gazette* du 16 octobre, les observations de M. Gosselin.

selin, et que les plus beaux vers du monde n'effaceront pas : *Un grand talent ne dispense pas d'être loyal et sincère* (1).

III

Si M. Adolphe Jullien n'a pas parlé du procès de *Marion Delorme*, en revanche que d'amusants détails il nous donne sur le grand poète, et tout d'abord sur la prodigieuse habileté avec laquelle Victor Hugo maniait les ressorts de la *réclame!* Il nous le montre, avec pièces à l'appui, mettant son éditeur en avant pour se couvrir lui-même, et lui recommandant bien de faire recopier les notes qu'il adressait aux journaux, de peur que son écriture fût reconnue. J'imagine qu'on ne fera pas figurer dans la *Correspondance de Victor Hugo* ces lettres où l'on voit apparaître

Olympio coiffé du casque de Mangin.

Mais M. Jullien ne nous montre pas seulement Victor Hugo homme d'affaires consommé, s'entendant, comme pas un, au négoce et à la réclame, il a aussi, sur le Victor Hugo intime, de bien curieuses anecdotes. J'en citerai deux ou trois.

Dans l'automne de 1837, la famille Hugo était installée dans les environs de Paris, à Fourqueux. La fille aînée du poète, Léopoldine, atteignait l'âge

(1) *Gazette des Tribunaux* du 17 septembre 1831.

de la première communion. Les Hugo voulurent faire de cette cérémonie, fixée au 8 septembre, une véritable fête de famille, où tous les amis seraient conviés, Renduel et Gautier en première ligne. Le dîner à peine fini, le maître de la maison s'éclipse, et l'on apprend bientôt qu'il a couru prendre la voiture pour Paris. Les convives se récrient sur cette fuite inattendue. « Après cela, dit l'un d'eux en riant, nous allons le voir revenir dans un instant. Toutes les places de la diligence sont retenues depuis ce matin, et nous-mêmes n'avons pu louer que pour le dernier départ. » — « Sans doute, reprit tristement Mme Hugo, mais Victor saura bien se tirer d'embarras ; vous n'avez pas pu avoir de place pour vous, il saura en trouver une à tout prix pour aller où il va. »

Le poète était alors au plus fort de sa passion pour Mlle Juliette, celle qu'il installera plus tard à son foyer, et c'est ainsi qu'il fêtait la première communion de sa fille.

Longtemps après, Renduel, venu pour quelques jours de Beuvron à Paris, dînait avec sa femme au restaurant Magny, lorsque Gautier vint à entrer. Et une longue causerie de s'établir entre les deux amis, ravis de se revoir. « Vous souvient-il, dit tout à coup Gautier, qu'autrefois, chez Victor, le rôti était toujours brûlé ? — Certes oui, on l'attendait tandis qu'il s'oubliait chez Juliette. » Un jour, Renduel, invité à dîner par Mme Hugo, hésitait à rester, prévoyant le retard habituel et le trouvant trop long pour son estomac : « N'ayez pas peur, lui dit Mme Hugo pour le

garder auprès d'elle, le dîner sera exact; Victor reviendra sûrement de bonne heure, il me l'a promis. »
Renduel demeura : ce soir-là, on ne dîna qu'à neuf heures.

En 1835, alors que duraient encore entre la femme du poète et Sainte-Beuve ces relations sur lesquelles la *Correspondance de Victor Hugo* vient de rappeler si fâcheusement l'attention, un duel faillit avoir lieu entre les deux anciens amis. Sans doute l'époux offensé voulait venger l'outrage fait à son honneur? En aucune façon; c'était le poète qui voulait venger l'offense faite à son orgueil. A la suite de la publication des *Chants du crépuscule,* Sainte-Beuve avait publié, dans la *Revue des Deux Mondes,* un article où il disait que le nouveau recueil manquait « d'harmonie et de délicate convenance ». Cet article jeta Victor Hugo dans une violente colère, et il ne parlait de rien moins que d'appeler le critique sur le terrain. Pendant ce temps, Mme Hugo s'épanchait avec Renduel, son confident habituel dans la peine, et le suppliait de tout mettre en œuvre afin d'empêcher un duel probable et prochain. Renduel la calmait de son mieux; mais le poète et son critique étaient toujours très montés l'un contre l'autre.

Ils se rencontrèrent un jour chez Villemain, et Sainte-Beuve évita de se trouver près d'Hugo : « Je lui aurais lancé quelque chose à la tête! » s'écriait-il avec une emphase terrible. Il alla trouver Renduel et lui remit non sans émotion un paquet cacheté contenant des manuscrits et son testament, avec mission de l'ouvrir si le malheur voulait qu'il fût tué par Hugo. Renduel reçut ce dépôt avec la gravité requise en pareil cas, mais chercha à rassurer le bouillant critique : « Est-ce qu'un duel est possible entre vous deux, entre *deux poètes?* » Là-dessus, Sainte-Beuve s'en alla tout ragaillardi.

Le duel dont Victor Hugo avait menacé Sainte-Beuve n'eut pas lieu, pas plus que celui dont Hugo, précédemment, avait été menacé par Vigny, et dont M. Adolphe Jullien nous narre ainsi l'histoire.

Buloz, en ce temps-là, traitait fort bien l'auteur de *Cinq-Mars* et donnait volontiers des extraits de ses nouveaux ouvrages, ce qu'il ne faisait pas pour ceux de Hugo. Celui-ci se plaignit un jour en termes peu flatteurs pour Alfred de Vigny, qu'il semblait rejeter au dernier rang. François Buloz lui expliqua alors, avec sa rudesse habituelle, les motifs de la réserve qu'il gardait à son égard : « Si je ne publie jamais, lui dit-il, de fragments de vos ouvrages, c'est parce que je sais que je recevrais de vous, le lendemain, une *quittance à solder.* Or, je n'ai pas l'habitude de payer les services que je rends. » Cette conversation ne resta pas secrète. Les propos désobligeants d'Hugo revinrent à Vigny, qui, en sa qualité d'ancien officier, voulut en tirer réparation par les armes. La chose, cette fois, aurait pu devenir sérieuse; mais les témoins, dont Renduel, traînèrent si bien les choses en longueur que Vigny finit par se calmer.

IV

Hugo n'a qu'un chapitre dans le volume de M. Adolphe Jullien. Ceux qui suivent ne sont pas moins intéressants. C'est plaisir de voir défiler dans le magasin d'Eugène Renduel, dans la grande « boutique romantique », les écrivains d'alors, Paul et Jules Lacroix, Petrus Borel, Lamennais (ce fut Renduel qui édita les *Paroles d'un Croyant*), Henri de Latouche, Léon Gozlan, le vicomte d'Arlincourt, Joseph d'Ortigue, Paul et Alfred de Musset, Eugène Chapus, Alexandre Dumas, Jules Janin, Sainte-Beuve, Charles Nodier, Théophile Gautier, Gérard de Nerval et vingt autres. Sur presque tous M. Jullien a des pages piquantes; de chacun d'eux il reproduit des lettres inédites, dont plusieurs sont les plus spirituelles du monde, surtout celles de Charles Nodier, de Léon Gozlan et de Théophile Gautier. Tout est à louer dans ces aimables chapitres, où revit une des périodes les plus brillantes de l'histoire littéraire de ce siècle. Je ferai pourtant ici à l'auteur une légère critique. A propos de l'excellent Joseph d'Ortigue, dont Armand de Pontmartin, son compatriote et son ami, a tracé dans ses *Samedis* un si vivant portrait (1), M. Adolphe Jullien ne s'est-il pas montré un peu trop sévère? « C'était vrai-

(1) *Nouveaux samedis*, tome IV, pp. 136, 150.

ment charité, dit-il, que d'accepter et de payer, fût-ce d'une somme modique, les livres de d'Ortigue. Renduel le comprit ainsi : Non seulement il édita, en 1833, son *Balcon de l'Opéra*, un recueil d'articles sur la musique et les musiciens, orné d'un élégant frontispice de Célestin Nanteuil, mais il lui acheta douze cents francs son roman provençal : *la Sainte-Baume*, qui n'avait pas grand mérite et n'eut aucun succès. »

Il se peut que *la Sainte-Baume* n'ait pas réussi ; mais l'auteur avait eu une idée originale, qui fut très remarquée, même en ce temps où l'originalité était aussi commune qu'elle est rare aujourd'hui, et cette idée, à elle seule, — on en va juger tout à l'heure, — valait bien douze cents francs.

L'école romantique, sans doute à l'imitation de Walter Scott, avait mis à la mode les épigraphes. Point de pièce de vers, point de chapitre de roman, qui n'en eût au moins deux ou trois, empruntées le plus souvent aux poètes du XVIe siècle, ou aux poètes étrangers, à Shakespeare ou à Calderon, à Byron ou à Gœthe. Dans le roman de Joseph d'Ortigue, la musique jouait un grand rôle. Il lui parut que si une phrase musicale ne pouvait pas exprimer une pensée parfaitement définie et arrêtée, elle pouvait très bien, lorsqu'elle avait été déjà affectée, soit dans l'opéra, soit dans la symphonie, à telle et telle situation, rappeler une situation semblable ou réveiller le souvenir d'une idée analogue. Partant de là, il prit les épigraphes de *la Sainte-Baume* dans Beethoven, Weber, Rossini, Meyerbeer, Spontini, Berlioz, etc., etc. Ces épigraphes *musicales* furent *notées* en tête des chapitres, de façon que le roman aurait pu se lire, avec accompagnement de piano.

La première se rapporte à une scène d'échafaud : d'Ortigue écrivit en regard de son chapitre le motif principal de *la Marche du supplice*, de Berlioz.

Dans deux autres chapitres, ayant à peindre, en premier lieu, un chœur de vierges réunies, le matin, à la grotte Sainte-Madeleine, et, en second lieu, une cérémonie religieuse à la Trappe, avec son plain-chant grave et austère, l'auteur a fait précéder son récit de deux épigraphes, empruntées, l'une à Spontini (acte I de *la Vestale*, Hymne du Matin), et l'autre à Meyerbeer (*Robert le Diable*, acte V[e]).

Joseph d'Ortigue conduit ses héros à Aix en Provence ; il les fait assister à la procession de la Fête-Dieu, et aux jeux institués par le roi René. Mais René lui-même a composé des airs pour cette cérémonie. D'Ortigue ne manque pas d'en transcrire deux de divers caractères, l'*Air de la Passade* et l'*Air du Guet*.

Enfin l'auteur de la *Sainte-Baume* termine son ouvrage par une sorte d'épilogue musical. Le héros, Anatole de Rhumilhey, a perdu celle qu'il aime. Elle est morte ; mais il est averti par une espèce de révélation qu'elle est au ciel et qu'elle tient son rang dans le chœur des vierges. Anatole l'invoque comme une sainte. On entend alors cet hymne admirable, le magnifique andante de la Symphonie en *la* de Beethoven.

Ces deux volumes de la *Sainte-Baume* sont assurément parmi les plus curieux qu'ait édités Eugène Renduel. Dans la prochaine édition que ne saurait manquer d'avoir le remarquable et si intéressant ouvrage de M. Adolphe Jullien, il fera, je l'espère, une petite place au roman de Joseph d'Ortigue, et donnera le fac-similé de l'une de ses épigraphes musicales, par exemple celle qui est en tête du chapitre où l'héroïne attend son bien-aimé, la prière d'*Anna* dans *Freyschütz*, lorsqu'elle attend Tony, son fiancé.

20 décembre 1896.

VICTOR FOURNEL[1]

I

C'est l'heure des vacances et la saison des voyages. Autrefois, il y a quelque quarante ans, lorsque nos pères s'ennuyaient au logis (ce qui leur arrivait bien quelquefois), ils ne pouvaient guère entreprendre

> Un voyage en lointain pays.

Il fallait alors beaucoup de temps et beaucoup d'argent pour faire peu de chemin. Aussi n'en faisait-on guère. Les bonnes gens de province, une fois en leur vie, allaient à Paris, et les bourgeois de Paris allaient... à Versailles ; c'était à peu près tout.

---

[1] *Les Vacances d'un journaliste.* — *Promenades d'un touriste.* — *Voyages hors de ma chambre.* — *Aux Pays du soleil.* — Quatre volumes in-18 et in-8º. — Librairies G. Charpentier et Alfred Mame et fils.

Les choses ont bien changé. Grâce aux chemins de fer et aux bateaux à vapeur, on peut visiter la Suisse en dix jours, l'Italie en trois semaines, l'Egypte et l'Asie Mineure en un mois. Chateaubriand quittait Paris le 13 juillet 1806, parcourait la Grèce, la Judée, l'Egypte et l'Espagne, et rentrait en France par Bayonne le 3 mai 1807. Il lui avait fallu près d'une année pour accomplir l'itinéraire de Paris à Jérusalem et de Jérusalem à Paris. Maintenant ce serait l'affaire d'un trimestre.

Et cependant, même aujourd'hui, il n'est pas donné à tout le monde *d'aller à Corinthe*. Combien doivent se contenter de voyager *aux rives prochaines!* Combien même, plus sédentaires encore, ne voyagent que dans leur chambre, et un livre à la main!

A ceux-là, je ne saurais trop recommander les quatre volumes de M. Victor Fournel dont je viens d'inscrire les titres en tête de cette causerie.

L'auteur, je dois les en prévenir, n'est membre d'aucune société de géographie; les lauriers de son confrère Stanley ne l'ont jamais empêché de dormir, et je crois bien qu'il serait tenté de lui dire comme le berger de Virgile : *Non equidem invideo, miror magis.* S'il voyage, ce n'est point pour ajouter, au prix de mille fatigues, un nouveau chapitre à l'histoire des découvertes; c'est, au contraire pour se délasser, pour faire l'école buissonnière aux quatre points cardinaux de l'Europe. Chroniqueur émancipé, il s'échappe entre deux courriers, comme un écolier entre deux classes, court le pays, et, au retour, conte son voyage,

comme il l'a fait : simplement, rapidement. Il écrit à
vol de plume la promenade qu'il vient de faire à vol
de touriste.

II

Son premier volume, *les Vacances d'un Journaliste*,
nous conduit dans *les Vosges*, à *Madrid*, à *Londres*,
à travers *l'Allemagne et l'Autriche-Hongrie*. Le second, *Promenade d'un Touriste*, est consacré à la
Hollande, à la *Suisse* et à la *Savoie*.

Ce qui charme tout d'abord, dans les voyages de
M. Victor Fournel, c'est le voyageur. Il a une verve,
un entrain, une belle humeur, qui rappellent Alexandre Dumas en son meilleur temps et dans son meilleur
livre, les *Impressions de voyage en Suisse*. Seulement,
ce qu'il raconte, il l'a véritablement vu ; il observe, il
décrit, mais il n'invente pas. Tandis qu'Alexandre
Dumas en prend à son aise avec les sites, les monuments, les hommes, et prélude à ses romans par ses
récits de voyage, M. Victor Fournel, qui est un érudit du meilleur aloi, reste fidèle, même quand il est
en vacances, à ses habitudes d'exactitude et de précision. J'ajoute qu'au lieu de faire étalage de son
érudition, il la dissimule de son mieux, il l'oublie le
plus possible, sachant bien que ce n'est pas là un
article d'exportation. Il y a telle lettre de Victor
Hugo, dans son voyage sur *le Rhin*, la lettre XXVe
par exemple, où vous trouverez 62 dates, et quelles

dates ! escortées de 460 noms propres, et quels noms propres ! M. Victor Fournel, qui voyage pour son plaisir — et pour le nôtre — n'a garde, on le pense bien, de se livrer à d'aussi violents exercices de mémoire... ou de copie. Il n'a pas moins d'éloignement pour ces lieux communs, ces tirades toutes faites, auxquelles tant de voyageurs se laissent si aisément aller. Lui aussi écrirait volontiers comme Théophile Gautier, en vue de la Corse : « Ce serait peut-être ici le lieu de placer un morceau brillant sur Napoléon ; mais j'aime mieux éviter ce lieu commun facile (1) ».

En revanche, et là il se sépare, très heureusement à mon sens, de Théophile Gautier, il ne s'attache pas seulement aux monuments et aux tableaux, à la physionomie et au côté pittoresque des villes et des pays qu'il traverse ; il recherche les curiosités morales, au moins autant que les curiosités physiques. C'est ainsi que, dans son *Voyage en Hollande*, il consacre plusieurs pages à la communauté des frères moraves établie à Zeist, petit village à deux lieues d'Utrecht, et un chapitre entier au jansénisme hollandais, qui compte environ 5.000 sectateurs, dont un millier à Utrecht même. A Munich, il entreprend un voyage de découverte à la recherche des vieux-catholiques ; à Londres, il nous fait assister à un enterrement au cimetière de Woking, vaste nécropole où les corps sont transportés chaque jour par une voie ferrée.

Dans *Italia*, dans *Tra los Montes*, dans tous les

---

(1) *Constantinople*, par Th. GAUTIER.

merveilleux *Voyages* de Théophile Gautier, l'homme est absent. Les paysages sont éblouissants, les villes sont admirablement décrites, mais on n'y découvre jamais l'empreinte d'un pas humain, et si, par extraordinaire, après avoir lu trois ou quatre de ces prodigieux volumes, on rencontrait, au détour d'une page, quelque chose qui ressemblerait à un être humain, on éprouverait, j'imagine, une satisfaction comparable à celle de Robinson découvrant dans son île la marque du pied de Vendredi !

Une femme d'esprit disait, après avoir lu *Tra los Montes* : « Il paraît qu'il n'y avait pas d'Espagnols en Espagne lorsque M. Théophile Gautier y est allé. » Pareille mésaventure n'est jamais arrivée à M. Fournel : il a trouvé des Espagnols en Espagne, des Anglais en Angleterre, des Hollandais en Hollande, et des Allemands (hélas !) en Allemagne.

Critique d'art émérite, il parle peinture avec une parfaite compétence ; mais les cathédrales et les palais ne lui font pas oublier les auberges, ni les musées le marché aux herbes. « Dès que j'arrive dans une ville étrangère, dit-il quelque part, l'une de mes premières visites est pour le marché public ; nulle part on ne surprend mieux sur le fait la vie intime et familière d'une population. » Il a, en ce genre, des croquis achevés, de petites toiles. qui rappellent David Téniers ou Van Ostade ; il a des descriptions de repas qui sont des chefs-d'œuvre et qui laissent bien loin derrière elles, pour le sel et la bonne humeur, la fameuse satire sur le banquet de Mignot. Quelles pages plantureuses sur la cuisine hollandaise, sur le schiadam, les choux rouges et les pommes au beurre ! Son dîner dans une pension bourgeoise de Valladolid est toute une épopée ! En cela, du reste, Victor Fournel est fidèle à la vraie tradition gauloise et française. Est-ce que, dans le *Voyage* de Chapelle et Bachaumont, on ne s'arrête pas à chaque instant pour manger ! On mange dès le Bourg-la-Reine, et ainsi à chaque étape ; on se gorge, on *s'empiffre*, ce sont les termes, et c'est le plaisir.

Ainsi va M. Victor Fournel, du wagon au buffet — je crois qu'il en a trouvé un jusque dans les Vosges, — du musée à la cathédrale, du théâtre au cimetière, toujours intéressant, toujours amusant, toujours gai, même sur les bords de la Tamise, même à *London Necropolis*.

III

Dans son dernier volume, *Voyages autour de ma chambre,* M. Victor Fournel nous donne une *Promenade en Danemark* et une *Excursion en Suède*. Il semble vraiment qu'il ait voulu refaire, à deux siècles de distance, avec plus de rapidité et avec autant d'agrément, les mêmes voyages que Regnard, l'auteur du *Joueur* et du *Légataire universel,* lequel écrivit un *Voyage d'Allemagne,* un *Voyage de Flandre et de Hollande,* une *Excursion en Danemark et en Norvège*.

Un jour — c'était le 26 avril 1681, — Regnard partit de Paris par le carrosse de Bruxelles. Il se proposait d'aller à Amsterdam et de rentrer bientôt dans le charmant hôtel qu'il occupait au faubourg de Richelieu, au bas de Montmartre. Une fois à Amsterdam, il apprend que la cour de Danemark est à Oldenbourg. « J'eusse témoigné, dit-il, beaucoup de mépris pour cette cour, et bien peu de curiosité, si je n'eusse été la voir. »

Le voilà donc en route pour Oldenbourg : le roi était parti depuis deux jours. On dit à Regnard qu'il le trouvera encore à Altona, qui est à une portée de mousquet de Hambourg ; il arrive à Altona, mais le roi est rendu à Copenhague. Regnard a du temps devant lui, plus qu'un journaliste en vacances ; il se rend à Copenhague, et là il joint enfin Sa Majesté danoise, et est admis à l'honneur de la saluer et de lui baiser la main.

En 1873, Sa Majesté danoise s'appelait Christian IX, et M. Victor Fournel a été appelé à lui présenter ses hommages, comme Regnard, en 1681, avait présenté les siens à Sa Majesté Christian V. — Que faire, lorsqu'on est à Copenhague, sinon passer le Sund et aller à Stockholm ! C'est ce que fit Regnard ; c'est ce qu'a fait aussi M. Victor Fournel. Regnard reçut du roi de Suède le même honneur que lui avait fait le roi de Danemark. Il baisa la main de Charles XI, qu'il entretint pendant plus d'une heure sur ses voyages, et particulièrement sur son esclavage chez les Turcs, à Alger et à Constantinople. Vivement intéressé par les récits du spirituel touriste, Charles XI lui dit que la Laponie méritait d'être vue par les curieux, tant par sa situation que pour ses habitants, et il commanda au comte Steinbielk, grand trésorier, de donner au voyageur français toutes les recommandations nécessaires s'il voulait faire cette excursion. « Le moyen, ajoute Regnard, de résister aux conseils d'un roi, et d'un grand roi comme celui de la Suède ? » Il mit donc à la voile le mercredi 23 juillet 1681, et voilà l'auteur du *Légataire universel* en route pour la Laponie ! Il la parcourut tout entière, pénétra jusqu'à la mer Glaciale, et, le 22 août suivant, ses deux compagnons et lui gravaient sur un rocher, au haut de la montagne de Metawara, ces quatre vers :

> Gallia nos genuit, vidit nos Africa, Gangem
> Hausimus, Europamque oculis lustravimus omnem.
> Casibus et variis acti terraque marique,
> Hic tandem stetimus, nobis ubi defuit orbis.

Je crois savoir que M. Victor Fournel, dont le *Correspondant* a publié de très beaux vers français — qu'il devrait bien, pour le dire en passant, réunir en volume, — je crois savoir qu'il ne serait nullement embarrassé de faire, à l'occasion, de fort bon vers latins. Comment n'a-t-il pas été tenté d'aller en inscrire quelques-uns, à la suite de Regnard, au fond de la Laponie ? La raison en est sans doute qu'il préfère aux pays froids les pays du soleil, et à l'océan Glacial la mer Méditerranée — où le touriste, d'ailleurs, n'est plus exposé, comme au temps de Regnard, à être pris par les Barbaresques.

IV

Aux Pays du soleil, tel est, en effet, le titre de son dernier volume, divisé en trois parties : *Un été en Espagne*, — *A travers l'Italie*, — *D'Alexandrie au Caire*.

M. Victor Fournel a visité l'Espagne pendant la saison brûlante. Un autre vous dirait peut-être qu'il ne l'a fait que parce que ainsi le veut le principe suivant lequel chaque tableau doit être vu dans son vrai cadre, chaque pays dans son vrai climat : la Russie par la neige, la Hollande par la pluie, l'Espagne par un soleil torride. Les principes avant tout ! M. Victor Fournel n'a garde de mettre en avant de si grosses raisons. S'il est allé en Espagne pendant l'été, les principes n'y étaient absolument pour rien, ni l'intention de se sacrifier pour le plaisir du lecteur. C'est un simple hasard qui a tout fait, une occasion qui a passé à portée de la main de l'écrivain et qu'il s'est empressé de saisir. De même, au retour, lorsqu'il est pris du désir de rentrer chez lui, de revoir sa famille, ses amis, ses livres, de se réintégrer dans ses pantoufles et sa robe de chambre, il brûle Avila, Salamanque, Fontarabie ; il se soucie comme d'une guigne de laisser en blanc cette page de son carnet, et comme il n'a pas vu ces villes, il n'en parle pas ! Trait admirable de la part d'un écrivain en voyage : il ne parle que de ce qu'il a vu. Mais je ne puis résister au plaisir de reproduire les dernières lignes de son récit :

Lorsqu'on a sacrifié Avila et Salamanque, vous pensez bien qu'il en coûte assez peu d'y joindre Fontarabie. Sur le pont de la Bidassoa, l'idée que la fantaisie biscornue de m'arrêter à la frontière pour aller voir Fontarabie avait pu se fixer dans mon cerveau m'a fait pouffer tout d'un coup d'un rire silencieux, comme le Bas-de-Cuir de Fenimore Cooper.

Hendaye! Voici les douaniers rangés sur le quai. Qu'ils sont beaux! qu'ils ont l'air aimable! Et ces bons gendarmes! Des anges... Je résiste à l'envie de me jeter dans leurs bras. Le gendarme français, même à la frontière, a un air paternel qui manque absolument à son confrère espagnol. Tout le monde descend pour la visite de la douane. Il pleut ! O ma patrie, je te reconnais. Que n'aurais-je pas donné, dans les rues de Tolède et de Cordoue, pour une goutte de cette ondée bienfaisante !

— Vous n'avez rien à déclarer, Monsieur ?

— Rien du tout, mon ami, sinon que je suis bien content d'être rentré, et qu'on ne m'y reprendra plus à voyager en Espagne au mois d'août (1).

Le lecteur est égoïste, et il trouvera assurément très bon que M. Victor Fournel soit allé en Espagne précisément au mois d'août, puisque cela nous a valu des pages si piquantes.

A travers l'Italie n'est pas moins amusant qu'*un Eté en Espagne*. Aux environs de 1840, Jules Janin, qui était alors le *prince de la critique*, gagna, à je ne sais

(1) *Un Eté en Espagne*, p. 191.

plus quelle loterie allemande, un petit *palazzo* dans le voisinage de Florence. Il partit pour aller prendre possession de son immeuble, visita l'Italie chemin faisant, et, au retour, écrivit le *Voyage d'un homme heureux*. C'est aussi à un *homme heureux* que nous avons affaire en M. Fournel ; rien ne peut altérer sa bonne humeur, rien, pas même... les insectes. « Le soleil, écrit-il, est le père de la lumière, des beaux horizons, des végétations luxuriantes, des fleurs et des fruits ; mais il est aussi le père des insectes. Bœdeker, homme de bon conseil, s'exprime sur ce point, dans l'introduction de son *Guide en Italie*, en termes dépouillés d'artifice et dont la précision ne laisse rien à désirer : « La vermine, dit-il sans gazer
« ses expressions, vous incommode partout *au plus
« haut degré*, surtout en été. Mais ce ne sont, *en géné-
« ral, que* des puces (ce *que* est adorable) ; les punaises
« ne se trouvent que dans les vieilles maisons les plus
« sales. (Hum !) Dans les mois d'automne, les cou-
« sins deviennent très importuns et souvent ils empê-
« chent de dormir ; leurs piqûres occasionnent des
« tumeurs douloureuses. »

« A qui le dites-vous, monsieur Bœdeker ?

« Voilà un des produits du soleil qu'on néglige généralement d'énumérer, à côté des aloès, des cactus et des orangers (1). »

Mais il ne faudrait point croire que M. Victor Fournel n'a qu'une corde à son arc, et qu'il lui suffit

---

(1) *A travers l'Italie*, p. 311.

de conter avec *humour*. Devant les merveilles que renferment les musées et les églises de Milan et de Bologne, de Venise et de Rome, il sait nous faire partager son enthousiasme et son admiration. Le spectacle de la Rome contemporaine, du Pape refoulé au Vatican, de l'intrusion des Piémontais dans la ville éternelle, lui inspire des pages excellentes, toujours spirituelles sans doute, mais vigoureuses, fortes, émues. Je voudrais avoir assez d'espace pour en reproduire quelques-unes. Je n'en puis citer que les dernières lignes :

« Quand on s'appelle Rome, c'est jouer un jeu de dupe que de vouloir prendre la place de Turin ; et lorsqu'on a été la capitale du monde, c'est bien descendre que de devenir la capitale de l'Italie ; loin de dissimuler cette chute, tous les travaux, les boulevards, les quais, les plaques de marbre, les cordeaux, les fils à plomb et les coups de pioche de la municipalité ne feront que l'accuser davantage. La Rome des papes était unique au monde ; la Rome de Victor-Emmanuel et d'Humbert ne s'élèvera jamais à la hauteur de Lisbonne ou de Bruxelles (1). »

V

A la fin de l'année 1869, lors de l'inauguration du canal de Suez, M. Victor Fournel avait entrevu

---

(1) *A travers l'Italie*, p. 389.

l'Egypte non en voyageur, non pas même en touriste, mais en *reporter* qui part pour le Caire comme il partirait pour Amiens, et qui prend des notes, non pour lui, mais pour un journal. L'occasion de la visiter pour son compte et plus à loisir s'étant présentée quelques années plus tard, il ne l'a pas laissé échapper. De là le dernier et non le moins intéressant de ses voyages : *d'Alexandrie au Caire.*

Je connais peu de plaisirs plus vifs que celui de lire, à la suite l'un de l'autre, deux récits de voyages aux mêmes lieux écrits à de longues années de distance, de mettre, par exemple, en regard l'*Egypte* de M. Victor Fournel et la VIe partie de l'*Itinéraire.*

« J'ai déclaré, dit Chateaubriand, que je n'avais aucune prétention, ni comme savant, ni même comme voyageur. Mon *Itinéraire* est la course rapide d'un homme qui va voir le ciel, la terre et l'eau, et qui revient à ses foyers avec quelques images nouvelles dans la tête et quelques sentiments de plus dans le cœur. »

Chateaubriand a rapporté de son excursion en Egypte les sentiments et les images qui lui ont servi à écrire le onzième livre des *Martyrs* et la fin de ce récit d'Eudore qui reste, malgré tout, le plus beau monument de la prose française au XIXe siècle.

M. Victor Fournel, qui se proposait d'écrire au retour, non les *Martyrs*, mais des *Chroniques parisiennes*, ne s'est point mis en peine de récolter des images, ce qui lui a permis de beaucoup mieux voir, sinon les paysages, du moins les villes, les habitants, les usages de l'Egypte moderne, ce qui reste de l'antique Orient, du Turc et de l'Arabe, derrière cette façade de civilisation que les héritiers de Mehemet-Ali ont plaquée au front de la vieille Egypte. Tandis que Chateaubriand consacre à peine une page à la ville du Caire, M. Victor Fournel la décrit sous tous ses aspects ; il s'engage à fond dans l'inextricable réseau de ses milliers de petites rues, il s'attache à découvrir la vieille ville arabe derrière la ville moderne et civilisée, où les entrepreneurs de bâtisses ont tracé de beaux boulevards qui livrent le piéton sans défense aux ardeurs du soleil et aux tourbillons de poussière. « Les transformations qu'on a infligées au Caire depuis vingt ans pour tâcher d'en faire ce que les commis voyageurs appellent une belle ville, sont un contre-sens sous le ciel de l'Orient. Heureusement ce n'est guère qu'un placage, qui s'est superposé au vieux Caire, en le gâtant, mais sans le détruire (1) ».

Si Chateaubriand a *brûlé* le Caire, il s'arrête longuement devant les Pyramides. Ainsi fait de son côté M. Victor Fournel. Les pages de l'*Itinéraire* sont magnifiques, pleines de traits superbes, dont quelques-uns sont dignes de Bossuet ; mais elles ont un défaut : derrière le voyageur, cette fois, on trouve l'auteur. Même en face des Pyramides, M. Victor Fournel ne quitte pas son style simple, naturel, bon enfant. On voit bien qu'il ne s'est pas dit une seule

---

(1) *Aux Pays du soleil*, p. 428.

fois en l'écrivant : « Du haut de ces monuments, quarante académiciens te contemplent. »

Le *Voyage d'Egypte* de Chateaubriand est un peu surchargé d'érudition ; il y a trop de citations, de noms propres, grecs ou latins. L'auteur d'*Alexandrie au Caire* ne prononce même pas ceux de Cléopâtre ou de Pompée ; mais il n'oublie pas les souvenirs de l'antiquité chrétienne.

De la mosquée d'Amrou, écrit-il, par des ruelles étroites et biscornues, nous gagnons une petite église, sombre, délabrée, mal tenue, séparée en plusieurs parties par des treillis sculptés. Malgré de vieux bas-reliefs et des peintures sur bois, enfumées, vermoulues, qu'on croirait, au premier aspect, contemporaines des solitaires de la Thébaïde, elle ne mériterait guère une visite, si elle n'était bâtie sur une grotte où la légende affirme que la Vierge se reposa pendant la fuite en Egypte. Au centre de l'église, un escalier obscur, que protège une barrière en bois, descend dans l'intérieur de la grotte. Nous ne pûmes malheureusement y pénétrer, elle était encore à moitié remplie d'eau par suite de l'inondation du Nil ; mais la pauvre vieille chapelle ne nous en parut pas moins illuminée par une lueur charmante qui s'échappait du trou noir.

La grotte de la Vierge n'est pas le seul souvenir de la fuite en Egypte, qui subsiste autour du Caire. Un peu avant d'arriver aux ruines, ou plutôt à l'emplacement d'Héliopolis, on rencontre tout à coup une oasis délicieuse, où les roses fleurissent au milieu des orangers et des citronniers. Des canaux y portent l'eau du Nil et y entretiennent une verdure et une fraîcheur ravissantes. Là, dit-on, à l'ombre d'un énorme figuier-sycomore, toujours debout après plus de dix-huit siècles, la Vierge s'assit pour goûter un moment de repos et pour laver, dans une mare que l'on montre encore, les langes de l'Enfant divin. Son séjour a fertilisé le désert, et son souvenir demeure associé aux fleurs et aux parfums de cette oasis. Chaque visiteur emporte un morceau d'écorce ou un fragment de branche; mais, malgré les innombrables blessures dont il est couvert, l'arbre géant refleurit et reverdit avec une vigueur qui semble toujours nouvelle (1). »

L'œuvre de M. Victor Fournel est considérable. A la solidité du fond, ses livres joignent le piquant de la forme; ils sont sérieux et agréables, et je suis sûr qu'en rappelant ici leurs titres, je réveillerai chez beaucoup de mes lecteurs, quelques-uns de leurs meilleurs souvenirs : *la Littérature indépendante au XVIIe siècle; — de Malherbe à Bossuet; — de Jean-Baptiste Rousseau à André Chénier; — les Contemporains de Molière; — Ce qu'on voit dans les rues de Paris ; — les Rues du vieux Paris ; — les Artistes français contemporains; — l'Ancêtre; — Esquisses et croquis parisiens; — Figures d'hier et d'aujourd'hui.* A cette liste, peut-être incomplète, ajoutez les quatre volumes de *Voyages* dont je viens de rendre compte, et qui seuls suffiraient à marquer la place de M. Victor Fournel à l'Académie française, auprès de M. Xavier Marmier. Il ne lui manque plus, pour achever son tour d'Europe, que de visiter la Grèce, Constantinople et la Russie. Ce sera l'affaire d'un ou deux volumes, et nous pourrons alors lui dire, comme Casimir Delavigne au plus spirituel et au plus sym-

---

(1) *Aux Pays du soleil*, p. 468.

pathique de ses héros — qui précisément s'appelle *Victor*, comme M. Fournel :

> Bornons-nous à l'Europe, et, s'il en fait le tour,
> Que dans un bon fauteuil il dorme à son retour.

20 septembre 1897.

DE LA RIME FRANÇAISE [1]

La rime est « toute la poésie ». C'est feu M. de Banville qui a dit cela, et pour le faire, il avait de bonnes raisons : *Vous êtes orfèvre, Monsieur Josse !* Nul, en effet, n'a poussé plus loin que l'auteur des *Odes funambulesques* la recherche de la rime riche. Il en a trouvé une même à *Rothschild* ; il est vrai qu'il est allé la chercher jusqu'en Angleterre :

Ainsi, j'ai beau nommer l'Amour « *my dear child* ».

Voltaire était d'un avis diamétralement opposé à celui de Théodore de Banville ; il a formulé quelque part cet axiome : « Les vers ne sont beaux que si on peut en ôter les rimes et les mettre en prose, sans

[1] *De la rime française*, par le P. V. DELAPORTE. Un vol. in-8, Desclée, de Brouwer et Cⁱᵉ, éditeurs. 1898.

qu'ils perdent rien de leur sens et de leur énergie. » Oui, alors ils sont beaux comme la prose, mais ce ne sont pas des vers; c'est de la prose, et souvent de la plus chétive. Comme Banville, d'ailleurs, Voltaire plaidait ici pour son saint. L'auteur de la *Henriade* était millionnaire, mais il fut le plus indigent des rimeurs.

Donc, n'exaltons pas la rime outre mesure, mais ne la déprécions pas trop. *Ni si haut ni si bas.* La rime n'est pas toute la poésie, il s'en faut bien, mais elle en est une partie essentielle. Des érudits, les Quicherat, les Grammont, les Becq de Fouquières (pour ne parler que des plus experts et des plus connus), lui ont consacré des traités spéciaux. Un prêtre d'Anjou, l'abbé Léon Bellanger, enlevé aux lettres par une mort prématurée (1), a écrit son histoire, dans un agréable et savant ouvrage, publié sous ce titre : *Etudes historiques et philosophiques sur la Rime française*. Et voici qu'à son tour le P. Delaporte, à la fois bon prosateur et bon poète, l'auteur de ces *Récits et légendes* qui en sont à leur neuvième édition, nous donne un aimable et piquant volume, qui est à la fois un traité et une histoire de la *Rime française*.

D'où vient la rime ? Petite question qui a fait jadis couler des fleuves d'encre. Si elle ne remonte pas au déluge, comme le veut un auteur du XVIe siècle, qui

---

(1) Sa *Vie* a été écrite par M. l'abbé A. Crosnier, professeur aux Facultés catholiques d'Angers.

dit gravement, avec l'assurance d'un homme qui a tenu et lu les documents : « L'inventeur de la rime fut Samothée, fils de Japhet », elle n'en est pas moins des plus anciennes, car elle a son origine première dans la nature elle-même, comme la musique. Elle vient du plaisir que cause le retour régulier d'un même son ; plaisir qui est senti par tout le monde, à commencer par les enfants qui balbutient. La rime est chose humaine. Chez tous les peuples on s'est aperçu, sans aucune peine, qu'il était agréable d'entendre répéter des sons identiques, à court intervalle, ou même de suite : que ce soit des phrases et mélodies musicales, que ce soit des syllabes chantées ou parlées.

La rime, dit très bien le P. Delaporte, est un chant très bref, sans inflexions, une mélodie très simple, la plus simple de toutes. Les vers, ou métriques, ou rimés, sont une forme musicale du langage ; et personne n'ignore qu'ils furent primitivement unis à la musique, faits pour la musique. Quant à nos vers modernes, leur *musique* vient ensemble et du rythme intérieur et de la rime finale par où s'affirme et s'achève la phrase rythmée. Le plaisir musical est causé tout d'abord, chez tout le monde, par le retour de ce son attendu. Et plus le son est exact, parfait, harmonieux, arrivant à point, symétriquement, mieux le plaisir est senti et goûté, même par les oreilles les moins exercées. Si la sensation de la mesure est plus vive chez les lettrés, les initiés à l'art des vers, les poètes de profession, chez le peuple — et nous sommes un peu tous peuple — le retour d'un son pareil de syllabes identiques, même quand il n'y a pas de vers, ou que les vers ne valent rien, frappe, plaît, amuse.

C'est pourquoi l'on a pu constater que la rime exista de tout temps, à peu près dans toutes les langues, sinon dans toutes absolument. En Occident, en Europe, on la retrouve partout, dans les chansons naïves des enfants et des nourrices, dans les proverbes et les refrains populaires.

Si nous serrons de plus près la question, si nous recherchons d'où vient plus spécialement la rime française, nous voyons qu'au dire du savant évêque d'Avranches, Mgr Huet, les Arabes auraient importé en Espagne, au viiie siècle, l'art de rimer, qui, de là, aurait traversé nos Pyrénées et toutes les Gaules(1). Par malheur pour l'avis du docte évêque, la rime était connue en Gaule, nous le verrons tout à l'heure, longtemps avant l'invasion de l'Espagne par les Maures.

La Harpe va quérir la rime un peu moins loin que Huet. Il s'arrête au pied des Pyrénées. « C'est de là, écrit-il, que descend la rime française ; les troubadours nous la donnèrent (2). » Un siècle avant La Harpe, en 1685, un jésuite de Toulouse, le P. Mourgues, auteur d'un *Traité de la poésie française*, défendait la même opinion. Il racontait, en vers, à ses

---

(1) Huet, *De l'origine des romans.*
(2) *Cours de littérature*, t. IV, p. 209.

amis les Mainteneurs des jeux floraux, que les poètes toulousains avaient trouvé la rime française dans le verger de Clémence Isaure, où cette fleur charmante avait tout naturellement poussé, à côté de l'amaranthe, de la violette, de l'églantine et du souci :

> ...Dez lors par leur cheutte pareille
> Mêmes sons de termes divers
> Firent découvrir à l'oreille
> Un nouveau charme dans les vers.

La rime ne nous vient ni des Arabes ni des troubadours. « Le vers français, dit Jean-Jacques Ampère, dans son *Histoire littéraire de la France avant le XIIe siècle*, est né, comme la langue même, du latin populaire. Ce qui n'était d'abord qu'une fantaisie de l'oreille, a fini par devenir un besoin impérieux et par se transformer en loi. Il n'est donc pas nécessaire de chercher d'autre origine à la rime; elle est née du sein de la poésie latine dégénérée. » Nos *trouveurs* n'ont point eu besoin d'aller chercher la rime française chez les Arabes; ils l'ont bonnement empruntée aux séquences, proses et hymnes de la liturgie. La rime, ils l'entendaient retentir, pour leur plus grand profit et plaisir, à l'église, tous les dimanches et fêtes ; surtout depuis le xe siècle, au temps où notre langue commençait à poindre, et, sans cesser d'être *romane*, s'essayait à devenir française. « Au surplus, ajoute ici le P. Delaporte, n'oublions pas que les premiers poètes français furent eux-mêmes des gens d'église. Ce fut un homme d'église qui rima, au xe siècle, la

Cantilène de sainte Eulalie, notre premier poème connu ; et Robert Wace, le bon chanoine de Bayeux, contemporain de Guillaume le Conquérant, rimait ses *Romans*, selon ce qu'il entendait et chantait au chœur, en latin. Lorsque nos autres dévots ancêtres, moines, clercs et jongleurs, se prirent à écrire les *Gestes* de nos héros, à traduire, non plus dans le docte parler de « Rome la grant », mais dans celui de « doulce France », les joies ou les peines de leur vie, à aiguiser leurs sirventes, à conter leurs *fabliaux* et *ysopets*, ils imitèrent, sans effort, ce qui se faisait en l'honneur de Dieu, de la Vierge et des saints, Ils rimèrent assez mal d'abord, suivant le modèle de l'*Ave maris Stella*, ou du *Victimæ Paschali laudes*, ou du *Salve Regina* (hymne, prose et antienne du xe siècle); puis mieux ; puis bien ; puis trop. Pour désigner ce travail agréable, ils se servirent des mots *rythmare* et *rythmus*, arrangés à la française *rimer, rime* ; et dès lors, versifier s'appela « trouver des rimes (1). »

Suivre l'histoire de la rime du xe au xxe siècle déborderait bien vite le cadre de cet article. Je dois me borner à deux ou trois remarques.

La rime riche n'est point, comme d'aucuns se l'imaginent, une conquête du romantisme. Un critique qui a eu son heure de célébrité, M. Edmond Schérer, écrivait, en 1888, dans ses *Etudes critiques sur la littérature contemporaine*, que « Victor Hugo est le fondateur de la rime riche. » Rien n'est moins

---

(1) DELAPORTE, p. 46.

exact; ce n'est pas Hugo qui a découvert cette Californie. La rime riche était en grand honneur dès le xvie siècle. Ronsard et les poètes de la Pléiade rimaient tous très richement. A certains même la consonne d'appui ne suffisait pas ; il leur fallait la rime double ou triple. Un des événements littéraires de ce temps-là fut la lutte entre Molinet et Crétin ; il se fit entre ces deux chanoines de la Sainte-Chapelle des tournois et duels où l'on se battait avec des rimes à triple détente. Molinet écrivait à Crétin :

> Molinet n'est sans bruit, ne sans nom, non ;
> Il a son son, et comme tu vois, voix ;
> Son doux plaid plaist mieux que ne fait ton ton ;
> Son vif art ard plus cler que charbon bon ;
> Très tranchans chants perchent ses parois roids...

Et cela continue longtemps, jusqu'à ce que Crétin, à son tour, réponde à Molinet :

> Molinet net ne rend son canon, non !
> Trop de vent vend, et ne met nos esbas bas ;
> Son crédit dit, qui donne au renom nom ;
> Mais efforts forts tornent en brau son son ;
> Outrageulx jeux le font de solas las...

Mais Crétin et Molinet, ces rimeurs frénétiques, étaient tout au plus des précurseurs de Banville et des *Odes funambulesques*. Le véritable précurseur de Hugo, pour la rime riche, l'ancêtre des « Parnassiens », c'est le classique par excellence, c'est Malherbe. C'est lui, le vieux Malherbe, qui a cherché, trouvé, prôné la rime exacte, riche et rare : ce qui est toute la rime romantique.

... Il s'étudiait fort, dit Racan, à chercher des rimes rares et stériles, sur la créance qu'il avait qu'elles lui faisaient produire quelques nouvelles pensées : outre qu'il disait que cela sentait son grand poète de tenter les rimes difficiles qui n'avaient point encore été rimées.

Voilà, dès le temps de Richelieu, la rime riche érigée en dogme poétique. Il est vrai qu'au xviiie siècle, Voltaire et ses disciples appauvrirent à ce point la rime, qu'elle devint absolument misérable. Mais, pour se relever de cette déchéance, elle n'eut pas besoin d'attendre la venue des romantiques. Ce fut l'abbé Delille qui lui rendit ses titres ; pendant quarante ans, avec un grand succès, et non sans un grand talent, il a rimé très richement. En tout cas, c'est certainement avec Victor Hugo, l'homme de France qui a fait le plus de vers (quarante ou cinquante mille), et je m'étonne que le P. Delaporte n'ait pas une seule fois, dans la *Rime française,* trouvé l'occasion de citer cet infatigable rimeur. Dans ses *Essais de morale et de littérature,* Saint-Marc Girardin a un très piquant chapitre, dans lequel il reproche avec raison aux romantiques leurs furieuses diatribes contre le spirituel abbé qui, à la barbe de Voltaire, avait réformé la rime et lui avait restitué ses droits.

Il convient d'ailleurs de ne point exagérer l'importance de la rime riche. Si elle a ses avantages, elle a aussi ses inconvénients, et ils ne laissent pas d'être assez grands. Sans doute, la rime doit être autre chose qu'une esclave, comme l'appelait Despréaux. Encore faut-il qu'elle ne soit pas trop maîtresse, et c'est ce qu'elle est devenue chez les romantiques et les Parnassiens. Même chez Hugo, qui l'a maniée pourtant avec une si admirable maîtrise et une si prodigieuse virtuosité, trop souvent elle commande. L'*esclave* de Boileau est devenue un *despote*. Le maître lui avait laissé prendre un pied chez lui ; elle a eu vite fait d'en prendre quatre chez les disciples. On les a vus bientôt faire rimer : *C'est ça qui* avec *Madame Saqui;* les *Philistins* avec les cheveux de *Philis teints ;* l'*heure du thé ramène* avec le *récit de Théramène ;* le *Veau qui tette* avec *épithète ; vous souffrîtes* avec *pommes de terre frites ;* et *j'arrive de Fréjus* avec *je veux grimper jus...* qu'à la seconde plate-forme de la tour Eiffel. Le plus célèbre des Parnassiens en venait à bâtir des alexandrins de ce goût et de ces rimes :

> Hourra ! La grosse caisse en avant ! Patapoum,
> Zizi boumboum, zizi boumboum, zizi boumboum! (1)

Après cela, il n'y avait plus qu'à tirer l'échelle. Une réaction était inévitable ; elle n'a pas manqué de se produire. Hier, chez les néo-parnassiens, on rimait trop ; aujourd'hui, dans la nouvelle école, chez les décadents et les symbolistes, on ne rime plus du tout, ou à peine ou si mal ! Plus de rimes s'étayant et se répondant, deux à deux, une forte, une faible. Mais, au rebours, rien que des syllabes fortes, éclatantes, ou rien que des syllabes sourdes, molles et flasques. Voici, par exemple, chez le maître Verlaine, des vers

---

(1) Théodore DE BANVILLE.

en rimes toutes masculines ; ils ont, je crois onze pieds :

> La tristesse, la langueur du corps humain
> M'attendrissent, me fléchissent, m'apitoient,
> Ah! surtout quand des sommeils noirs le foudroient,
> Quand des draps zèbrent la peau, foulent la main,
> Et que mièvre dans la fièvre du demain,
> Tiède encor du bain de sueur qui décroît
> Comme un oiseau qui grelotte sur un toit,
> Et les pieds toujours douloureux du chemin...

En voici d'autres à rimes féminines : et je suis enclin à penser qu'ils ont treize pieds, à moins qu'ils n'en aient quatorze :

> Londres fume et crie. Oh! quelle ville de la Bible!
> Le gaz flamboie et nage et les enseignes sont vermeilles ;
> Et les maisons dans leur ratatinement terrible
> Epouvantent comme un sénat de petites vieilles...

Encore y a-t-il dans ces lignes — je n'ose plus dire ces vers — des semblants de rimes. D'autres maîtres ne riment plus du tout. Tel M. Gustave Kahn, l'auteur des *Palais nomades*. Voici une de ses strophes :

> Tes bras sont l'asyle
> Et tes lèvres le parvis
> Où s'éventèrent les parfums et les couleurs des fleurs et
> Et ta voix la synagogue   [des fruits,
> D'immuables analogies,
> Et ton front la mort où vogue
> L'éternelle pâleur
> Et les vaisseaux aux pilotes morts des temps défunts.
> Tes rides légères le sillage gracile
> Des âges aux récifs difficiles
> Où le chœur des douleurs vers les prunelles a brui
> Ses monocordes liturgies.

Voici le début d'une autre pièce :

> Sur la même courbe lente
> Implacablement lente
> S'extasie, vacille et sombre
> Le présent complexe de courbes lentes,
> A l'identique automne les rouilles s'homologuent,
> Analogue la douleur aux soirs d'automne
> Et détonne la lente courbe des choses et tes brefs sau-
> [tillements.

De progrès en progrès, nous voilà rendus aux vers de dix-neuf pieds ! Ne désespérons pas de revoir les beaux jours de *Molinet* et de *Crétin*. Mais quoi ! n'y sommes-nous pas déjà revenus ?

En somme, le vers français n'existe pas sans la rime ; les rimes riches, toutes choses égales, sont les meilleures ; à une condition cependant, c'est que leur richesse ne fasse rien perdre à la netteté et à la force de la pensée ; c'est que l'idée prime toujours le mot, c'est que l'éclat et la perfection de la rime ne laissent jamais au lecteur cette impression que l'auteur travaille en bouts-rimés. Cette impression, les parnassiens nous la donnent trop souvent — et trop souvent aussi les romantiques, même les plus illustres. C'est pourquoi il ne faut pas craindre de dire que les poètes qui ont le mieux usé de la rime et en ont su tirer le meilleur parti sont encore les poètes classiques, les Malherbe, les Corneille, les Racine, les La Fontaine, les Boileau. Leurs rimes ont pour richesse principale moins le son que le sens. Après avoir cité la tirade cornélienne de Cinna aux conjurés :

> Lui mort, nous n'avons point de seigneur ni de maître...

un bon juge, M. Paul Stapfer, examine et pèse les rimes de Corneille, et il conclut, fort justement à mon avis : « La richesse des rimes de Corneille consiste beaucoup moins dans la quantité de lettres ou de syllabes pareilles alignées les unes au-dessous des autres que dans l'importance et la sonorité des mots, dont le grand poète a instinctivement fait choix pour terminer chacun de ses vers. *Main* et *sein*, *sacrifice* et *propice*, *maître* et *renaître*, ne sont, par elles-mêmes que des rimes suffisantes ; mais ce sont les mots nécessaires ; et la valeur solide de l'idée communiquant sa force à la rime, celle-ci fait dès lors aussi bonne figure pour le moins que si elle s'appuyait sur un cortège brillant de consonnes (1). »

Racine ne vise point aux rimes éclatantes ; mais il a pensé ses vers, il les a sentis, il les a vécus ; et là où la pensée du tragique grandit, elle retentit naturellement en consonnantes fortes et superbes ; les exemples abondent :

> Et les faibles mortels, vains jouets du trépas,
> Sont tous devant ses yeux comme s'ils n'étaient pas...

> Celui qui met un frein à la fureur des flots
> Sait aussi des méchants arrêter les complots...

> Elle se hâte trop, Burrhus, de triompher ;
> J'embrasse mon rival, mais c'est pour l'étouffer...

> Reconnaissez, Abner, à ces traits éclatants,
> Un Dieu tel aujourd'hui qu'il fut dans tous les temps.

---

(1) *Racine et Victor Hugo*, p. 281.

La Fontaine avait trop d'esprit pour croire qu'il n'y avait pas de salut, pour un poète, en dehors de la rime riche, et il s'en gaussait, au besoin, comme plus tard fera Musset. En écrivant une de ses fables, il rêve qu'un critique maussade lit par-dessus son épaule, qu'il se récrie à des rimes indigentes, et le bonhomme se fâche :

> Je vous arrête à cette rime,
> Dira mon censeur à l'instant ;
> Je ne la tiens pas légitime,
> Ni d'une assez grande vertu...
> — Maudit censeur ! Te tairas-tu ?

Sans doute ; mais, quand il veut renforcer une expression, un sentiment, une peinture, La Fontaine ne se fait pas faute d'enrichir ses rimes ; il les sème à profusion pour produire un grand effet. Ainsi, pour peindre la rage du lion poursuivi par un « chétif insecte », les rimes riches pleuvent :

> Le quadrupède écume, et son œil étincelle ;
> Il rugit. On se cache, on tremble à l'environ ;
> Et cette alarme universelle
> Est l'ouvrage d'un moucheron ?
> Un avorton de mouche en cent lieux le harcèle ;
> Tantôt pique l'échine et tantôt le museau,
> Tantôt entre au fond du naseau.

S'il le faut, il saura bien, d'instinct, recourir aux lettres d'appui, mais il ne les emploiera qu'à bon escient. Son hibou veut-il renchérir sur la grâce et les charmes de sa progéniture, il dit :

> Mes petits sont mignons,
> Beaux, bien faits et jolis sur tous leurs compagnons.

Le lion accentue et ponctue la liste de ses gros péchés, en rimes royales :

> Pour moi, satisfaisant mes appétits gloutons,
> J'ai dévoré force moutons...
> Même il m'est arrivé quelquefois de manger
> Le berger.

Je n'ai encore parlé que de la première partie du très intéressant ouvrage du P. Delaporte. De la seconde, qui traite des lois et des caprices de la rime, il y aurait lieu d'extraire, si la place ne nous faisait défaut, plus d'un curieux détail. Certains auteurs se sont amusés à faire des alexandrins, où la rime a tout simplement *douze syllabes*, pas une de moins. Tels ces deux distiques de Marc-Monnier, l'un sur la Tour-Magne, l'autre sur deux gens de lettres, dont l'un fut académicien :

> Gall, amant de la reine, alla (tour magnanime !)
> Galamment, de l'arène à la Tour Magne, à Nîme.

> Laurent Pichat virant (coup hardi) bat Empis ;
> Lors Empis chavirant, couard, dit : Bah ! Tant pis !

« C'est le comble ! dit ici le P. Delaporte, *plaudite cives !* » — Ce n'est pas le comble, pourtant ; il y a beaucoup mieux. Un jour, à Marseille, eut lieu un duel qui se termina, le plus joyeusement du monde, dans un restaurant de la Cannebière. Le lendemain, une pièce de vers courait la ville, racontant le duel et le déjeuner. Des soixante alexandrins qui la composaient, trente reproduisaient les *douze syllabes* qui avaient servi à former le vers précédent. L'auteur de ce tour de force, qui ne sera sans doute jamais dépassé, était Barthélemy, le chantre de la *Némésis*. J'engage le P. Delaporte à se procurer, pour sa seconde édition, ce jeu de rimes à nul autre pareil. Il le trouvera dans un livre rarissime, où il y a du reste bien d'autres curiosités, et des plus piquantes; paru il y a quelque trente ans et non mis dans le commerce, il a pour titre : le *Caducée, souvenirs marseillais, provençaux et autres*.

Mais il est temps de finir. Le P. Delaporte ne m'en voudra pas, j'en suis sûr, si j'emprunte ma conclusion à un des maîtres de la prose française, qui sut aussi, à ses heures de loisir, jouer assez joliment de la rime :

> Une rime a son prix, mais les rimeurs sont sots
> Qui se font moins soigneux des choses que des mots.
> Il en est de fameux dont c'est là le génie :
> L'esprit français se moque enfin de leur manie...
>
> . . . .
>
> Je peux borner ici cet essai de satire,
> Chacun achèvera ce qu'il faut encor dire,
> C'est qu'en notre parnasse, il convient avant tout
> D'avoir, non pas des mots, mais du sens et du goût.
>
> . . . .
>
> Sans souci de l'école ou nouvelle ou passée,
> Pousse en avant ton vers chargé de ta pensée ;
> Cherche à mettre l'idée et non la rime au bout ;
> Parle à l'esprit, au cœur, sois honnête ; ose tout.
>
> . . . .

> Donne-nous ton tribut. Garde-toi du Pathos ;
> Garde-toi du nuage où s'endort Lamartine,
> Garde-toi du fracas de la gent hugotine,
> Garde-toi de l'azur teuton, du gris anglais :
> *Le beau, c'est le bon sens qui parle bon français !* (1)

A ce dernier vers, déjà devenu proverbe, on a reconnu Louis Veuillot.

(1) Louis Veuillot, *Satires : De la rime riche*.

8 mars 1898.

ZÉNAÏDE FLEURIOT [1]

I

CE volume sur Zénaïde Fleuriot se termine par la liste de ses ouvrages. Ils sont au nombre de quatre-vingt-trois. Je sais bien qu'un romancier fécond n'est point par cela seul un bon romancier; mais il est certain, d'autre part, que le don d'invention est la marque distinctive du vrai romancier, et que celui à qui ce don a été départi est presque toujours un grand producteur.

Zénaïde Fleuriot a été un des meilleurs romanciers de notre temps. Beaucoup — qui ne l'ont guère lue, j'imagine — sont assez disposés à ne voir en elle qu'une continuatrice de la comtesse de Ségur, écri-

---

[1] *Zénaïde Fleuriot, sa vie, ses œuvres, sa correspondance* par FLEURIOT-KÉRINOU. Un vol. grand in-18. Hachette et Cie éditeurs, 1897.

vant, comme elle, dans la *Bibliothèque rose*, des contes pour les enfants.

Ils se trompent grandement. Mlle Fleuriot, il est vrai, a écrit surtout pour la jeunesse, mais ces romans pour jeunes filles, quand les parents ont eu la bonne idée de les ouvrir à leur tour, les ont toujours émus et charmés. Nul ne les a lus sans y trouver un plaisir extrême et sans y puiser d'heureux enseignements.

Le roman, en France, ne va guère sans un ou deux adultères ; en tous cas l'amour est toujours là, qui en fait invariablement le fond. Un roman sans amour est, à nos yeux, une sorte de *monstre*, quelque chose de contre nature, et, pour tout dire, une œuvre impossible. C'est cette œuvre pourtant que Mlle Fleuriot n'a pas craint d'entreprendre et qu'avec un indéniable succès elle a menée à bonne fin. Elle y a réussi sans efforts, ce semble, par le naturel et la simplicité, par la vérité — et la variété — des tableaux de mœurs, par l'élévation du sentiment moral et par cette autre qualité maîtresse, le talent d'observer et de peindre les caractères.

Mlle Fleuriot était Bretonne, et le milieu où elle a grandi, où elle a été élevée, explique son œuvre tout entière, si pure, si religieuse, si profondément catholique. Elle naquit à Saint-Brieuc, le 29 octobre 1829. Ses deux familles, paternelle et maternelle, étaient, l'une et l'autre, de vieille souche bretonne, tout imprégnées de la foi ardente de leurs ancêtres.

Son père, Jean-Marie Fleuriot, était parent de l'abbé Royou, le célèbre prêtre et journaliste, rédacteur de l'*Année littéraire*, où il combattit Voltaire, et de l'*Ami du Roi*, où il combattit la Révolution. Né en 1790, J.-M. Fleuriot fut élevé par son oncle, l'abbé Jean-Sébastien Rolland, recteur de Locarn-en-Duault. En 1794, le recteur de Locarn fut arrêté sous les yeux de son neveu et traîné à Brest, où le tribunal révolutionnaire l'envoya à l'échafaud, le 25 floréal an II (14 mai 1794) (1). Un autre oncle de J.-M. Fleuriot périt également victime de la persécution révolutionnaire ; seulement les traditions de la famille, rapportées par M. Fleuriot-Kerinou, ne doivent pas être ici tout à faite exactes. D'après elles, le second des oncles du jeune Jean-Marie, condamné à la peine de la déportation par le même jugement qui condamnait à la peine de mort l'abbé Jean-Sébastien Rolland, aurait été « embarqué et noyé à Nantes sur un des bateaux à soupape de l'infâme Carrier. » Carrier, qui a certes assez de crimes à son actif, est innocent de celui-là. Il quitta Nantes au mois de février 1794, et, après son départ, il n'y eut plus de noyades. La condamnation de l'oncle de Jean-Marie Fleuriot par le tribunal révolutionnaire de Brest, n'ayant eu lieu qu'au mois de mai 1794, Carrier ne fut pour rien dans les suites de cette condamnation.

Quoi qu'il en soit, Jean-Marie Fleuriot, privé de l'appui de ses deux oncles, chercha un refuge sous les drapeaux. Il servit avec honneur dans les armées de

---

(1) C'est par erreur que M. Fleuriot-Kérinou traduit le 25 floréal an II par *mai 1793*.

la République et dans celles de Napoléon. Il était à la bataille d'Austerlitz. Au mois de décembre 1806, se trouvant à Aix-la-Chapelle, il fut atteint d'une faiblesse momentanée de la vue, due aux privations et aux excès de fatigue de cette dernière campagne. Cette infirmité, qui ne devait être que passagère, « l'empêchait de distinguer, dit le certificat de visite des officiers de santé, les objets à portée nécessaire pour le service de guerre. » Il put, en conséquence, obtenir un congé de réforme.

Rendu à la vie civile, il en profita pour revenir dans sa chère Bretagne. La modeste fortune qu'il aurait pu espérer avait sombré entièrement dans la Révolution. Les biens de son oncle l'abbé, qui lui devaient revenir, avaient été confisqués et vendus. Il ne lui restait d'autres ressources que la solide éducation première qu'il avait reçue, et, bien inestimable, la passion de l'étude. Désirant se livrer à l'étude du droit qui l'attirait tout particulièrement, il obtint d'abord le poste de greffier de la justice de paix du canton de Bégard, dans l'arrondissement de Guimgamp, emploi qui devait lui laisser assez de loisirs pour qu'il pût se préparer à la connaissance de la procédure civile et de la législation criminelle.

C'est à Bégard qu'il connut et épousa Mlle Marie-Anne Le Lagadec, alors âgée de dix-neuf ans, et qui appartenait, comme lui, à une vieille famille bretonne. Le chef de la race, Guy Le Lagadec, était, en 1525, intendant de la duchesse Anne.

Ce mariage sembla ouvrir pour Jean-Marie Fleuriot une ère de bonheur qui allait le dédommager enfin des dures épreuves de sa jeunesse. Après avoir fait son droit à Rennes, il s'établit avoué à Saint-Brieuc. Grâce à sa parfaite droiture, à son caractère élevé, et aussi au réel talent qu'il n'avait pas tardé à acquérir, il vit bientôt son étude fréquentée par les meilleures familles de la province.

La procédure, d'ailleurs, ne l'absorbait pas tout entier. Il avait le goût d'écrire, et on lui doit un assez grand nombre de publications, qui témoignent, les unes, de la solidité de ses connaissances juridiques, les autres, de l'ardeur de ses convictions royalistes. Parmi ses écrits politiques, je citerai les suivants :

1° *Un mot sur l'indemnité due aux anciens propriétaires des biens confisqués pendant la Révolution.* — Cette brochure précéda de quelques mois le vote de la loi de réparation et de justice à laquelle M. de Villèle a eu l'honneur d'attacher son nom.

2° *Lettre à la Chambre des pairs pour la mise en liberté de la duchesse de Berry* (1832).

3° *Deux protestations en faveur des écoles chrétiennes de Saint-Brieuc* (1833).

4° *Un mot sur le serment électoral* (1834). L'auteur, dans les termes les plus pressants, recommande aux légitimistes de se rendre aux élections, sans se laisser arrêter par le serment imposé aux électeurs.

5° *Un mot sur quatre questions importantes :*

1° Le cens électoral doit-il être abaissé ?

2° Tous les électeurs doivent-ils être éligibles ?

3° Le serment doit-il être aboli ?

4° Une indemnité doit-elle être accordée aux députés?

Cette intéressante et curieuse brochure est de 1837. Trois ans auparavant, il en avait publié une autre, que je n'aurai garde d'oublier ici. Elle avait pour titre : *Lettre à la Gazette de France*, à propos de la souscription destinée à racheter la terre d'Augerville, propriété de Berryer, M. Fleuriot réclamait en ces termes l'honneur d'ouvrir à Saint-Brieuc les listes de cette souscription : « La Bretagne ne restera pas en arrière, elle acquittera noblement sa part de cette dette nationale, parce que dans ce pays de loyauté on sait être juste envers les grands et beaux caractères ; on aime les hommes à l'âme élevée et généreuse, et on estime par-dessus tout ceux qui demeurent constants dans leurs principes. »

Le zèle et le noble dévouement de M. Fleuriot lui avaient valu d'illustres amitiés, et en particulier celle du baron Hyde de Neuville, qui ne manquait jamais d'aller lui rendre visite dans les rares voyages que faisait à Paris l'avoué de Saint-Brieuc.

Au mois de juin 1832, Hyde de Neuville fut arrêté, en même temps que son ami Chateaubriand. Jean-Marie Fleuriot s'offrit aussitôt pour les défendre. A peu de temps de là, il recevait de Chateaubriand la lettre suivante :

« Paris, 5 juillet 1832.

« Les journaux vous auront appris, cher Monsieur, que le duc de Fitz-James, le baron Hyde de Neuville et moi nous avons été mis en liberté. Je m'empresse quand même de vous remercier de votre offre généreuse. Si mon dessein avait été de me défendre, je vous aurais choisi bien volontiers pour un de mes défenseurs.

« J'ai l'honneur de vous offrir, Monsieur, l'assurance de ma considération très distinguée.

« CHATEAUBRIAND. »

Cette lettre était adressée à M. Fleuriot, avoué « défenseur ».

M. Fleuriot ne cessait aussi d'affirmer hautement sa foi catholique, réclamant, pétitionnant, dénonçant tous les abus, toutes les injustices. Son caractère généreux devait l'entraîner plus loin encore. Il ne craignit pas de compromettre sa carrière en acceptant de défendre des accusés politiques qui ne trouvaient pas d'avocat.

Ce trait de désintéressement fut le signal de sa ruine. Désavoué par plusieurs de ses confrères, abandonné par plusieurs de ses clients, voyant chaque jour sa charge péricliter, il se décida à la vendre.

Mais il n'était rien moins que riche ; et ses adversaires crurent le moment favorable pour triompher de sa loyale ténacité. On lui fit offrir un poste officiel, qu'il refusa sans commentaires.

Il écrivait à sa fille aînée au sujet de ce refus :

« Tu l'as su, ma chère Marie, j'ai refusé la position que m'offrait le gouvernement. Non, mille fois non, certes ! Je veux rester libre de combattre pour le bien et contre le mal. Ramper devant des hommes méprisables serait à mes yeux le comble de l'infamie. Mieux vaut tôt finir et mourir à la peine... Le règne de tous ces parvenus finira peut-être plus tôt qu'ils ne le pensent ; quand cela ne serait pas, on ne doit jamais, quoi qu'il en coûte, dévier du chemin de l'honneur, du bon droit et de la vérité. »

C'est au foyer de cet homme de bien, de ce vaillant royaliste, que s'est formée Zénaïde Fleuriot. Elle a illustré son nom ; mais n'est-ce pas de lui qu'elle tenait ses qualités les meilleures : sûreté dans les principes, fermeté dans les convictions, élévation de l'esprit, exquise sensibilité du cœur, fidélité dans les attachements, dévouement à toute épreuve ?

II

C'était en 1849. Peu à peu il avait fallu hypothéquer, puis vendre tous les biens : le Seuren, Hesnos, Rubriant, la maison de Saint-Brieuc, Guenharic ; le cher Palacret, dernier asile de la famille, avait eu le même sort. Une véritable pauvreté était venue s'asseoir au foyer de J.-M. Fleuriot. Ses trois fils avaient dû quitter Saint-Brieuc. François, l'aîné, s'était établi avocat à Lannion ; Théodore, reçu docteur, mais ne pouvant attendre la clientèle, était parti pour l'étranger ; Jean-Marie-Rose guerroyait en Algérie. Il ne restait plus à la maison que les deux filles, Marie et Zénaïde. Marie, l'aînée, ne pouvait songer à quitter son père ; Zénaïde était résignée à le faire, pour pouvoir lui venir en aide. Plusieurs fois les amis restés fidèles au chevaleresque vieillard avaient fait à celui-ci des offres discrètes ; mais il avait irrévocablement repoussé toute idée de séparation d'avec sa Benjamine.

Sur ces entrefaites, néanmoins, il reçut une lettre de M. G. de Keréver, châtelain des environs de Saint-Brieux ; elle était ainsi conçue :

« Mon cher Fleuriot,

« L'abbé de Brémoy, mon beau-frère, m'a dit que peut-être Mlle Zénaïde pourrait s'occuper de l'éducation de mes trois filles ; je connais, par ouï-dire, toutes ses qualités de cœur et d'esprit, et je serais bien heureux si vous consentiez à vous en priver pour qu'elle prît place au milieu de nous. Mme de Keréver me charge de vous dire qu'elle vous en aurait une véritable reconnaissance.

« Dans l'espoir d'une prompte et favorable réponse, veuillez croire, mon bien cher ami, à mes sentiments tout dévoués.

« Etienne G. DE KERÉVER. »

J.-M. Fleuriot se sentait découragé, malade ; la généreuse délicatesse de cette lettre vainquit ses dernières résistances. Selon son habitude de tout annoter, il écrivit en marge ces lignes : « Le plus beau spectacle de l'univers est celui de l'honnête homme en lutte avec l'adversité ; mais il en est un plus noble encore, c'est celui de l'homme de bien qui vient lui tendre délicatement une main amie. »

La réponse fut affirmative et pleine de gratitude.

Quelques jours plus tard, le cœur serré, les yeux noyés de larmes, mais forte du devoir à accomplir, Zénaïde dit adieu au vieux logis et au père bien-aimé qu'elle ne devait plus revoir. A vingt ans, à l'âge de toutes les illusions, de tous les espoirs, de tous les rêves de bonheur, elle quittait ses parents et sa douce liberté, pour aller apprendre de par le monde la science de la vie.

Au mois de septembre 1849, elle s'installait à Château-Billy, résidence d'été de M. de Keréver. Elle y resta pendant dix-sept ans, jusqu'en 1864. L'institutrice n'avait pas tardé à devenir, pour M. et Mme de Keréver et leurs filles, non seulement une amie, mais un membre même de la famille. La sienne allait d'ailleurs lui manquer de plus en plus. Deux mois après son départ, le 9 novembre 1849, son père mourait presque subitement avant qu'elle eût le temps d'accourir près de lui. Les dernières paroles de ce ferme chrétien avaient été pour elle : « Mon cœur la bénit, avait-il dit, qu'elle reste à son devoir. » Rester à son devoir! simple et admirable parole, qui résumait toute l'existence du père et qui résumera aussi toute l'existence de sa fille.

Presque aussitôt après son arrivée à Château-Billy, Zénaïde Fleuriot commença d'écrire. Vouée tout le jour à ses devoirs d'institutrice, le soir, lorsque les enfants étaient couchés, et pendant que M. et Mme de

Keréver faisaient leur partie de cartes, elle écrivait sur ses genoux, sans cesser pour cela de prendre part à la conversation. Elle songeait bien plus à se distraire qu'à devenir auteur. Un jour pourtant, — c'était en 1857 — elle eut une petite ambition, la plus modeste du monde. Elle envoya à Lyon une nouvelle intitulée : *la Fontaine du Moine rouge*, pour un concours proposé par la *France littéraire*, que dirigeait alors M. Adrien Péladan, le propre père du « sar ». Sa nouvelle remporta le premier prix. Dès qu'elle apprit son succès, elle écrivit à M. Péladan pour le prier de ne pas divulguer son nom.

Au concours suivant de *la France littéraire*, elle envoya deux pièces de vers, qui obtinrent encore le premier prix, et une nouvelle en prose intitulée *Une heure d'entraînement*, également couronnée, et qui fut imprimée dans la *Revue lyonnaise* sous le pseudonyme « d'Anna Edianez » : ce dernier nom n'était que celui de Zénaïde renversé.

Après le succès ainsi obtenu par ses deux premières nouvelles, il était difficile que Zénaïde Fleuriot ne se décidât pas enfin à entrer résolument dans la voie où la poussait une véritable vocation. Elle s'adressa d'abord à M. Ambroise Bray, éditeur catholique, qui publiait alors les œuvres d'une femme de lettres, au talent sain et justement estimé, Mme Bourdon. Elle lui proposa son premier ouvrage, recueil de nouvelles, sous le titre : *Souvenirs d'une douairière*. M. Bray, homme d'esprit et de goût, s'empressa d'accepter. Ce volume, le premier des quatre-vingt-trois ouvrages de l'auteur, est dédié « A ses sœurs d'affection, Marie, Alix, Claire et Louise de Keréver. » Il parut en 1859.

Zénaïde Fleuriot aimait par-dessus tout la vérité, ce qui l'engagea à solliciter la critique impartiale et éclairée d'un homme qu'elle ne connaissait encore que par ses écrits, mais dont le talent et le caractère lui inspiraient une estime profonde et comme une sorte de vénération. C'était M. Alfred Nettement. Nul n'était plus indiqué pour servir de conseil, et bientôt, nous le verrons, de parrain littéraire à la fille de Jean-Marie Fleuriot. Nul, parmi tous les écrivains de ce temps, n'est demeuré plus invariablement fidèle à la devise du généreux avoué de Saint-Brieuc : « Rester à son devoir ! »

Voici sa réponse à la lettre de Zénaïde Fleuriot :

« Mademoiselle,

« Je ne puis assez vous remercier de ce que vous voulez bien me dire d'indulgent et d'aimable pour des travaux consciencieux, sans doute, mais dans lesquels je voudrais avoir mis plus de talent, puisqu'ils sont consacrés au service de la bonne cause. Quant au livre de *Nouvelles* dont vous me parlez, il ne m'est pas encore parvenu ; je ne puis donc ni vous donner les conseils que vous voulez bien me demander, ni vous dire si des travaux analogues pourraient entrer dans le cadre de la *Semaine des Familles*. J'attendrai donc l'envoi du volume pour répondre à ce passage de votre lettre.

« Agréez, mademoiselle, mes respectueux hommages.

« Alfred NETTEMENT. »

M. Fleuriot-Kerinou a fait précéder cette lettre des lignes suivantes : «... C'était M. Alfred Nettement, « alors » représentant du Morbihan, fondateur du journal l'*Opinion publique*, qu'il dirigeait, ainsi que la *Semaine des Familles*, avec autant d'autorité morale et religieuse que de talent littéraire. » Il y a ici deux petites erreurs. La lettre de Zénaïde Fleuriot et la réponse de Nettement sont de 1859. Or, à cette date, il y avait déjà huit ans que le vaillant publiciste n'était plus représentant du Morbihan. Le coup d'Etat du 2 décembre avait brisé son mandat. De même son journal, l'*Opinion publique*, avait été supprimé au mois de janvier 1852. En 1859, ne pouvant plus avoir de journal politique, il dirigeait et rédigeait presque à lui seul, sous des pseudonymes variés, la *Semaine des Familles*. Il l'ouvrit toute grande à Mlle Fleuriot. Elle y fit son entrée au mois d'août 1859 par un court roman intitulé : *Projets d'avenir*, premier anneau de cette chaîne non interrompue d'œuvres charmantes qu'elle y publia depuis l'année 1859 jusqu'à sa mort en 1890.

A la fin de 1859, elle fit encore paraître un volume de nouvelles, *Marquise et pêcheur*, puis *une Famille bretonne*, dédié à Mme de Keréver, et à bon droit, car c'est bien sa chère famille d'adoption que l'auteur a voulu peindre, reproduisant l'heureuse vie et les gais propos de cette aimable jeunesse qui s'épanouissait à ses côtés.

En 1860 et 1861, quatre œuvres nouvelles : *La Vie en famille*, *Réséda*, *Sans beauté*, *Eve*, affirmèrent de plus en plus le talent du nouveau romancier. Ce talent, Alfred Nettement l'appréciait dès lors, dans une introduction placée en tête de la deuxième édition de *La Vie en famille*, avec une justesse que l'avenir devait entièrement vérifier ; voici quelques extraits de ce jugement :

« Dès son premier ouvrage (*Souvenirs d'une douairière*), derrière ce jeune talent, on sentait la présence d'une âme paisible et forte, soutenue et réglée par la foi catholique... — *Marquise et pêcheur*, *Eve*, portent l'empreinte du même talent observateur, sérieux, sobre, honnête, vigoureux, sensible sans être sentimental, étranger aux mièvreries qui, trop souvent, embarrassent les plumes féminines dans des détails infinis qui font ressembler les tableaux qu'elles tracent à des miniatures. Sa plume marche vaillamment à son but, sans s'attarder sur la route pour peindre, avec une curieuse sollicitude, les moindres contours des objets qu'elle rencontre ; son trait est large et ferme, sa couleur ne se perd pas dans les nuances...

« Partout et toujours, Mlle Fleuriot regarde la vie réelle du haut de l'idéal chrétien. C'est là un des attraits les plus puissants de son talent, à la fois sincère et élevé. Elle ne surfait ni la société, ni les personnages qu'elle met en scène, ni la vie humaine, qu'elle peint telle qu'elle est ; il n'y a chez elle ni

Clarisse, ni Grandisson, mais elle éclaire tout d'un rayon venu d'en haut.

« Je n'ai pas besoin d'avoir son acte de naissance pour la tenir pour Bretonne. Je sens s'élever, dans ses pages, avec de fraîches inspirations, cet air salubre que j'ai souvent respiré sur les côtes du Morbihan, quand la brise de mer, chargée de sel, me soufflait sur le visage. Puis, çà et là on voit apparaître dans ses ouvrages ces espèces de médailles vivantes que l'on trouve dans la Bretagne plus que partout ailleurs, demeurants d'un autre âge, ruines si l'on veut, mais vénérables ruines, débris d'une société tombée, qui excitent peut-être, au premier abord, le sourire des jeunes gens par l'étrangeté de leur extérieur et de leurs habitudes, par le défaut d'harmonie qui existe entre eux et la société nouvelle, mais qui, en définitive, imposent le respect aux autres par leur respect pour eux-mêmes, par leur stoïcisme chrétien au milieu d'une honorable pauvreté, par leur culte inflexible pour l'honneur, ce gardien de notre vieille société française.

« Bretonne et chrétienne, elle a donc étudié l'humanité, comme la nature, dans sa province natale. Elle a vécu dans cette atmosphère de foi, d'honneur et de probité antiques, et l'on retrouve dans ses compositions comme un reflet de ces vertus morales qu'elle a eues sous les yeux depuis son enfance... »

III

Au commencement de l'année 1862, Zénaïde Fleuriot avait conquis, grâce à ses travaux littéraires, une indépendance matérielle relative. Le premier argent, fruit de son travail, fut employé à payer les dettes contractées par son pauvre et bien-aimé père. Ce lui fut aussi une grande joie de pouvoir envoyer une petite somme à son frère Jean-Marie, qui continuait à guerroyer là-bas en Algérie. L'argent était à peine parti qu'elle recevait la nouvelle que son frère venait de succomber glorieusement dans un combat livré à des tribus tunisiennes de la frontière. « Sa mort, écrivait son capitaine, a été celle d'un soldat ; il s'est fait tuer comme un héros, en attaquant à pied, le sabre à la main, l'ennemi qui s'était réfugié dans des retranchements inaccessibles, sauvant ainsi, par son dévouement, l'arrière-garde qui s'était engagée dans le ravin. »

Jean-Marie Fleuriot repose dans le petit cimetière de Souk-Aras, l'ancienne Tagaste, patrie de sainte Monique et de saint Augustin, sur la route de Carthage à Hippone. Sur le monument élevé par son escadron se lit cette inscription :

Ce 14 juin 1862
FLEURIOT
MORT AU CHAMP D'HONNEUR
Maréchal des logis au 5ᵉ escadron du 3ᵉ Spahis.

De 1862 à 1864, Zénaïde Fleuriot publia quelques-uns de ses meilleurs ouvrages, *les Prévalonnais, mon Sillon, la Clef d'or, Sans Nom, l'Oncle Trésor, Nos Ennemis intimes, la Glorieuse* et *Histoire pour tous*. *Les Prévalonnais* et *Glorieuse* sont particulièrement remarquables, et garderont dans l'œuvre si considérable de l'auteur une place à part. Sans renoncer à la Bretagne, sans vouloir même se séparer de la famille de Keréver, qui se faisait honneur de l'avoir maintenant pour hôte, elle ne manquait pas alors d'aller chaque année à Paris vers le carême pour traiter de ses affaires littéraires. Là aussi elle retrouvait des amis bien chers et au premier rang la famille d'Alfred Nettement et celle de l'éditeur de la *Semaine*, M. Jacques Lecoffre.

Si vives avaient été les instances de la famille Lecoffre qu'elle ne pouvait descendre ailleurs que chez eux, rue Bonaparte.

A la fin de cette année 1866, un grand changement allait se faire dans sa vie. Son frère François, avocat à Lannion, qui avait épousé en 1857 Mlle Jenny Le Nouvel, était devenu veuf. Il avait un fils qui avait grandi et dont il fallait surveiller l'éducation. Zénaïde Fleuriot se décida à quitter la famille de Keréver, qu'elle aimait tant et si tendrement, pour venir s'installer à Saint-Brieuc. Là elle garderait chez elle son neveu en lui faisant suivre comme externe les cours du collège Saint-Charles. Une épidémie de choléra ravagea la Bretagne à la fin de 1866 et au commencement de 1867. Mlle Alix de Keréver fut une des victimes de l'épouvantable fléau. C'était la meilleure amie de Mlle Fleuriot, qui resta longtemps, à la suite de cette perte, plongée dans un profond accablement. Malgré la vigueur exceptionnelle de sa constitution, ses amis craignirent pour sa santé. Ils lui conseillèrent de voyager.

Le 21 juin 1867, elle partait pour l'Italie ou plutôt pour Rome ; elle s'y lia d'une étroite amitié avec la princesse de Sayn-Wittgenstein, elle-même écrivain éminent.

Leur correspondance, qui dura vingt ans, de 1867 à 1887, est reproduite en grande partie dans l'intéressant volume de M. Fleuriot-Kérinou.

A la fin de 1868, Zénaïde Fleuriot quittait Saint-Brieuc pour venir s'installer définitivement à Paris. Paris n'attire-t-il pas forcément tous les écrivains? N'est-ce pas pour eux surtout qu'elle est vraiment la capitale ? Et si même on commence en province, n'est-ce pas toujours par Paris qu'il faut finir ? Et pourtant si Zénaïde Fleuriot y venait à son tour, ce n'était point pour se rapprocher du monde des lettres, c'était pour y vivre de la vie religieuse. Ce qui l'appelait, ce n'étaient pas les salons littéraires, c'était un humble couvent. Après une retraite chez les religieuses Auxiliatrices du Purgatoire, rue de la Barouillère, elle écrivait sur son cahier de notes intimes :

« ... Je ne suis pas mariée parce que Dieu ne l'a pas voulu. Un seul projet de ce genre m'avait ébranlée. Le jour où j'avais écrit un *oui* formel, celui qui devait m'épouser mourait subitement.

« Dans cet événement absolument imprévu, je reconnus le doigt de Dieu. Or, on a beau faire, ce que Dieu ne veut pas, ne s'accomplit pas.

« A cette heure recueillie de mon existence, je ne puis que le louer de son adorable conduite sur sa pauvre servante, qui l'aime et le bénit de tout son cœur.

« D'après cet ensemble de réflexions, de souvenirs, et les conseils du révérend Père Olivaint, je formulerai des résolutions pratiques, prenant devant Dieu l'engagement solennel d'y rester fidèle.

« Ma vie sera laborieuse, car je désire *servir* Dieu, tirant de mes facultés tout ce que j'en pourrai obtenir.

« Je désire me rapprocher de Notre-Seigneur Jésus-Christ, vivant habituellement avec lui. Pour cela, je me fixerai à Paris, dans une retraite relative; je me plierai à la régularité, et je ferai passer avant tout les exercices de piété qui me seront conseillés.

« Dans le monde, je serai décidément, irrévocablement placée sous l'étendard de Jésus-Christ ; ma conduite se conformera à mes croyances, sans respect humain. Je ne veux plus rien donner à l'orgueil, « au « paraître ».

« Je conserverai mes vêtements de deuil.

« Je ne veux pas rester un jour sans faire d'une manière ou d'une autre quelques mortifications pour Alix, dont la mort a été pour moi une révélation de la vraie vie et à laquelle je veux demeurer fidèle jusqu'à la mort et au delà. Dieu m'en fasse la grâce ! — Paris, 10 novembre 1868. »

A quelque temps de là, elle loua un appartement dans les bâtiments attenants à la communauté des religieuses Auxiliatrices, rue du Cherche-Midi, 116; elle y habita jusqu'à sa mort.

Au milieu de toutes ces abnégations, il était un sacrifice pourtant que Zénaïde Fleuriot n'avait pas fait : elle n'avait pas renoncé à sa chère Bretagne. En 1873, elle fit bâtir sur le bord de la mer, dans le Morbihan, à Locmariaker, un cottage rustique, assez grand pour y recevoir tous les siens. Elle y revint chaque année. A Locmariaker comme à Paris, elle ne cessait de travailler, de multiplier ses œuvres, de « servir Dieu », selon l'engagement qu'elle avait pris et qu'elle a si fidèlement tenu.

On lira, dans le volume de M. Fleuriot-Kerinou, le récit de ses vingt dernières années. Peu de lectures sont à la fois plus agréables et plus fortifiantes. Zénaïde Fleuriot mourut à Paris, le 19 décembre 1890. Selon son désir, elle repose en terre bretonne, dans le petit cimetière de Locmariaker.

Cette admirable chrétienne n'aura pas seulement passé en faisant le bien ; ses œuvres lui survivront. Longtemps encore, on lira ces bons et aimables livres, où elle n'a pas écrit une phrase qui ne fût pour l'amélioration des âmes. Si la critique ne lui a pas toujours rendu justice (elle avait ailleurs tant de chefs-d'œuvre à célébrer!) Zénaïde Fleuriot a pu s'en consoler en relisant le bref que Sa Sainteté Pie IX daigna lui adresser, le 30 décembre 1872, et dont voici les premières lignes :

« Chère fille en Jésus-Christ, salut et bénédiction apostolique.

« Ce que des hommes de grand mérite n'ont pas jugé indigne d'eux, les uns, de composer parfois des récits de faits imaginaires, les autres de donner à des histoires véritables l'attrait de la fiction, dans le but d'éloigner par là les hommes de la lecture des livres impies et de jeter dans leur cœur, en quelque sorte à leur insu, des semences de piété,

« Nous vous félicitons, chère fille en Jésus-Christ, de l'avoir fait aussi dans les nombreux volumes que vous avez publiés. C'est pourquoi nous avons reçu avec plaisir le dernier de ces ouvrages, où vous faites la description de notre ville de Rome, que vous venez de visiter. »

19 septembre 1897.

LA JEUNESSE DE BERRYER [1]

I

CETTE *Vie de Berryer*, dont M. Charles de Lacombe nous donne aujourd'hui la première partie, ne formera pas moins de trois volumes de 500 pages chacun. A la bonne heure! une biographie n'a de valeur et d'intérêt qu'autant qu'elle est pleine de détails, d'anecdotes, de lettres, d'informations de toutes sortes. Ici d'ailleurs l'auteur n'avait pas à craindre de trop s'étendre ; il pouvait avec sécurité parler de son héros tout à son aise. Au milieu des événements auxquels il fut mêlé, dans ce drame du XIXe siècle, dont il fut un des personnages les plus considérables, Berryer a été vraiment et par-

---

(1) *Vie de Berryer d'après des documents inédits*, Tome premier : *La jeunesse de Berryer*, par Charles de LACOMBE, un volume in-8º avec deux portraits, librairie de Firmin-Didot et Cie. 1894.

dessus tous « le personnage sympathique ». Eugène Delacroix écrivait sur son *Journal*, à la date du 27 décembre 1853 :

« J'ai rencontré Berryer avec le plus grand plaisir et un peu honteux de l'avoir négligé. Il me témoignait le regret de ne pas me voir, et ce n'étaient pas même de tendres reproches. C'est une nature vraiment riche et *sympathique*. Il m'a dit que je devais l'aller trouver à la campagne quelquefois. *Je l'aime beaucoup* (1). »

Cet homme de génie était simple, désintéressé, modeste ; il était bon. C'est Bossuet qui a dit : « L'univers n'a rien de plus grand que les grands hommes modestes (2). » Il est un autre mot de Bossuet qui se peut appliquer encore à Berryer : « La bonté n'était pas seulement une de ses vertus, c'était son fond ; c'était lui-même. » Et c'est pourquoi, malgré la divergence profonde des idées, en dépit des luttes passionnées et irritantes, ses adversaires eux-mêmes ne pouvaient se défendre de l'aimer. Odilon Barrot lui disait un jour : « Comment faites-vous donc pour n'avoir pas un ennemi, alors que nous en avons tant et de si fougueux ? *Vous devez avoir un trésor d'amour caché quelque part.* » M. Louis de Loménie, qui n'était pas alors de ses amis politiques, écrivait en 1840, dans sa *Galerie des contemporains illustres* : « Outre que M. Berryer est l'homme le plus éloquent,

---

(1) *Journal d'Eugène Delacroix*, T. II. p. 304.
(2) *Oraison funèbre de Nicolas Cornet, grand maître de Navarre.*

il est encore l'homme le plus fêté, le plus prôné, le plus adulé, le plus aimé, le plus idolâtré de France et de Navarre. *Tout le monde aime M. Berryer* (1). »

Ce qu'il fut pour ses contemporains, il continuera, grâce à son nouveau biographe, à l'être pour les générations nouvelles. Sainte-Beuve terminait ainsi son premier article sur Molière : « Chaque homme de plus qui sait lire est un lecteur de plus pour Molière. » De même je dirais volontiers : « Chaque lecteur de plus qui ouvrira le livre de M. Charles de Lacombe sera un ami de plus pour Berryer. »

II

Antoine-Pierre Berryer naquit à Paris, rue Saint-Merry, numéro 6, le 4 janvier 1790. A l'âge de sept ans, le 30 avril 1797, il entra au collège de Juilly, où il resta jusqu'à la fin de 1806. Parmi ses camarades, quelques-uns étaient plus sages et plus studieux, mais il était de tous le plus aimé. Ce don de gagner les cœurs, que j'ai dû signaler tout d'abord parce qu'il fut chez lui le don suprême, se manifesta chez Berryer dès son plus jeune âge. Cette figure expressive, enjouée, pleine de franchise, ce beau regard d'enfant, ces vives et fraîches couleurs, je ne sais quel épanouissement lumineux éclairant toute

(1) *Galerie des contemporains illustres,* par *un homme de rien* (Louis DE LOMÉNIE). 1840.

sa personne, attiraient et charmaient l'attention. Il
avait l'humeur malicieuse et la main prompte aux
tours d'écolier; mais les maîtres qui auraient pu
s'en plaindre ne pouvaient s'empêcher d'en sourire;
tout était en lui si ouvert et si droit. « Enfant aussi
beau que vif, et pétillant d'esprit, mais dont la pétulance laissait toujours quelque trace de l'inépuisable
bonté de son cœur, » écrivait depuis un homme qui
avait connu ses premières années.

D'après l'un de ses premiers biographes, M. de
Loménie, « le jeune Berryer fit preuve de bonne
heure d'une intelligence et d'une *paresse* égales ».
Cela n'est pas tout à fait exact. Berryer ne se refusait
pas au travail; mais il ne s'y livrait qu'à ses heures.
Je ne vois pas d'ailleurs que ni l'auteur des *Contemporains illustres* ni M. Charles de Lacombe,
pourtant si complet, aient signalé ce qui faisait alors
l'originalité de l'enseignement donné à Juilly. Les
oratoriens avaient adopté une méthode qui, pour
n'être plus en honneur aujourd'hui et pour être rigousement proscrite par les règlements universitaires,
n'en présentait pas moins de véritables avantages.
Les élèves de seconde et de rhétorique étaient libres
de faire le genre de devoirs le plus à leur convenance, de traiter les sujets le plus en harmonie avec
leur intelligence, de travailler enfin à leur guise,
pourvu qu'ils travaillassent. On ne les astreignait pas
à se livrer, le plus souvent à contre-cœur, à des compositions forcées. Les maîtres se ployaient aux dispositions de leurs élèves et ne cherchaient pas à fa-

çonner tous les écoliers d'après un type unique, à les jeter tous dans le même moule. « Là enfin, selon l'expression de Bossuet, que je me plais d'autant plus à citer ici que Berryer avait fait de ses œuvres sa lecture favorite, une sainte liberté faisait un saint engagement; on obéissait sans dépendre, on gouvernait sans commander. Toute l'autorité était dans la douceur, et le respect s'entretenait sans le secours de la crainte(1). »

Cette facilité laissée aux élèves permit au jeune Berryer de se livrer aux exercices d'imagination par lesquels il préludait déjà avec bonheur à ses succès futurs. Il choisissait ses sujets d'études, les embrassait parfois d'un élan impétueux, et n'avait qu'à vouloir pour y exceller. Dès ce moment, il annonçait son goût pour les grands classiques ; il cultivait les vers latins et les vers français Un jour, il envoie à son père une poésie française de sa composition, et il ajoute : « Tu vas trouver sans doute que je te demande plus que je ne vaux. J'ose te prier de m'envoyer une édition de Boileau avec des notes. Où peut-on mieux apprendre et se perfectionner qu'à l'école de ce grand maître ? »

A la fin de 1806, Berryer quitta le collège de Juilly. Il avait seize ans. Son père tenait à l'avoir auprès de lui pour diriger l'achèvement de ses études, et se rendre compte par lui-même, en interrogeant les dispositions et les goûts du jeune homme, de la carrière à laquelle il pouvait être appelé.

(1) *Oraison funèbre du père Bourgoing.*

Il le plaça à la pension Pinel. Cette pension était située dans la rue de Saint-Nicolas, près de la rue Caumartin. Le jeune Berryer refit dans cet établissement sa classe de rhétorique, en suivant les cours du lycée Bonaparte. Il se pénétrait de ses classiques ; il cultivait à la fois, en français comme en latin, le discours et la poésie, et montrait de rares aptitudes pour les sciences exactes. Tout ceci ne concorde guère avec la *légende* de l'élève Berryer, doué sans doute de dons merveilleux, mais affligé d'une incurable paresse. Un petit détail va du reste montrer le peu de fondement de cette légende. En 1807, il obtient, au lycée Bonaparte, le 3e accessit de discours latin, le 2e accessit de discours français, de version grecque, de vers latins et de poésie française, le 2e prix de version latine. En 1808, il a le premier prix de chimie et de physique.

Lorsqu'il sortit du collège, son père tint à lui faire compléter, avant tout, son instruction littéraire et scientifique. Pour cela, il le mit sous la direction d'un de ses anciens professeurs du lycée Bonaparte, M. Deguerle, humaniste et poète de talent, qui allait être appelé, à peu de temps de là, à occuper la chaire de littérature française à la faculté des lettres (1). Avec lui le jeune étudiant fit une revue générale des auteurs et des matières qui avaient composé son

---

(1) Nicolas Deguerle (1766-1824), auteur d'une traduction en prose de l'*Enéide*, et de nombreuses poésies, parmi lesquelles la *Guerre civile*, poème imité de Pétrone (1799). On a publié, en 1829, ses *Œuvres diverses*.

cours d'humanité. Il étudia en outre la botanique sous M. Desfontaines, la minéralogie sous M. Haüy, la physique, la mécanique, l'anatomie comparée. Il suivait aussi des cours d'éloquence et de littérature à la faculté des Lettres et au Collège de France.

Ce n'est qu'après avoir revisé et complété ses premières études, qu'il fut envoyé à l'Ecole de droit. « Je veillai, dit son père au tome Ier de ses *Souvenirs*, à ce qu'il fît son droit avec plus d'approfondissement qu'on ne le faisait aux écoles. Je lui donnai pour répétiteur un jurisconsulte habile, M. Bonnemant, qui avait été membre de l'Assemblée constituante, ensuite juge du Tribunal civil de Paris, avec lequel je concertais le plan des répétitions en mon domicile. »

M. Bonnemant était avocat au barreau d'Arles, lorsqu'il avait été nommé, par le tiers état de cette ville, député aux états généraux. Il avait, non sans succès, pris plusieurs fois la parole à l'Assemblée constituante. Se doutait-il, lorsqu'il donnait des répétitions au jeune Berryer, que son élève dépasserait un jour tous les orateurs de la Constituante et qu'il égalerait Mirabeau ?

Berryer père complète, en ces termes, ses intéressants détails sur l'éducation de son fils : « Cette seconde filière parcourue, je voulus qu'il se résignât à une troisième, non moins nécessaire à l'avocat, l'étude de la procédure. Je le fis entrer chez M. Normand, avoué de première instance, praticien aussi probe qu'instruit, qui est décédé juge de paix à Paris. »

Mᵉ Normand demeurait rue de la Sourdière, 27 ; Berryer logea dans sa maison. Il habitait, au sixième étage, une petite chambre éclairée par une petite lucarne, sous les toits. Le réduit était modeste et triste ; mais le jeune clerc avait, pour l'égayer et l'embellir, sa vive et bonne humeur, son intelligence en éveil, et bientôt le charme d'un amour qui avait pris possession de son cœur et qui allait fixer sa destinée.

Le 7 mai 1811, il était reçu bachelier en droit ; le 3 septembre, licencié. Il prit place au barreau le 16 novembre de la même année.

Quelques semaines plus tard il se mariait. Le 10 décembre 1811, dans l'église de l'Abbaye-au-Bois, il épousa « Marie-Louise-Caroline Gautier, fille de Pierre-Nicolas Gautier, directeur en chef de la Marine et de la Guerre, et de Marie-Madeleine de Bar ».

III

Lorsque Berryer débuta au Palais, à l'âge de vingt-deux ans, le barreau de Paris n'était pas moins remarquable par l'éclat que par la variété des talents. Dans cette élite, où brillaient les Bellard, les Bonnet, les Delacroix-Frainville, les Giquel, les Férey, les Roy, les Delamalle, les Gairal, les Tripier, les Dupin et celui qui allait s'appeler maintenant Berryer père, Berryer fils eut vite fait de marquer sa place au premier rang. Il parut avec un égal succès dans les affaires criminelles et dans les affaires civiles. Aussi nul ne s'étonna-t-il lorsqu'on le vit, au mois de novembre 1815, chargé, avec son père et M. Dupin, de la défense du maréchal Ney.

Les pages consacrées par M. Charles de Lacombe au procès du maréchal sont du plus dramatique et du plus douloureux intérêt. Nous ne voyons aujourd'hui que la gloire du héros de la retraite de Russie, et cette image nous rend insupportable le souvenir de la mort qui lui fut réservée. Mais, pour juger avec équité ce tragique événement, il convient de se reporter au temps même qui le vit s'accomplir, aux circonstances qui l'entourèrent. La France était envahie, foulée aux pieds par les armées étrangères. Nos armées étaient détruites, nos finances ruinées, anéanties. Des désastres sans nom s'étaient abattus sur la patrie. Après Napoléon, celui qui portait surtout la responsabilité de ces désastres, c'était le maréchal Ney. Sa trahison était, aux yeux de tous, la principale cause de nos malheurs. Cette trahison qu'aggravaient encore la mission reçue et acceptée, les engagements pris, était éclatante, indiscutable. Le maréchal reconnaissait lui-même sa culpabilité. On se trouvait en présence d'un crime puni par les lois de toutes les nations, d'un crime qui avait eu pour la France les conséquences les plus terribles. Pouvait-on le laisser impuni? Jusque dans les rangs des anciens soldats de l'Empire, on demandait la condamnation du maréchal. M. Charles de Lacombe a cité à cet égard une lettre bien significative, écrite par un général qui avait pris une part glorieuse aux guerres impériales ; il se plaint des lenteurs de la justice ; il voudrait une commission militaire qui pût frapper sur-le-champ les coupables. M. de Lacombe aurait pu citer une autre lettre, plus significative encore, écrite par l'homme qui s'était le plus compromis moralement dans les Cent-Jours, par celui qui allait devenir le chef des *libéraux*, par Benjamin Constant. Lors de l'arrestation de la Bédoyère, Benjamin Constant adressa au préfet de police, M. Decazes, une lettre dans laquelle il désignait clairement le maréchal Ney comme le seul qui dût périr. « J'affirme, écrivait-il, que cette sévérité n'est pas le moyen de salut que les circonstances demandent ; que s'il faut être sévère, *il ne faut frapper qu'une seule tête;* que M. de la Bédoyère n'est pas la tête qu'il faut frapper, si l'on en veut une. Je ne me pardonnerais jamais, à moi qui n'ai pas cette fatale mission, de désigner une victime, et je sens que je ne puis tracer les mots qui l'indiqueraient. Mais M. de la Bédoyère peut alléguer l'imprudence, la non-préméditation, la franchise, la jeunesse... Je m'arrête, car ma main tremble en pensant que *cette insinuation est déjà trop claire*, et, que je ne dois pas, en plaidant pour la vie de l'un, recommander *la mort de l'autre* (1) ».

Il était donc impossible au gouvernement de la

---

(1) Alfred Nettement, *Histoire de la Restauration*, T. III. p. 417.

Restauration de ne pas poursuivre le maréchal Ney. Encore ne le fit-il qu'à son corps défendant. Ce procès que la France presque tout entière réclamait, il fit tout ce qui dépendait de lui pour l'éviter. « Il Nous a fait plus de mal, dit Louis XVIII en apprenant l'arrestation du maréchal, il Nous a fait plus de mal en se laissant prendre, que le jour où il Nous a trahi. »

Toutes les facilités d'évasion avaient été fournies au maréchal. Le prince d'Eckmühl lui avait fait délivrer un congé illimité ; il avait reçu de Fouché, dès les premiers jours de juillet 1815, deux passeports, dont l'un sous un nom étranger. Après l'ordonnance du 24 juillet, qui inscrivait son nom parmi les exceptés à l'amnistie, au lieu de quitter la France, il se retira chez une de ses parentes, dans le département du Lot. La vue d'un sabre égyptien oublié dans le salon du château éveilla les soupçons sur sa présence. L'excès de zèle d'un préfet le fit découvrir. Arrêté le 3 août, il fut transféré à Paris.

Un conseil de guerre fut aussitôt constitué par les ordres du maréchal Gouvion-Saint-Cyr, ministre de la guerre, qui désigna pour les fonctions de président le maréchal Moncey, duc de Conegliano, doyen des maréchaux. Sur son refus, il fut remplacé par le maréchal Jourdan. Avec celui-ci, les maréchaux Masséna, Augereau, Mortier, les lieutenants généraux Gazan, Claparède, Villate, formaient le tribunal. Le président désigna pour rapporteur le général Grandier, dont les opinions bonapartistes étaient notoires.

Les membres du conseil étaient donc des frères d'armes de l'accusé ; c'étaient tous des soldats de l'Empire, quelques-uns même compromis dans l'aventure des Cent-jours. S'il y avait une chance d'épargner la vie du maréchal, elle était dans la nomination de pareils juges. En les choisissant, Louis XVIII avait fait tout ce qu'il était possible de faire pour sauver le maréchal Ney.

L'instruction du procès dura trois mois, non sans de vives plaintes et de nombreuses réclamations : beaucoup s'étonnaient, s'indignaient même de tant de lenteurs pour le jugement d'un crime si évident. L'audience du conseil de guerre s'ouvrit, le 9 novembre 1815, au Palais de justice. Ney déclina la compétence du conseil qui, saisissant avec empressement le moyen qui lui était offert par le maréchal lui-même pour se soustraire à une charge pénible, se déclara incompétent, par ce motif que le prévenu faisait partie de la Chambre des pairs au moment où s'étaient accomplis les actes incriminés, et qu'à cette Chambre appartenait, aux termes des articles 33 et 34 de la Charte, la connaissance des crimes de haute trahison.

Ney fut alors traduit devant la Chambre des pairs. Lorsqu'il fut interrogé par le baron Séguier, premier président de la cour royale, ses premiers mots furent pour remercier le roi, qui, acceptant le jugement d'incompétence rendu par le conseil de guerre, l'avait soustrait à la juridiction militaire.

« Monsieur le baron, dit-il, dans un écrit daté de la Conciergerie le 15 novembre 1815, avant de répondre à aucune question, je vous prie d'insérer ici que je mets aux pieds du roi l'hommage de ma respectueuse et vive reconnaissance pour la bonté que sa Majesté a eue d'accueillir mon déclinatoire, de me renvoyer devant mes juges naturels et d'ordonner, le 12 de ce mois, que les formes constitutionnelles seraient suivies dans mon procès. »

Le procès commença devant la Chambre des pairs le 21 novembre. Dans les jours qui précédèrent, Berryer père, alors le plus en vue des trois défenseurs, avait reçu de tous les côtés des lettres d'invectives et de menaces. Ses confrères eux-mêmes, ceux avec qui il avait grandi au barreau, dont il honorait le plus le mérite, lui écrivaient que s'il persistait à plaider pour Ney, ils rompraient avec lui toutes relations. Il se décida à écrire au roi, à lui exposer la mission qu'il avait acceptée, les accusations dont il était l'objet, ses perplexités, et en même temps la conviction où il était qu'en défendant la vie du maréchal, il servait la cause royale. La lettre écrite, il importait de la faire passer le plus tôt possible sous les yeux du souverain. Berryer fils avait connu, comme volontaire royal à l'époque des Cent-jours, quelques-uns des officiers qui étaient de garde aux Tuileries ; il invoqua leur aide, et se présenta au palais avec la lettre de son père. On le fit monter dans la galerie qui précédait les appartements du roi ; les gardes étaient rangés en haie, attendant le prince qui allait sortir. Louis XVIII parut. Il s'avançait la tête inclinée, marchant lentement. Un officier lui dit, en lui montrant le jeune homme : « Sire, c'est le fils de l'avocat Berryer qui désire remettre une lettre de son père à Votre Majesté. »

Le roi regarda Berryer, qui s'approchait pour lui présenter la lettre. Il la prit sans rien dire, et la mit dans une de ses grandes poches de côté ; puis comme il allait poser le pied sur la première marche de l'escalier, il s'arrêta, reprit la lettre et l'ouvrit. Il la parcourut rapidement et, se tournant vers le jeune homme, devant les gardes silencieux et attentifs, il lui dit à haute voix : « Dites à votre père d'être bien tranquille et de faire son devoir. »

Cependant les débats s'étaient ouverts. La Cour laissa les défenseurs épuiser, en faveur de leur client, les moyens préjudiciels, les délais de procédure et toutes les ressources qu'une stratégie savante, moins propre à changer la décision finale qu'à la retarder, suggérait à d'habiles légistes. Contrairement à l'avis du procureur général, elle suspendit ses audiences et s'ajourna jusqu'au 4 décembre, pour donner au maréchal le temps de compléter sa défense.

Le 6 décembre, la Cour rendit son arrêt. Il avait été décidé, dans une précédente séance, que cet arrêt serait rendu à la majorité des cinq huitièmes, et non pas à la majorité simple. A cette résolution, qui était une garantie pour l'accusé, la Chambre des pairs en ajouta une seconde : elle statua que l'accord sur la culpabilité n'entraînerait pas l'accord sur la pénalité, chacun demeurant libre de voter pour la peine qu'il jugerait convenable ; une autre disposition, dont on pouvait encore tirer quelque espérance pour le maréchal, fut également adoptée : il y aurait deux appels nominaux sur la peine, ceux qui, au premier tour, auraient voté pour une condamnation plus rigoureuse, étant maîtres, au second, d'atténuer leur décision.

Après une longue délibération, à onze heures du soir, le chancelier, M. Dambray, prononça la sentence qui condamnait Michel Ney à la peine de mort, comme coupable de haute trahison. Treize voix seulement, au premier appel, et dix-sept au second, avaient opiné pour la déportation. Cent trente-neuf avaient voté la mort. A l'exception de cinq, les comtes Colaud, Chasseloup-Laubat, Klein, Gouvion et Curial — ce dernier avait suivi Louis XVIII à Gand pendant les Cent-jours — tous les militaires qui avaient fait partie des armées de la république et de l'empire votèrent la mort : les maréchaux duc de Bellune, duc de Valmy, duc de Raguse, le maréchal Pérignon, le maréchal Sérurier, l'amiral Gantheaume ; les généraux Beaumont, Beurnonville, Canclaux, Compans, Demont, Dessoles, d'Hédouville, Dupont, Lamartillière, la Tour-Maubourg, Lespinasse, Lauriston, Maison, Monnier, Mortemart, Soulès, Vaubois, etc. Votèrent également la mort, avec tous les maréchaux et presque tous les généraux qui siégeaient à la Chambre des pairs, un grand nombre d'anciens sénateurs ou hauts fonctionnaires de l'empire, et cela pendant que plusieurs royalistes, et non des moindres, les Montmorency, les Noailles, les Mailly, les la

Trémoille, les la Rochejaquelein, les Lally-Tolendal, d'autres encore, se refusaient à prendre part au vote.

Berryer, je l'ai dit, assistait son père et M. Dupin dans la défense du maréchal Ney ; malheureusement, en raison de son âge, il ne pouvait prétendre à la diriger. Berryer père était surtout un avocat d'affaires ; Dupin avait bien de l'esprit, mais c'était avant tout un procureur ; tous deux engagèrent la défense dans des défilés de procédure, dans de vaines discussions de textes. Berryer fils comprenait autrement la cause, et plus d'une fois il esquissa devant son père les grandes lignes de sa plaidoirie, telle qu'elle lui apparaissait. Et d'abord il eût avoué la faute. Il eût rappelé ces paroles que le duc de Montmorency fit entendre à ses juges : *J'ai failli ; eh bien, je dédaigne de chicaner ma vie !* Cet aveu fait, hautement, fièrement, il eût rappelé ces événements plus forts que les volontés, cet esprit de trouble et de confusion, reconnu par le roi lui-même, qui dans les rangs les plus fidèles avait anéanti ou déconcerté les résistances, et devant lequel devait se trouver d'autant plus faible un soldat formé dans les vicissitudes inouïes de la révolution et de l'empire. Le « je ne sais comment » de Bossuet, expliquant les erreurs du vainqueur de Rocroy, lui revenait en mémoire ; il appelait à la défense du héros de la Moskowa les noms de Condé et de Turenne pardonnés par Louis XIV ; il plaçait son client sous la protection de ces mots de Bossuet en faveur de Condé : « Tout est surmonté par la gloire de son grand nom et de ses actions immortelles. » Il ne craignait pas de dire : « Il faut rejeter ce sentiment qu'un crime doit toujours attirer le châtiment. » Et il ajoutait : « L'antiquité suppose que la déesse de la Sagesse descendit des cieux pour absoudre le mortel malheureux qui, poussé par une invincible fatalité, devint le meurtrier de sa mère. »

« Tu devrais dire cela, » répondait Berryer père à son fils en l'entendant exprimer quelques-unes des inspirations qui lui traversaient l'esprit. Qui sait, en effet ce qu'aurait pu produire la voix de ce jeune homme impétueux, éloquent, généreux, dédaignant les expédients des praticiens, pour ne faire parler que son cœur et son dévouement à la royauté ? Là où ont échoué les habiletés procédurières de M. Dupin, qui sait si le génie de Berryer, abandonné à lui-même, n'aurait pas triomphé ?

IV

Loin de se sentir ébranlé par l'arrêt de la Chambre des pairs, Berryer avait hâte de se mettre lui-même en avant et de porter la parole pour les vaincus.

Deux généraux, deux proscrits, eurent recours à son dévouement : Debelle et Cambronne.

Le général Debelle comparut le 22 mars 1816 devant le conseil de guerre de la Seine. Berryer prononça une admirable plaidoirie, et la salle entière éclata en applaudissements. Debelle pourtant fut condamné. Il avait combattu, pendant les Cent-Jours, contre le duc d'Angoulême. Ce fut à ce dernier que s'adressa le défenseur, le sollicitant d'intervenir en faveur du condamné. « Je vous le promets, lui répondit le prince. Il aura son pardon, car il n'a pas combattu contre la France, mais contre moi. » Le duc d'Angoulême porta aussitôt sa requête au roi. Il était d'usage qu'un rapport officiel fût d'abord soumis au souverain et préparât sa décision ; la formalité n'eût fait que prolonger les anxiétés du prisonnier : « Je n'ai pas besoin de rapport, dit Louis XVIII ; mon neveu demande la grâce du sieur Debelle ; je l'accorde tout de suite. »

Le procès du général Cambronne suivit de près celui du général Debelle. Il eut lieu le 26 avril 1816. Cambronne, qui était en Angleterre au moment où avait paru l'ordonnance du 24 juillet 1815, était venu de lui-même se constituer prisonnier. Berryer termina son discours par ces paroles :

« Quel cœur français aurait le courage de laisser tomber un si cruel arrêt sur cette tête sillonnée par tant de cicatrices ! Non, la main d'un bourreau n'achèvera pas si ignominieusement cette mort que mille ennemis ont si glorieusement commencée. Et pour emprunter aux livres sacrés une expression qui convient admirablement à notre sujet : « Non, vous n'immolerez point ce lion qui est venu s'offrir comme une victime obéissante. »

Le conseil de guerre donna raison à ce langage ; à l'unanimité moins une voix, il déclara que Cambronne n'était pas coupable. Jugement que l'auditoire accueillit aux cris de *Vive le Roi!*

Plus tard à la chambre des députés, le 27 septembre 1830, lorsqu'il combattra le projet d'accusation contre les ex-ministres de Charles X, revenant sur les souvenirs de cette époque, Berryer pourra dire avec un légitime orgueil :

« J'exprime ici, Messieurs, une pensée profondément gravée en mon cœur, et, pardonnez-moi de le dire, j'ai quelque droit de l'exprimer avec confiance. En 1815, déjà pénétré de sentiments qui ne s'éteindront qu'avec ma vie, alors que les passions politiques étaient partout ardentes et plus excitées en moi par la chaleur d'une extrême jeunesse, je disais : Un empoisonneur, un voleur public, un parricide, sont toujours criminels, et doivent être condamnés en tout temps, en tout pays. Il n'en est pas de même des criminels d'Etat ; donnez-leur seulement d'autres juges : que le temps calme les intérêts, modifie les passions, leur vie serait en sûreté et peut-être même en honneur !

« C'est dans cette pensée que je m'assis près de mon père pour la défense du maréchal Ney, et que je parvins à sauver du moins les jours des généraux Debelle et Cambronne (1). »

Je me suis étendu sur ces débuts de Berryer, parce qu'ils le contiennent tout entier, avocat et déjà homme de tribune, royaliste ardent, éclairé, généreux, patron de toutes les infortunes, défenseur de tous les vaincus. Il est dès ce momemt ce qu'il sera jusqu'à la fin. *Qualis ab incœpto.*

Le premier volume de M. Charles de Lacombe

---

(1) *Œuvres de Berryer. Discours parlementaires* Tome I, p. 38.

conduit Berryer jusqu'au lendemain de la révolution de Juillet. De 1816 à 1830, Berryer ne peut encore faire partie de la chambre des députés, la loi fixant à 40 ans l'âge d'éligibilité. Il n'en joue pas moins dans le parti royaliste un rôle déjà considérable, refusant les hautes situations qui lui sont offertes, mais écouté des princes, consulté par les ministres, honoré de la bienveillance particulière du roi Charles X, qui lui dira, le jour où il deviendra éligible : « Il y a longtemps que je guettais ces quarante ans. »

Les questions religieuses ne le préoccupaient pas moins à cette époque que les questions politiques. Comme il était l'ami de Chateaubriand et de Villèle, il était aussi lié d'une étroite amitié avec La Mennais, et celui-ci ne témoigna jamais à personne autant de tendresse : « Croyez, lui écrivait-il le 22 janvier 1825, que je sens tout ce que vous faites pour moi... Où serais-je sans vous ?... Je vous aime avec une tendresse qu'aucune parole ne saurait exprimer (1). » — « Aimez-moi comme je vous aime, lui écrit-il encore, et si vous voulez me rendre heureux, écrivez-moi le plus que vous pourrez (2). » — Et dans une autre lettre : « Adieu mon cher ami, écrivez-moi : j'essayerais en vain de dire combien votre amitié m'est bonne et douce ; la mienne est à vous, vous le savez, pour jamais (3). » A la grande surprise de ceux qui ne voyaient en lui que l'avocat et l'homme

---

(1) *Correspondance de La Mennais* T. I, p. 187.
(2) *Ibidem*, T. I, p. 358.
(3) *Ibid*, T. I, p. 210.

du monde, à l'étonnement de La Mennais lui-même, il avait souvent étudié les matières de la théologie et du droit ecclésiastique. Il avait approfondi ces graves sujets avec le puissant et sérieux intérêt qu'il mettait à tout ce que son intelligence avait fortement embrassé. Ses opinions s'étaient, là comme ailleurs, graduellement formées. Inébranlable sur les grandes lignes, catholique et royaliste, il ne se sentait que plus libre dans le mouvement de ses idées et se dégageait de ses impressions premières dès que les événements et la réflexion lui en avaient démontré l'erreur. Il rendait hommage aux jésuites, après avoir été prévenu contre eux. Elevé dans les traditions gallicanes, il n'y enfermait pas sa pensée. Il ne s'enchaînait pas aux formules du prédicateur écouté de ses premières années, M. Frayssinous, sans pour cela s'associer aux déclamations de son éloquent ami, l'abbé de La Mennais.

Les 13 et 16 décembre 1825, il publia dans la *Quotidienne*, sur les rapports de l'Eglise et de l'Etat, deux articles dont M. Charles de Lacombe a donné de longs extraits et où l'éclat de la forme le dispute à la solidité du fond. En face de deux doctrines qui prétendaient mutuellement s'exclure, Berryer se plaçait sur le terrain du droit commun. Il réclamait, pour les ultramontains comme pour les gallicans, la liberté garantie par la Charte. Il examinait les rapports nouveaux de l'Eglise et de l'Etat dans le régime issu de la Révolution française, et montrait que, dépouillée par la Révolution de tous ses privilèges, l'Eglise devait, par une juste conséquence, être affranchie désormais de toutes ses servitudes. C'était la première fois que se produisait cette argumentation. Après plus d'un demi-siècle, elle n'a rien perdu de son actualité. Les raisonnements que combattait Berryer en 1825, les prétentions dont il faisait justice, sont de tous les temps. Les idées qu'il leur oppose ont été depuis cette époque cent fois répétées ; elles sont presque devenues le lieu commun des défenseurs de la liberté religieuse. Alors elles étaient nouvelles, et l'on peut dire qu'en les exprimant, Berryer fut un précurseur.

En attendant de pouvoir être député, il avait trouvé une tribune. Deux sociétés s'étaient formées, de 1820 à 1822, sous le patronage de quelques-uns des chefs du parti royaliste, pour grouper, dans des réunions consacrées aux sciences, aux lettres et aux arts, la jeunesse du temps : la Société des Bonnes-Lettres et la Société des Bonnes-Études.

Berryer siégeait comme fondateur dans la Société des Bonnes-Lettres : Il y parla plusieurs fois. Un jour, on eut de lui une improvisation entraînante sur Henri IV ; un autre jour, il traita de l'éloquence. « M. Berryer fils, dit à ce propos le *Moniteur* du 30 mars 1824, a prononcé, vendredi dernier, à la Société royale des bonnes lettres, un fort beau discours sur l'éloquence parlementaire. Rien n'a manqué à son triomphe. » Ce fut surtout à la Société royale des Bonnes-Études, principalement composée d'étudiants en droit, que se manifesta son action. Il y donna un grand nombre de conférences où il parcourait tous les domaines, religion, histoire, droit, lettres, philosophie. Une année, il consacra à l'art de la parole, à l'éloquence, toute une série d'entretiens. Voici dans quel ordre il les annonce :

1ᵉʳ discours. — Origine de la parole, puissance, devoirs.

2ᵉ discours. — Divers genres d'éloquence. Chaire, barreau, tribune, éloquence académique.

3ᵉ et 4ᵉ discours. — De l'éloquence parlementaire en France lors de la Révolution.

7ᵉ, 8ᵉ et 9ᵉ — L'éloquence parlementaire en Angleterre.

10ᵉ — Ce que doit être l'éloquence parlementaire en France dans l'état actuel de notre gouvernement. Dernière partie qui « pourrait, ajoute Berryer dans ses notes, fournir la matière de trois discours. »

Des notes sommaires, nombreuses et précipitées, quelques développements jetés d'abondance sur le papier, sont tout ce qui nous reste de ce traité de l'éloquence, conçu par l'orateur. Comme les débris d'un grand monument, ces fragments donnent encore l'idée des vastes proportions que devait avoir l'œuvre tout entière.

M. Charles de Lacombe a eu raison de reproduire une partie de ces notes, de ces fragments ; ce ne sont que des ébauches, mais des ébauches à la Michel-Ange. Quelques années plus tard, M. Villemain a fait à la Sorbonne des leçons sur les mêmes sujets, sur l'éloquence parlementaire en Angleterre et sur l'éloquence parlementaire en France lors de la Révolution.

Ces leçons eurent un prodigieux succès et elles sont restées le meilleur de la gloire de Villemain. Qu'on les compare aux notes de Berryer. Les pages de Villemain nous intéressent, mais nous laissent froids. Berryer, d'un souffle, d'un coup d'aile, nous emporte avec lui sur les hauteurs.

Nous savons maintenant à la suite de quelle longue et admirable préparation il allait aborder la tribune, lorsqu'il fut nommé député par le collège départemental de la Haute-Loire, le 26 janvier 1830. « Voilà M. Berryer nommé, disait quelques jours après le *National*. Maintenant, ce point obtenu, il reste encore à en obtenir un, c'est que M. Berryer soit éloquent (1). » — Eloquent, il le sera si bien, que c'est le *National* lui-même qui écrira, à quelques années de là : « *La parole est à M. Berryer, et après lui elle ne sera plus à personne.* La parole lui appartient comme le marbre appartenait à Michel-Ange, la couleur à Rubens, l'harmonie à Beethoven. La parole, c'est le relief de ses idées, les accents de sa voix, l'énergie de son geste, c'est l'expansion d'une âme qui ne se livre à vous que pour vous pénétrer. *La parole ! une telle parole ! c'est le plus beau don du ciel, c'est la plus grande puissance de la terre !* (2) »

Après le républicain, le *juste-milieu*. Henri Fonfrède, le plus ardent champion de la monarchie de

---

(1) *Le National*, du 31 janvier 1830.

(2) *Le National*, du 2 décembre 1840. Article d'Armand Marrast.

juillet (1), écrivait à un ami, le 6 mars 1837, au sortir de la séance où Berryer avait combattu le projet de loi sur la disjonction : « Berryer, *qui est le plus grand orateur qu'on ait jamais entendu* (2). »

Mais j'anticipe sur le second volume de M. Charles de Lacombe, qui n'a pas encore paru. Je ne quitterai pas le premier avant d'en avoir signalé un des côtés les plus intéressants.

Berryer, je l'ai dit en commençant, n'a pas été seulement le plus grand avocat et le plus grand orateur politique de son temps. Il a été la bonté, la simplicité, le désintéressement, l'honneur même. Il a possédé ce charme, qui est le don suprême, cette grâce et cette séduction à laquelle personne ne résiste. Besoin était donc de nous montrer l'homme, en même temps que l'orateur. C'est une tâche dont M. Charles de Lacombe s'est acquitté le plus heureusement du monde. Dès les premières années à Juilly, plus tard au Palais et dans le monde, il groupe autour de lui tous ceux qui l'ont connu, tous ceux qui l'ont aimé. Il y a là, chez M. de Lacombe, de bien intéressantes pages, les meilleures peut-être de son livre. Qu'il continue, dans les volumes suivants, à nous représenter ainsi Berryer au milieu de ses amis ; qu'il ne craigne pas de multiplier de plus en plus les détails de nature à nous faire pénétrer dans l'intimité

---

(1) « Depuis la mort d'Armand Carrel, je ne connais pas de polémiste comparable à Henri Fonfrède. » CORMENIN, *Livre des Orateurs*, T. I, p. 131.

(2) *Œuvres complètes de Henri Fonfrède*, T. X. p. 313.

de la vie du grand orateur. Il me semble voir Berryer s'incliner dans l'ombre vers son biographe et lui dire avec son bon sourire : — Surtout n'oubliez pas mes amis !

17 juin 1894.

BERRYER

SOUS LA MONARCHIE DE JUILLET (1)

I

Le premier volume de M. Charles de Lacombe s'arrêtait à la Révolution de 1830. Il était plein de détails entièrement neufs, de révélations curieuses, de documents précieux. Le succès en a été considérable. On savait d'avance que le volume suivant, celui qui vient de paraître, présenterait aussi un très vif intérêt, puisqu'aussi bien il est consacré aux années les plus éclatantes de la vie de Berryer; mais on pouvait craindre cependant d'y trouver moins de charme. Berryer a quarante ans, il est député, chef de parti; il appartient maintenant tout entier à la politique, à ses rivalités et à ses luttes. Si glorieuses soient-elles, elles n'auront sans doute pas

(1) *Vie de Berryer*. T. II. *Berryer et la Monarchie de Juillet.*

pour nous l'attrait qui s'attachait à ses débuts, à ces jeunes années que rien ne remplace, à ces premiers triomphes, à ces premiers rayons de la gloire si doux sur un front de vingt ans. Il en est de la vie d'un grand homme comme il en est d'un beau jour. Les rayons brûlants du soleil à son midi ne valent pas les larmes de l'aurore et la fraîcheur du matin. Cela est vrai en général ; mais avec Berryer, il en ira autrement. Ce charme, qui était une partie de son génie, qui était son génie même, ne devait pas le quitter à l'heure où le quitterait la jeunesse ; il devait être le compagnon de sa vie entière. Comme l'avaient ressenti ses amis de la première heure, ceux-là l'éprouvaient aussi, qui l'entouraient aux jours de sa vieillesse. Jusqu'à la fin, il sera celui dont Jules Janin a dit, dans une de ses lettres : — « J'ai vu hier cet admirable et *charmant* Berryer... (1) » De ce don incomparable — le charme — le puissant orateur, s'il eût été moins modeste, aurait pu dire ce que disait le vieux Malherbe du don de poésie :

> Je le possédai jeune et le possède encore
> Au déclin de mes jours.

Dieu me garde de médire des rivaux de Berryer, dans cette seconde partie de sa vie, — les Guizot, les Thiers, les Molé, les Odilon Barrot, les Dupin, les Dufaure ; mais enfin c'étaient des hommes politi-

---

(1) *Correspondance de Jules Janin*, p. 264. Lettre du 16 mai 1865.

ques, et pas autre chose. Homme politique comme eux, Berryer n'était pas seulement cela. Il était aussi un poète comme Lamartine, — j'allais dire un héros de roman : n'est-ce pas un roman que son voyage de 1832 en Vendée, auprès de la duchesse de Berry, sa captivité dans la prison de Nantes, son procès et son triomphe à la Cour d'assises de Blois ?

Au lendemain de la révolution de Juillet, la plupart des députés royalistes ayant donné leur démission, Berryer restait à peu près seul à la Chambre. Cet isolement même donnait à sa situation une incomparable grandeur. Il était seul, mais il représentait tout un parti ; il était seul, mais il était l'homme d'une grande cause, il personnifiait la France royaliste et chrétienne, la France de Philippe-Auguste et de saint Louis, de Henri IV et de Louis XIV. Lorsqu'il se levait de son banc, ce n'était pas, comme les orateurs que j'ai tout à l'heure nommés, pour défendre un portefeuille ou pour monter à l'assaut du pouvoir ; c'était pour défendre une cause vaincue, pour envoyer son hommage à des princes proscrits, pour prendre en mains les intérêts nationaux, pour rappeler au pays les principes et les traditions qui avaient fait son unité et sa grandeur. Lorsqu'il descendait ainsi dans l'arène, seul contre tous, il était bien autre chose vraiment qu'un ministre ou un adversaire des ministres ; il évoquait, au milieu de nos Chambres bourgeoises et de notre société démocratique, l'image de ces chevaliers d'autrefois, auxquels le comparait un jour un de ses adversaires politiques, un homme de la gauche, M. Pinard, qui écrivait, en 1838, dans le journal *le Droit* : « Il n'est pas jusqu'aux partisans les plus sincères du pouvoir nouveau, si souvent blessés par lui, qui n'aient applaudi à son courage, comme on aurait battu des mains jadis à l'un de ces paladins généreux et héroïques qui venaient seuls défier toute une armée (1). »

II

Je ne reviendrai pas, à la suite de M. Charles de Lacombe, sur les luttes politiques auxquelles Berryer a pris part de 1830 à 1848. Ce serait refaire l'histoire de la monarchie de Juillet : un tel sujet excéderait mon cadre. Je resterai sur le terrain purement littéraire, en montrant que Berryer a été, au témoignage même de ses adversaires, le plus grand des orateurs de son temps. Aucun autre ne peut lui être comparé.

Déjà, dans le précédent chapitre, j'ai rappelé le mot d'Henri Fonfrède, écrivant à un ami, le 6 mars 1837 : « Berryer est *le plus grand orateur qu'on ait jamais entendu.* » Vers le même temps, Cormenin disait, dans son *Livre des Orateurs* : « Depuis Mirabeau *personne n'a égalé Berryer* (2). » Cormenin n'avait pas entendu Mirabeau. Tel n'était pas le cas de Royer-Collard,

---

(1) *Le Droit*, 20 juin 1838.
(2) Cormenin, T. II, p. 231.

qui n'avait pas manqué une seule des séances de l'Assemblée constituante. Or, voici ce qu'il disait un jour devant plusieurs députés, qui l'interrogeaient sur ce point : « J'ai entendu Mirabeau dans sa gloire, j'ai entendu M. de Serre et M. Lainé : *aucun n'égalait M. Berryer*, dans les qualités principales qui font l'orateur (1). »

En 1840, à l'occasion du discours de Berryer sur la question d'Orient, Armand Marrast écrivait dans le *National*, ces paroles que j'ai déjà citées, mais qu'il convient ici de reproduire :

« La parole est à Berryer, et, après lui, elle ne sera plus à personne. La parole lui appartient comme le marbre appartenait à Michel-Ange, la couleur à Rubens, l'harmonie à Beethoven. La parole, c'est le relief de ses idées, les accents de sa voix, l'énergie de son geste, c'est l'expansion d'une âme qui ne se livre que pour mieux vous pénétrer. La parole ! une telle parole ! c'est le plus beau don du ciel, c'est la plus grande puissance de la terre. »

Après le discours, qui inspirait à Marrast les lignes qu'on vient de lire, la séance ne put être reprise qu'au bout d'une demi-heure. Lamartine répondit à Berryer. Il a lui-même raconté, dans une lettre intime, l'effet produit par l'orateur de la droite :

« Jamais, écrit-il à M. de Virieu, il ne me fallut

---

(1) *Notes sur M. Royer-Collard*, par son neveu M. Genty de Bussy, député. — Voir *Berryer au barreau et à la tribune*, par Alfred NETTEMENT, p. 47.

un tel courage. M. Berryer avait été *sublime* de véhémence, de popularisme ; la Chambre et les tribunes étaient *pulvérisées;* personne n'osait affronter une telle situation des esprits et des sens. Je suis monté à la tribune sur le refus de tous les autres et des ministres... » (1)

Le 3 mai 1845, Berryer défendit contre M. Thiers la liberté des congrégations religieuses. Lamartine, qui parla dans la même séance, rappela, au début de son discours, comment « M. Berryer, avec cette prodigieuse éloquence qui n'appartient qu'à lui, avait élevé la discussion jusqu'au *sublime* du pathétique. »

Dans la discussion de l'Adresse, au mois de février 1847, parlant sur les mariages espagnols, Berryer avait soulevé sur tous les bancs de la Chambre des transports d'enthousiasme. Le lendemain, le *National*, bien que contraire à l'opinion soutenue par l'orateur, ne se défendait point « d'avoir partagé l'enivrement général. »

« On ne conserve pas, disait-il, son impartialité d'esprit, quand on a vécu, respiré, pendant deux heures, sous le ciel brûlant de l'admiration. On n'échappe pas à ces commotions électriques secouant, bouleversant toute une assemblée, froide d'abord et quelque peu rebelle, mais soulevée peu à peu, remuée dans ses profondeurs, pénétrée du *feu divin* qui

---

(1) *Correspondance de Lamartine*, t. V, p. 507. Au comte de Virieu, 6 décembre 1840.

anime l'orateur, et emportée enfin, par une force irrésistible, jusqu'aux sommets de l'enthousiasme. »

Et, à la même heure, l'*Univers* saluait, en ces termes, cette *éloquence de fée :*

« M. Berryer a remporté de beaux triomphes dans sa vie parlementaire ; mais nous doutons que jamais cette parole pathétique ait retenti avec plus d'autorité, soulevé plus d'émotions, remué avec une égale puissance tout ce qu'il y a de grands et généreux sentiments dans le cœur français. Des applaudissements éclataient sur tous les bancs de la Chambre. L'Assemblée était belle à voir comme le *sublime orateur*. »

Un an plus tard, dans l'Assemblée constituante du 2 août 1848 — le volume de M. Charles de Lacombe va jusqu'à l'élection du 10 décembre — Berryer parla sur le projet de décret relatif aux prêts hypothécaires. Cette fois encore, tous les partis se confondirent dans un même sentiment d'admiration. Un des journaux les plus avancés de l'époque, la *République,* disait :

« Le citoyen Berryer a été, comme toujours beau, pathétique, harmonieux, *sublime*. »

Sublime ! On le voit, ce mot revient sans cesse : il est dans toutes les bouches, il se retrouve sous toutes les plumes. Berryer, en effet, fut sublime en bien des rencontres. Or, on ne l'est jamais, fût-ce une seule fois, quand on n'a que du talent, même si ce talent est prodigieux, comme l'était celui de Guizot. Pour être sublime, — Lamartine, à la tribune, l'a été quelquefois comme Berryer, — il faut être un homme de génie.

Ainsi pensait, et très justement, un des amis de Berryer, un homme d'infiniment d'esprit et de talent, l'académicien Roger. Il ne lui écrivait jamais sans commencer la lettre par ces mots : « Cher sublime ».

La spirituelle Mme Hamelin (1), qui avait été l'amie de l'impératrice Joséphine, écrivait, de son côté, en 1840 : « J'ai entendu Napoléon et Berryer, cela me console de vieillir. »

Un autre ami du chef de la droite, — je puis bien citer maintenant ses amis, puisque j'ai tout à l'heure cité ses adversaires — le loyal et éloquent Fitz James, a formulé, sur Berryer orateur, un jugement qui sera je le crois, celui de la postérité : « Votre gloire est immense, lui écrivait-il le 5 janvier 1835, vous êtes *Mirabeau honnête homme.* »

III

Presque tous les discours de Berryer, de 1830 à 1848, furent pour l'orateur de véritables triomphes ; deux surtout, celui du 15 avril 1835 sur le traité conclu en 1831 avec les Etats-Unis, et celui du 1er décembre 1840 sur la Question d'Orient.

---

(1) « La spirituelle Mme Hamelin, a écrit d'elle Sainte-Beuve, femme pleine de montant et de verve, par moment éloquente et qu'on appelait la *jolie laide.* » (*Cahiers de Sainte-Beuve*, p. 126.)

M. de Deux-Brézé a dit du premier de ces deux discours : « C'est le plus beau succès de tribune que jamais orateur des temps modernes ait obtenu. » Quand Berryer descendit de la tribune, les membres de la Chambre, sans distinction de parti, se précipitèrent pour le féliciter, et presque tous l'accompagnèrent jusque dans la salle des conférences, où affluait le public venu du dehors. Il recevait ces flatteurs témoignages, lorsqu'on vit entrer un vieillard à longs cheveux blancs qui essayait de fendre la foule pour arriver jusqu'à lui. Berryer l'aperçoit : « Ah ! mon père ! » s'écrie-t-il ; et laissant là tous les hommages, il va se jeter dans ses bras (1).

J'emprunte ces détails à M. Charles de Lacombe. A l'occasion du discours sur la Question d'Orient, il se produisit, en dehors même de la Chambre, des manifestations d'enthousiasme dont M. de Lacombe n'a pas parlé, et dont je retrouve l'écho dans les feuilles du temps. Voici ce que je lis dans un journal, à la date du 2 décembre 1840 :

« Tout Paris est resté aujourd'hui sous l'impression de l'éloquence nationale de Berryer. Son discours était lu avec avidité dans tous les salons, dans les cabinets de lecture, *jusque dans les rues; nous avons vu des hommes du peuple groupés autour d'un lecteur, dévorant la brûlante parole de l'admirable député et s'écriant par intervalle : Voilà un Français !*

« Nous ne saurions dire le frémissement d'admira-

---

(1) Ch. de Lacombe, p. 137.

tion qui a gagné toutes les classes, toutes les opinions, nous osons à peine dire tous les partis. Car on dirait que les partis ont disparu devant ce merveilleux appel à toutes les pensées généreuses de la France ».

Au milieu de ces triomphes, qui eussent enivré tout autre que lui, Berryer restait simple, modeste, charmant; c'est que, chez lui, si admirable que fût l'orateur, l'homme était plus admirable encore. C'est dans ses lettres surtout que l'homme se peint, dans sa correspondance intime qu'il se révèle. M. Charles de Lacombe a cité un grand nombre de lettres de Berryer. Elles ne font pas seulement honneur à son caractère, elles montrent aussi qu'il écrivait à merveille. Lorsqu'il fut élu à l'Académie française, à ceux qui lui demandaient des nouvelles de son discours de réception, il parlait volontiers de son embarras et disait en souriant : « Comment voulez-vous que je fasse ? Je ne sais ni lire ni écrire. » La vérité est qu'il lisait admirablement et qu'il écrivait mieux que la plupart de ses confrères — je ne dis pas seulement du barreau — mais de l'Académie.

Je veux citer, après M. Charles de Lacombe, quelques extraits de ses lettres, de celles précisément qui n'ont pas trait à la politique.

Au premier rang des amies de Berryer figurait la comtesse de Jobal, propriétaire du château de Rosay, femme d'un rare bon sens, d'une fermeté virile et d'une humeur sereine, qu'il avait connue toute jeune et avec laquelle il lui était particulièrement doux d'évoquer les souvenirs d'autrefois. « Plus j'avance dans la vie, lui écrivait-il en 1846, plus je me vois isolé au milieu des générations nouvelles, plus je redemande à mes jours les douces satisfactions du passé, et je rentre ainsi dans la vie qui me fut si bonne, au milieu de ceux que j'aimais si cordialement et en qui je sentais une si vraie et si vive bienveillance pour moi. Au temps de mes bons souvenirs de Rosay, j'étais un objet d'espérance ; j'avais l'attrait de l'avenir (1). »

Au mois de juillet 1831, Berryer alla passer quelques semaines à Turin, à Gênes et à Nice. Le 7 juillet, il écrit de Turin à la comtesse de Jobal :

«... La Savoie et le Piémont sont des contrées toutes françaises par le langage et le costume ; mais quelle différence dans les habitudes et les mœurs extérieures ! On voit la force de l'autorité partout, généralement l'esprit d'obéissance, un culte suivi, un ordre bien entendu, et une physionomie de mœurs qui sent notre vieille histoire. Je vous avoue que j'ai eu plaisir à voir des capucins, et aujourd'hui même les pompes du culte catholique. L'affluence, l'expression religieuse m'ont vivement ému au milieu de la bénédiction du Saint Sacrement, à laquelle j'ai assisté à la cathédrale de Turin. *Il n'y a plus que ces choses qui portent à l'âme, qui me fassent impression.* C'est un beau spectacle que celui des Alpes, de leurs précipices, de leurs torrents, de leurs glaciers ; mais

---

(1) *La Jeunesse de Berryer*, p. 262.

je me surpris fort peu touché de tout cela, même d'un lever du soleil au sommet du mont Cenis, au-dessus des nuages. Mon imagination est morte, *l'âme seule vit en moi; je ne connais de beau et de bon que ce qui la touche; j'aime ce qui est vrai, j'aime Dieu, j'aime le bon droit, comme j'aime mes amis.* Mes amis !... Je ferais une bien petite liste de ceux que j'appelle ainsi, mais vous y tenez bonne place, vous le savez ; ces affections sont les seules joies réelles du cœur, les vrais biens... »

Il lui écrit de Gênes, le 16 juillet :

« Si jamais votre oncle (1) veut que nous fassions un grand voyage, c'est en ce pays qu'il faut venir ; le ciel, la terre, les hommes, leurs arts, leur costume, leur imagination, prêtent à tout un charme inconcevable. Il y a peu de jours que j'arrivai à deux heures après minuit dans un petit village ; j'y descendis par une très haute montagne qui dominait la mer, et dont le long chemin n'était qu'un étroit précipice au-dessus des flots... En roulant sur ces abîmes devant cette immensité, j'entendais les cloches de deux couvents qui appelaient à la prière ; arrivé au village, je vis passer des moines qui portaient le viatique, et plus loin, sur une petite place entourée de portiques et ornée d'un très beau clocher, qui se dessinait sur le ciel éclairé par la lune, j'entendis des sons de gui-

---

(1) Le président Amy. Sur le président Amy, M. Masure, M. Sanegon, M. et Mme Jaubert, M. de Marèse et toute la société de Rosay, voyez *la Jeunesse de Berryer*, p. 260 et suivantes.

tare ; sept à huit paysans passaient la nuit sous les arcades, regardant le ciel, goûtant le frais et chantant en partie des airs charmants ; leurs poses étaient élégantes, et leur voix, quoiqu'un peu rude, pleine d'une douce expression.

« Que j'aime ces mélanges des cités, du ciel, de l'immensité, des grandes masses neigeuses, des montagnes, de la religion, de l'oisiveté, de l'amour ! Ces contrastes se rencontrent à chaque pas dans l'Italie... »

L'année suivante, c'est encore à la comtesse de Jobal qu'il écrit, mais cette fois c'est du fond de la prison de Nantes, où il est au secret depuis huit jours :

« J'espère bien que vous n'avez pas eu d'inquiétude sérieuse pour moi. Il n'y a vraiment pas lieu de se tourmenter. On exerce sur moi une mesure de *Haute Police*, ainsi qu'ils l'appellent ; on me tient en prison seulement pour que je ne sois pas ailleurs, et l'on m'y tient au secret, parce que l'on ne peut m'interroger, ne sachant sur quoi faire porter les questions. Je suis prisonnier d'État ; j'ai ma lettre de cachet ; ce qui n'est pas mal trouvé pour un homme si entaché des vieilleries monarchiques...

« Quoi qu'on en pense de par le monde, vous savez que je n'ai jamais eu la manie de me mettre en scène, et que mon défaut n'est pas de me faire valoir ; mais s'ils me poussent au point où je devrais honorablement tout dire, ils me donneront une belle occasion d'acquérir de nouveaux droits à l'estime et à l'attachement de mes amis. Je trouve la vie de prison vraiment tout à fait commode ; on ne veut pas me croire, l'agitation de ma vie me donne un gros démenti ; mais je répéterai toujours que j'étais né et que j'ai encore un grand goût pour la vie solitaire et contemplative. Mes heures s'écoulent avec une inconcevable rapidité. Je n'ai pas de temps à moi dans ma cellule.

« Si j'avais de mes amis, c'est-à-dire de qui m'aime bien, de qui j'aime, l'assurance qu'ils sont aussi calmes, aussi tranquilles sur moi que le suis moi-même, je ne demanderais pas à changer de séjour. »

Cette lettre est du 16 juin 1832. Un mois plus tard, il est encore en prison, et il écrit à Mme de Jobal :

« ... Avec une autre humeur que la mienne il y a dans ces illégalités, dans ce monstrueux déni de justice, de quoi jeter de beaux cris et faire éclater un délicieux scandale ; mais vous savez combien peu j'aime attirer l'attention sur moi. Je déteste faire spectacle et je me tais. Oh ! qu'il me suffit bien pour que je garde et calme, et force, et patience, de sentir que j'ai au cœur de mes amis un trésor d'intérêt sincère, d'indignation contre ces sottes gens et de désir de me revoir. C'est un immense trésor que le plaisir du cœur ; chaque jour, plus doux et plus cher, il efface, corrige et fait oublier ou plutôt ignorer tous les dégoûts, toutes les injustices, semés sur la vie... (1) »

En 1835, nous le retrouvons en Allemagne, où il est allé voir le roi Charles X. Il est traité par l'empe-

---

(1) Lettre du 7 juillet 1832.

reur d'Autriche, par les princes et leurs ministres, comme le représentant d'une puissance, comme le prince de la parole. On lui donne des fêtes splendides. Il a hâte pourtant de rentrer à Paris, d'y retrouver, plus encore que les triomphes oratoires, le charme des affections vraies et des causeries intimes.

« Il n'y a vraiment de bon au monde, écrivait-il du sein de cette vie d'apparat, que la joie d'animer le présent par les doux souvenirs du passé et la ferme foi dans l'avenir. C'est là le charme sans égal des vieilles et solides amitiés. Toutes les séduisantes apparences des gens qu'on ne voit qu'en passant n'en font que mieux connaître et goûter le prix. Un long voyage à travers le grand monde et les idées diverses est pour moi comme une de ces retraites pieuses, où l'on sonde son cœur, où les nécessités et les joies de l'âme se révèlent, où l'on recouvre enfin ses vraies et solides pensées. (1) »

Un autre souvenir lui revient, c'est celui de son théâtre de prédilection, des *Italiens*. Il pense de loin qu'ils vont faire leur réouverture et qu'il ne sera pas revenu à temps. Il écrit à sa femme, le 10 octobre :

« Ce jour-là je roulais sur la route de Vienne à Prague, rêvant de ce que j'avais entendu et fait à Vienne, de ce que j'espérais dire, entendre et faire à Prague. Vers huit heures, je traversais le champ de bataille où, soixante-treize ans en çà, le maréchal de

(1) A la comtesse de Jobal. Lettre du 29 septembre 1835.

Daûn battit le grand Frédéric, ce dont la sublime Marie-Thérèse le sut bien récompenser même avant sa mort, et je pensais à un autre serviteur de rois qui n'a point, il est vrai, gagné de si belles batailles, ni vaincu de si nobles adversaires, mais à qui il eût peut-être été plus sage de tenir son coin à l'orchestre des Bouffes que de courir les grands chemins la bise au nez, au risque d'en rapporter la fièvre. Mais je prendrai ma revanche, et je me fais fête d'être à Paris pour savoir si ce gaillard de Tamburini a profité de mes leçons. »

Plus encore que dans son coin à l'orchestre des Bouffes, il se plaisait à la campagne, et la campagne pour lui, c'était son cher Augerville. A la fin de chaque session, c'était toujours pour lui une joie de s'y retrouver.

« Je suis toujours à Augerville, écrivait-il le 4 juillet 1838 à la comtesse de Jobal ; j'y suis seul, tout seul ; mais ce lieu me plaît, mais l'isolement a pour moi des charmes, mais j'ai besoin de cette paix d'esprit et de cœur. Je n'ai pas un moment du jour et je fais les journées aussi longues que je peux. Je me lève dès cinq heures et ne me couche jamais avant onze heures. Je marche beaucoup, je rêve à toutes choses, je rassemble ma vie sous mes yeux ; je cause beaucoup avec tout ce passé... »

Mme de Janzé (1), le P. Lecanuet (2), M. Charles de

---

(1) *Souvenirs sur Berryer*, par Mme la vicomtesse de Janzé.
(2) *Berryer, sa vie et ses œuvres*, par E. Lecanuet, prêtre de l'Oratoire.

Lacombe surtout, nous ont déjà fait connaître un grand nombre de lettres du grand orateur. Après les avoir lues, on peut affirmer sans crainte que la *Correspondance complète de Berryer* sera l'une des plus intéressantes de ce siècle, et l'une des plus remarquables. Nous l'attendons des bons soins de M. Charles de Lacombe : elle sera le complément naturel de sa *Vie de Berryer*. Cette correspondance formera sans doute un grand nombre de volumes. Fallût-il aller jusqu'à dix, je n'y verrais, pour ma part, aucun mal ; bien au contraire. Seulement, quand elle aura paru tout entière, on devra publier à part les *Lettres de Berryer à ses amis*. Ce sera, j'en ai l'intime conviction, un *admirable et charmant* recueil.

IV

Le livre de M. Charles de Lacombe ne saurait manquer d'avoir plusieurs éditions. En vue précisément de ces éditions futures, je lui signalerai deux ou trois légères erreurs à corriger, et une ou deux rectifications ou additions à faire.

Berryer était avec Balzac en relations affectueuses, comme le prouve ce billet : — « Mon cher Balzac, je ne sortirai pas de chez moi aujourd'hui avant deux heures. Venez, et je serai charmé de causer avec vous et à votre gré. Tout à vous. — BERRYER. » — M. de Lacombe fait suivre ce billet de ces mots : « Daté de *mardi 16*, probablement 1831 ou 1832. » — Ce ne peut être 1832, le 16, cette année-là, n'étant pas tombé une seule fois le mardi. En 1831, au contraire, il y a eu un *mardi 16*, mais un seul, le 16 août. Berryer, après le voyage en Italie dont nous avons parlé plus haut, était revenu à Paris, aux premiers jours du mois d'août 1831, et il y avait été retenu par la session déjà commencée. D'autre part, nous voyons, par la *Correspondance de H. de Balzac*, qu'il était aussi à Paris, à cette époque. Le billet de Berryer est donc très probablement du 16 août 1831.

Page 37, une lettre de Berryer à la comtesse de Jobal, écrite de Fontenay-le-Comte, où il était venu défendre neuf paysans vendéens, est donnée avec la date du 2 février 1832. Ce doit être une faute d'impression. « J'ai vu ce matin nos accusés », écrivait Berryer en commençant sa lettre. Or, c'est le 29 février (et non le 2) que commença le procès des Vendéens (1).

Je lis, page 53, dans le chapitre que M. Charles de Lacombe a intulé : *la Prison de Nantes :* « Berryer était rentré à Nantes, après avoir reçu la première réponse de la duchesse de Berry. Il demeurait chez M. de Grandville, ne cherchant pas à dissimuler sa présence et faisant quelques visites, entre autres à son client de 1815, le général Cambronne. Il était censé attendre l'époque du procès du *sieur Guillemot* dont il devait défendre la cause devant la cour d'assises

---

(1) Voir *la Quotidienne* du 6 mars 1832.

de Vannes. » Le *sieur* Guillemot n'était pas précisément un accusé quelconque. C'était un des chefs de la Chouannerie bretonne, et il avait été l'un des principaux lieutenants de Georges Cadoudal. Son nom appartenait à l'histoire des guerres de l'Ouest. Il n'était jamais appelé dans le Morbihan que le *commandant Guillemot* et il avait conquis ce titre par assez d'exploits et de sacrifices, pour qu'il lui soit conservé.

Lors du procès de Berryer devant la Cour d'assises de Blois, l'avocat général eut une attitude très digne et noblement indépendante. A la dernière audience, il fit cette déclaration : « Notre zèle n'a pu nous faire oublier le devoir qu'imposent au magistrat la conscience et l'honneur : c'est un de ces devoirs sacrés que nous venons remplir en ce moment devant vous en déclarant que nous ne pouvons pas soutenir l'accusation ». — Et, comme de longs applaudissements saluaient ces paroles : « Pas d'applaudissements, reprit le magistrat. Qui fait son devoir n'en demande pas. » Ce magistrat, M. Charles de Lacombe ne le nomme point. Il me semble pourtant que son nom a sa place marquée dans la vie de Berryer : il s'appelait M. Vimot.

En 1837, Berryer faillit être poursuivi de nouveau. Le 18 juillet, une descente de police eut lieu chez lui à Paris et à Augerville, en même temps que chez MM. de Genoude, Alfred Nettement, Edouard Walsh et de Bousquet. Le 24 juillet, il était appelé devant le juge d'instruction, sous l'inculpation d'avoir préparé un complot pour arriver à la guerre civile et étrangère. La prévention fut abandonnée. Le rapport du juge d'instruction fut publié dans la *Gazette des Tribunaux* du 29 décembre. « L'auteur du rapport, dit M. Charles de Lacombe, était M. Fornerat... » Cela est bien exact, sauf une lettre. Le vrai nom est Fournerat.

En 1839, à la mort de Michaud, directeur de la *Quotidienne*, qui avait été le client de Berryer, ce dernier, cédant aux instances de ses amis, posa sa candidature à l'Académie. Les autres candidats étaient Victor Hugo... et Casimir Bonjour. « L'élection, dit M. Charles de Lacombe, eut lieu le 21 décembre 1839. » — C'est le jeudi 19 décembre, et non le 21, qu'eut lieu le vote. Après sept tours de scrutin sans résultat, l'Académie, sur la proposition de M. Cousin, remit l'élection à trois mois. Berryer ne se représenta point. Il ne devait entrer à l'Académie qu'en 1853, porté par le suffrage de ceux qui l'avaient autrefois le plus combattu.

2 décembre 1894.

LA VIEILLESSE DE BERRYER [1]

Charles de Lacombe achève dans ce volume la *Vie de Berryer*; c'est l'histoire des vingt dernières années. L'auteur prend Berryer à la fin de 1848 et il le conduit jusqu'au 29 novembre 1868, date de sa mort.

Cette dernière période de la vie du grand orateur est la moins connue ; elle n'est pas, il s'en faut bien, la moins intéressante. Sans doute, c'est sous le gouvernement de 1830 qu'il a conquis sa gloire. Mais on ne l'a vu, alors, que sous un seul aspect: l'orateur en lui dominait tout. Il en a été de même sous la seconde République, bien que l'œuvre de conciliation à laquelle Berryer se voua désormais, ait modifié son rôle politique. Après le coup d'Etat, sa vie politique semble finie. Pour lui, plus de tribune, et dès lors plus d'action. C'est ici que paraît un Berryer qu'on

---

(1) *Vie de Berryer*, par Charles DE LACOMBE. Tome troisième et dernier : *Berryer sous la République et le second Empire.*

ne soupçonnait point. Ecarté du parlement, il ne se désintéresse pas des affaires du pays. Il ne renonce ni à ses idées, ni au droit de les propager. Persuadé que les plus grands périls menacent la France, et qu'elle ne trouvera de salut que dans l'accord des citoyens personnifié et perpétué par l'accord de la Maison royale, il consacre à ce but tous ses efforts ; il prodigue les démarches, les lettres, les mémoires, les conseils, les instances : il entretient, il développe ses relations avec les hommes des différents partis, et lorsqu'en 1863 l'approche des élections générales a réveillé l'esprit du public, le travail que Berryer a accompli durant ces dix années de retraite se révèle par la confiance avec laquelle toutes les opinions invoquent son nom.

Comment cet orateur, réduit au silence, a-t-il continué d'exercer son action? Comment Berryer a-t-il su non seulement maintenir son influence, mais l'étendre? C'est ce qu'explique très bien M. Charles de Lacombe, à l'aide de documents inédits, aussi nombreux qu'importants et décisifs. La *Vie de Berryer* présente en effet, ce caractère particulier d'avoir été composée uniquement sur pièces, de ne rien avancer qui ne soit appuyé sur des preuves authentiques, sur des documents de la plus rare valeur et du plus vif intérêt. Je ne crois pas que nous possédions en France une autre biographie où l'homme public et l'homme intime aient été étudiés d'aussi près et avec autant de soin, pour laquelle l'auteur ait eu à sa disposition un aussi riche dossier. L'œuvre est vraiment complète et définitive. Pour l'écrire avec ce détail et avec cette ampleur, besoin était que le biographe se donnât tout entier à son sujet, avec amour, avec passion ; qu'il fût prêt à y consacrer plusieurs années de sa vie. Ainsi a fait M. Charles de Lacombe. Et c'est pourquoi cette *Vie de Berryer* est un *livre*, — un livre qui restera, qui est, en song enre, un modèle et qui ne permettra plus de séparer du nom illustre de Berryer le nom de son fidèle et heureux biographe.

Dans ces trois volumes, qui touchent à tant d'hommes et à tant de choses, qui ne sont rien moins en réalité qu'une histoire, un vivant tableau de la Restauration, de la monarchie de Juillet, de la République de 1848 et du second Empire je ne vois pas, pour ma part, une seule appréciation et un seul jugement à redresser. Après avoir, dans le précédent chapitre, relevé deux ou trois petites inexactitudes, tout au plus pourrais-je en signaler encore deux ou trois autres, les plus légères du monde.

A la fin de 1806, Berryer quitta le collège de Juilly. Il avait seize ans. Son père tenait à l'avoir auprès de lui pour diriger l'achèvement de ses études et se rendre compte par lui-même, en interrogeant les dispositions et les goûts du jeune homme, de la carrière à laquelle il pouvait être appelé. Il le plaça à la pension Pinel. « Cette pension, dit M. Charles de Lacombe, était située *dans la rue, aujourd'hui détruite, de Saint-Nicolas, près la rue Caumartin.* Le jeune Berryer refit dans cet établissement sa classe de rhétorique,

« en suivant les cours du lycée Bonaparte. » (Tome I, p. 41). — La rue Saint-Nicolas n'a point été détruite ; elle a seulement pris le nom de la rue de Provence, dont elle était le prolongement.

Au tome I également, je lis page 390 : « L'ouverture de la session était fixée le jour même, 3 août (1830), à une heure. Elle devait être faite par le duc d'Orléans, lieutenant-général du royaume, dans la salle des séances de la Chambre des députés. Berryer se rendit au Palais-Bourbon. *On le remarqua sur le pont Louis XV (aujourd'hui pont de la Concorde).* Des gardes nationaux qui avaient entendu proférer des menaces contre lui le suivirent, sans qu'il s'en doutât, pour le protéger en cas d'attaque. » — En 1830, le pont de la Concorde s'appelait le pont *Louis XVI* et non le pont *Louis XV*.

Au tome III, je ne trouve qu'un nom propre mal orthographié, à l'occasion du procès intenté en 1868 par le gouvernement des Etats-Unis « à des *armateurs* de Bordeaux et de Nantes, MM. Arman et *Voiruz*, tous deux députés de la majorité. » — Au lieu de *Voiruz*, il faut écrire Voruz. J'ajoute, pour être tout à fait exact, que ni M. Arman ni M. Voruz n'étaient armateurs. Le premier était constructeur de navires à Bordeaux, et le second dirigeait à Nantes d'importants ateliers métallurgiques.

Ces petites rectifications faites, et on voit qu'elles se réduisent à bien peu de chose, je voudrais esquisser à mon tour la figure de Berryer, telle qu'il m'a été donné de l'entrevoir aux jours de ma jeunesse, et telle que je la retrouve, à jamais vivante, dans les pages de M. Charles de Lacombe.

II

Berryer, l'homme de son temps peut-être qui a remporté les plus grands triomphes, qui a connu la gloire sous sa forme la plus enivrante, est resté jusqu'à la fin la simplicité, la modestie même. Je relisais dernièrement la *Correspondance* de Lamartine, qui a eu, lui aussi, de magnifiques succès de tribune. Voici comment il en parlait dans ses lettres à son ami, le comte de Virieu :

« *14 janvier 1836*. — Avant-hier j'ai improvisé admirablement, et éloquemment et politiquement selon moi (1). »

« *12 mai 1839*. — Je viens de passer une semaine agitée et laborieuse ; huit discours aux 221 (2) et deux à la Chambre, sans compter que je vais ce matin parler aux bureaux. Je sens le progrès oratoire ; sur les huit, il y en a deux d'improvisations, complètes et subites, aux 221, avec l'ordre, exorde, péroraison, qui m'ont confondu moi-même et vivement frappé mes auditeurs. Je te fais envoyer par Mâcon mon

(1) *Correspondance de Lamartine*, t. V, p. 126. — Séance de la chambre des députés du 12 janvier 1836. Discours sur la Pologne et la politique de la France en Orient.

(2) Réunion des députés qui avaient soutenu M. Molé contre *la coalition* de 1839. L'adresse acceptée par le ministre avait été votée par 221 voix contre 208.

discours à la Chambre (1). Cela fait grand effet là et dans Paris. La séance n'a pas été reprise de trois quarts d'heures, c'est le thermomètre (2). »

« *6 juillet 1839.* — Je t'envoie une discussion sur l'Orient, le *discours* et la *réplique à Barrot* (3). L'un et l'autre surtout ont fait une impression telle que je n'en ai jamais vu, *même aux plus grands jours de Berryer*. Le mot général est que, de *dix ans* et peut-être de *quarante ans*, la tribune n'a pas vu mieux (4). »

« *6 décembre 1840.* — J'ai eu dans la Chambre un épisode de combat auquel j'aurais bien voulu que tu fusses présent. Jamais il ne me fallut un tel courage. Berryer avait été sublime de véhémence, de popularisme, et la Chambre et les tribunes étaient pulvérisées. Personne n'osait affronter une telle situation des esprits et des sens. Je suis monté à la tribune sur le refus de tous les autres et des ministres; et j'ai ressaisi violemment et passionnément l'Assemblée dans une *réplique* plus longue que son discours et entièrement improvisée. Je te l'ai envoyée ; lis-la sans penser au style, mais à la difficulté. N'en crois pas les journaux vendus à tous nos ennemis ; l'effet a été immense et il s'accroît. » (5)

Que Lamartine eût ainsi à un degré très haut le

---

(1) Séance du 8 mai 1839.
(2) *Correspondance...*, t. V, p. 360.
(3) Sur les affaires d'Orient. Séance du 1er juillet 1839.
(4) *Correspondance...*, t. V, p. 368.
(5) Séance du 1er décembre 1840. Discussion sur la question d'Orient. — *Correspondance...*, t. V, p. 507.

sentiment de sa valeur et qu'il ne pût s'en taire, je n'y vois pas grand mal, pour ma part; mais ce dont je suis bien sûr, c'est que dans la *Correspondance* de Berryer, le jour où elle sera publiée, on ne trouvera rien de semblable.

Le 15 juillet 1851, dans la discussion sur la revision de la Constitution, il avait prononcé un admirable discours, le plus beau peut-être qu'il ait jamais fait. Suivant son habitude, il ne s'inquiéta point d'en revoir le texte. Cependant, avec les interruptions, les applaudissements et cette fascination de l'éloquence qui, saisissant les sténographes eux-mêmes, les arrêtait suspendus aux lèvres de l'orateur, la reproduction de ses paroles avait été difficile. Le chef des sténographes, voyant passer près de lui, à la fin de la séance, M. de Falloux et M. de Kerdrel, leur dit : « Comment allons-nous faire ? Qui corrigera le discours de M. Berryer ? » Et par une singulière expression de son embarras professionnel : « On ne parle pas plus mal que cet homme-là ! » s'écria-t-il. M. de Kerdrel se rendit aussitôt chez Berryer ; il le trouva enveloppé de sa robe de chambre, se promenant rapidement dans son appartement, dont toutes les portes étaient ouvertes ; un membre de l'Assemblée, M. Suchet d'Albuféra, l'accompagnait dans cette marche précipitée. M. de Kerdrel, se mettant à leur pas, raconta à Berryer la perplexité des sténographes ; il comprit bientôt qu'on n'obtiendrait pas de l'orateur qu'il se chargeât lui-même de revoir son discours, et lui proposa de le remplacer. Berryer, aussi confiant dans son amitié que détaché de tout amour-propre d'auteur, laissa de grand cœur ce soin à son jeune collègue. M. de Kerdrel passa donc au bureau du *Moniteur* une partie de la nuit. Il y était encore, occupé, malgré la fatigue de cette émouvante journée, à relire les épreuves de la feuille officielle, lorsque survint M. de Larcy dont l'affectueuse vigilance s'était tout à coup inquiétée, au milieu d'une soirée mondaine, du sort du discours de Berryer. Il se joignit à M. de Kerdrel et acheva avec lui le travail de revision. (1).

Le désintéressement du grand avocat égalait la modestie du grand orateur. Quelques-uns de ses amis, qui savaient ses charges, n'étaient pas sans trouver ce désintéressement excessif. « M. Berryer répond à ceux pour qui il a plaidé et qui lui demandent ce qu'ils doivent : « Vous ne devez rien, » écrivait avec une affectueuse impatience M. Fernand de la Ferronnays.

A la fin de l'automne 1854, se trouvant en villégiature au château de Berryer, à Augerville, Eugène Delacroix écrivait ceci sur ses carnet :

« 1er *novembre*. — M. de Cadillan (secrétaire de Berryer) me parle longuement d'une affaire que Berryer doit plaider pour des domestiques auxquels leur maître a légué sa fortune ; ce jeune homme, qui travaille avec lui continuellement et prépare ses affaires, me le fait voir *bien plus grand encore que je ne le croyais*. Il me parle de son désintéressement, de son

---

(1) Ch. de Lacombe, t. III, p. 129.

mépris pour ce qui est en dessous de lui. Il ne veut pas aller à Orléans, ni je ne sais où, plaider pour M. Jouvin, gantier, qui ne lui demande que quelques instants de son talent et lui offre dix mille francs pour cela (1). »

S'il refusait souvent de plaider pour les princes et les riches, — un jour, pour le duc de Brunswick, un autre jour pour M. Mirès, qui lui offrent l'un et l'autre des honoraires considérables — les pauvres gens étaient toujours sûrs de trouver près de lui bon accueil. Tout près de sa maison, — il habita depuis 1816 jusqu'à sa mort au numéro 64 de la rue Neuve-des-Petits-Champs, — demeurait une pauvre marchande de faïences et de porcelaines. Elle eut un procès qui menaçait de ruiner son petit commerce. Quel avocat choisir ? Il y avait bien son voisin, M. Berryer, mais c'était un homme si célèbre qu'elle ne pouvait se résoudre à l'aborder. Pourtant, se disait-elle, il a une bien bonne figure. Enfin elle frappa à la porte du grand avocat, et timidement lui exposa son affaire. « Entre voisins, lui dit Berryer, on ne refuse pas un service. » Il étudia l'affaire, défendit la pauvre marchande comme s'il eût défendu une reine et gagna son procès. Grande joie de la bonne femme, mais aussi grand embarras, car comment reconnaître un tel service ? Elle prit un billet de mille francs, fruit de ses longues économies, et le présenta, en pleurant de joie et de crainte à la fois, à son sauveur. Celui-ci refusa

(1) *Journal d'Eugène Delacroix*, t. II, p. 291.

énergiquement, et comme elle insistait de même :
« Voyons, dit-il, puisque vous y tenez absolument,
donnez-moi un objet de votre magasin. » Et la marchande de courir chercher un magnifique encrier de porcelaine qui valait bien trois francs. Berryer s'attacha tellement à cet encrier qu'il s'en servit tout le reste de sa vie et l'emportait même dans ses voyages.

Nous touchons ici à ce qui était le fond même de sa nature : il était bon. La bonté chez lui était innée comme l'éloquence. Ses domestiques l'adoraient, le servaient jusqu'à épuisement et ne pouvaient se résoudre à le quitter. « Ce soir, écrivait-il, j'ai reçu les adieux d'Adolphe et de sa femme. Cette séparation, après plus de vingt-cinq ans de service, ne s'est pas faite sans quelques larmes sincères, et mes yeux aussi ont été mouillés. Je leur ai dit que je me consolais en pensant que leur fille et son mari allaient les continuer chez moi... »

Quelque temps après la mort de Berryer, M. de G. demandait à un vieux serviteur d'Augerville : « Eh bien, père Leblanc, quel âge avez-vous ? — Soixante-seize ans, Monsieur, répondit-il, mais qu'est-ce que cela me fait ? Tant que Monsieur vivait, on avait du plaisir à vivre près de lui, mais à présent que notre bienfaiteur est mort, je n'ai plus qu'à partir. »

Que de traits charmants on pourrait citer de sa douceur envers les ouvriers et envers les pauvres ! Un jour, il aperçoit dans son parc un vieillard qu'il n'avait pas encore vu et qui dormait à côté d'un râteau. Il le réveille et lui demande ce qu'il fait là.

« Vous voyez, dit l'homme, je gagne les trente sous de M. Berryer. — Ah ! fait M. Berryer. Eh bien, mon ami, continue ton somme ! »

Rendre les autres heureux faisait son bonheur. A peine eut-il acheté et restauré Augerville qu'il se hâta d'y appeler les siens.

Ma joie ne sera complète, écrivait-il à son père, que lorsque tu seras venu me voir, lorsque par ta présence tu auras en quelque sorte consacré ma propriété... Cher et bon père, quitte un peu Paris, viens te délasser parmi nous... Ludovic et mon frère ne manqueront pas de te suivre ; ils ont leur part de la propriété ; ils ont un logement à eux, ils savent qu'ils sont ici chez eux. Ton appartement est consacré pour toi, viens l'occuper... Viens que je te fasse l'hommage de mon bien-être, puisque c'est à toi que je dois tout.

En écrivant à son oncle, Berryer n'était pas moins pressant :

Cette propriété que j'ai acquise pour en faire le centre de mon avenir, et autour de laquelle je veux réunir tout ce que je pourrai réaliser de mes espérances, me sera chère et précieuse, si elle devient en même temps le centre de la famille. L'habitation est grande et commode ; les fruits du jardin, la chasse, la pêche nourrissent aisément les habitants... C'est le manoir commun, et dans les vieilles mœurs, je suis l'aîné et réclame mon droit pour que mes frères et ma sœur se groupent un peu autour de moi.

Comme un dernier témoignage de son affection filiale, citons cette lettre qu'il écrivait en 1841, au lendemain de la mort de son père :

J'aimais sa nature, son caractère, son esprit ; j'avais le bonheur de ne pas compter un jour dans ma vie où il eût éprouvé quelque déplaisir, quelque mécontentement à mon égard, et je le contemplais avec joie dans cette heureuse vieillesse qui me le laissait tout entier et m'aidait à retrouver, à sa vue, tous les souvenirs de ma vie. En vérité, mon amie, le spectacle de ses derniers jours, cette longue et douce agonie, cette extinction lente de toutes ses forces physiques, tandis que son intelligence se montrait entière et libre ; ses paroles simples, mais solennelles, où se résumaient en face de la mort les plus nobles pensées, les sentiments les plus élevés de sa vie ; cette satisfaction où je le voyais être de lui-même, en se regardant mourir, comme père de famille entouré de ses enfants, comme être intelligent en s'occupant encore des intérêts de quelques amis, comme chrétien en s'approchant de Dieu par les sacrements où l'Eglise nous le montre ; cette sérénité qu'il avait en voyant venir la mort, lui qui avait toujours tant redouté la douleur ; ce grand spectacle, mon amie, mêlé à mon cruel chagrin, a excité en moi des émotions inouïes, et mon cœur ne s'en peut reposer. Au chevet de son lit, je sentais couler des larmes d'une sorte de joie en admirant combien la mort lui était douce et la religion bienfaisante.

Dans sa vieillesse, reportant sur ses neveux, avec un surcroît de tendresse, l'affection dont il n'avait cessé d'entourer ses deux frères (1), il s'intéressait à leur éducation comme s'il eût été leur père. Il voulait être tenu au courant de leurs études et se faisait

---

(1) Berryer avait deux frères, Hippolyte et Ludovic, et une sœur, mariée d'abord à un avocat, M. de Janson de Sailly, et, en secondes noces, au duc de Riario-Sforza.

envoyer de temps en temps leurs devoirs. Malgré ses travaux absorbants, il s'appliquait alors à corriger leurs essais, et il le faisait avec un zèle, avec une compétence dont le lecteur va pouvoir juger. Le 16 juin 1864, — il avait alors soixante-quatorze ans, — il écrit d'Augerville à son neveu Georges Berryer, élève du collège de Mgr Dupanloup, la Chapelle-Saint-Mesmin :

16 juin 1864.

Mon cher Georges,

Tu ne m'avais pas écrit depuis longtemps et je n'avais qu'indirectement de tes nouvelles ; ta lettre et celle de ton frère me reviennent à Augerville, où je prends quelques jours de repos. Ce que vous me dites l'un et l'autre de votre affection pour moi et de votre application au travail me fait plaisir ; je vous félicite tous deux des sentiments religieux que vous m'exprimez et vous remercie de la part que vous me faites dans vos prières.

Je te sais bon gré, mon cher Georges, de l'envoi d'une petite pièce de vers de ta façon et je t'en veux proposer la correction pour te donner une preuve de l'intérêt que je prends à tes œuvres.

Tes vers sont sur leurs pieds, mais ils manquent d'élégance et de justesse d'expression. Je les copie pour mieux t'indiquer les fautes.

Quo fugis, o folium, natali caule solutum ?
Jam siccas, miserum ! Nescio, fata sequor.

Fugis n'est pas le mot propre, il n'indique pas la marche incertaine de la feuille tombée. *Vadis* me semble mieux convenir, sauf la quantité. *Caule* est un mot technique de la science botanique, et ne s'emploie pas bien dans les vers. *Stirps* est plus élégant. *Solutum* veut plutôt dire *délivré, débarrassé*, que *détaché. Avulsum, raptum*, seraient plus justes.

Siccas est une faute. Ce verbe est actif et signifie sécher quelque chose, *siccare vestem, siccare lacrymas*. Il fallait le passif ou le verbe réfléchi, *siccesco*, qui exprime l'action de l'objet par lui-même : *tu t'es desséchée*.

Il eût été mieux de suivre l'ordre de pensées des vers français que je crois me rappeler exactement :

>   Pauvre feuille desséchée,
>   De ta tige détachée,
>   Où vas-tu?

Pour éviter la répétition des adjectifs en *um*, je voudrais employer au prétérit le verbe *siccesco* avec la licence de mettre *siccisti* au lieu de *siccessisti*, et je tournerais ainsi les deux premiers vers :

>   Siccisti, infelix, avulsum stirpe paternâ
>   Quo folium vadis? — Nescio, fata sequor.

Passons au second distique :

>   Fortem tempestas quercum metuenda retundit,
>   Quæ solum columen praesidiumque mihi.

Fortem est une cheville. Il ne s'agit pas de montrer la résistance du chêne à l'orage, mais d'indiquer que la feuille était attachée, était née sur ce chêne que le vent a brisé. *Metuenda* est de même une épithète oiseuse, *retundit* est une double faute. Ce verbe signifie *émousser* et non pas rompre, renverser... Il fallait le prétérit dont la quantité, *retudit*, n'entrait pas dans ton vers.

Columen est mauvais; *columis* veut dire *faite* et ne rend pas du tout l'idée de l'attache de la feuille à l'arbre et du soutien qu'elle y trouvait.

Je te propose ces deux autres vers :

> Horrida tempestas quercum confregit opacum
> Quæ mihi sola quies praesidiumque fuit.

Tes quatre vers suivants expriment trop largement et en trop de mots qui ont le même sens une seule idée, celle de la feuille promenée çà et là par les vents. Tu dis :

> Jamque diu posthac Zephyris ventoque furenti
> Instabili huc illuc nunc aquilone feror,
> Per nemus aut agros, montes, vallesque profundas,
> Me quocumque trahunt auferor impavidum.

Jam diu signifie *depuis longtemps*, *posthac* se traduit par *désormais* ; ces deux mots ne disent ni l'un ni l'autre *depuis* la chute du chêne ; le temps passé et le temps à venir sont mal rapprochés. *Instabilis* veut dire chancelant, ce qui ne signifie guère l'aquilon qui fait chanceler, qui renverse ; *per nemus*, il fallait mettre ce mot au pluriel comme ceux qui suivent. *Impavidum*, *intrépide*, est un bien grand mot en parlant d'une feuille morte...

Je te conseille de réduire ce quatrain à deux vers :

> Montibus ex hoc nunc, campis, aut vallibus imis
> Ludibrium vento nocte dieque vehor.

Arrivons au dernier distique :

> Et terrore vacans quo currunt omnia tendo,
> Vado quo lauri quoque rosæ folium.

Ce dernier vers est bon, mais *terrore* est une expression trop forte pour cette pauvre feuille. *Vacans* signifie *vide*, c'est *vacuus* qu'il fallait pouvoir placer dans ton vers. Pourquoi *currunt* ? Il y a de la grâce en français dans la répétition du même verbe : Je vais où va, etc. Adopte cette autre rédaction :

> Spemque metumque super quo vadunt omnia vado.
> Vado quo lauri quoque rosæ folium.

Mon cher Georges, j'ai donné à t'écrire le temps que je devais garder pour répondre à Lucien ; dis-lui que sa lettre m'a fait plaisir, que je suis très content de ses bons sentiments, que je l'encourage ainsi que toi à bien travailler dans cette fin d'année, et que j'espère que vous vous ferez tous deux honneur au jour de la distribution des prix.

Je vous embrasse tendrement.

BERRYER

Grand pourtant fut l'ennui de Berryer lorsque, après le départ de cette lettre, repassant en son esprit les vers proposés à son neveu, il s'aperçut qu'il avait commis par mégarde un barbarisme. Au troisième vers en effet il avait tout d'abord écrit :

Siccisti, infelix, natali *stirpite* raptum ;

Vite il reprit la plume et réclama la lettre afin de corriger sa faute.

III

La mort dévoile les secrets de la vie et imprime sur elle un sceau ineffaçable.

Mirabeau, à l'heure de mourir, est attentif encore à la renommée. Il dramatise sa mort, selon le mot de Talleyrand. Sa grande affaire évidemment est de ne pas manquer son cinquième acte. « Eh bien, Monsieur le connaisseur en belles morts, êtes-vous satisfait ? » demande-t-il au comte de la Marck. A cette

heure suprême où tout lui échappe, la vie et la gloire,
il semble ne croire qu'à la puissance de son génie. Il
dit à ceux qui l'entourent : « J'emporte avec moi le
deuil de la monarchie... Maintenant les factieux vont
s'en disputer les lambeaux. » Un domestique soutenait
sa tête : « Soutiens cette tête », lui dit-il, c'est la plus
forte de France. — « Sont-ce déjà les funérailles
d'Achille ? » demande-t-il, en entendant le bruit du
canon dans le lointain... Au début de sa maladie, il
avait dit à Cabanis : « Tu es un grand médecin, mais il
est un plus grand médecin que toi, l'auteur du vent
qui renverse tout, de l'eau qui pénètre et féconde
tout, du feu qui vivifie ou décompose tout. » D'ailleurs, nul retour sur lui-même et sur sa vie, nul sentiment de repentir ou de doute au sujet de quelques-unes de ses actions, nulle apparence de cette inquiétude que les âmes les moins religieuses, arrivant à
l'heure où le passé devient l'irréparable, éprouvent
souvent pour leur mémoire ici-bas, sinon pour leur
destinée au delà de ce monde (1). Le dernier jour, il
dit à ses amis : « Je mourrai aujourd'hui. Quand on
en est là, il ne reste plus qu'une chose à faire, c'est
de se parfumer, de se couronner de fleurs et de s'environner de musique, afin d'entrer agréablement dans
le sommeil dont on ne se réveille pas. » Ne pouvant
plus parler, il écrivit un mot : « Dormir »... Il n'aura
eu jusqu'à la fin qu'une seule préoccupation, celle de
l'effet extérieur. « Il se voyait, a écrit Dumont, l'un

(1) Charles DE LOMÉNIE, *les Mirabeau*, t. V., p. 337.

de ses secrétaires, il se voyait l'objet de l'attention générale, et il n'a cessé de parler et de se conduire comme un grand et noble acteur sur le théâtre national. » (1) C'est bien cela, la mort d'un grand acteur. *Qualis artifex pereo !*

Telle fut la mort de Mirabeau. Mettons en regard la mort de Berryer.

« Les richesses du cœur, écrivait-il le 4 janvier 1868, sont les seules qui attachent encore à l'existence celui qui commence aujourd'hui sa soixante-dix-neuvième année. » Dans la première semaine de novembre, il fut forcé de s'aliter. Le P. de Pontlevoy, informé aussitôt, se présenta. Bien que le malade ne se crût nullement en danger, se plaignant seulement de faiblesse, de malaise et d'agitation nerveuse, il se confessa dès la première entrevue. Chaque jour, le Père revenait le voir, et ces visites semblaient le ranimer et le fortifier. « Je ne crains ni ne désire la mort, disait-il, mais je reconnais que la maladie est un don de Dieu, parce qu'elle rapproche les cœurs et surtout parce qu'elle nous rapproche de Dieu. » (2) Il avait fallu placer devant ses yeux un grand crucifix, afin qu'il pût le regarder sans cesse et l'adorer. Il montrait pour la sainte Vierge une piété simple et touchante, on l'entendait souvent l'invoquer, ainsi que saint Pierre, son patron. Parmi toutes les prières, le

---

(1) Loménie, *op. cit.* — Edmond Rousse, *Mirabeau*, p. 214.
(2) Le P. de Pontlevoy a lui-même donné ces détails dans son touchant écrit : *A la mémoire religieuse de Berryer*. Librairie Joseph Albanel, 1868.

Salve Regina était celle que Berryer préférait. Après un grand signe de croix, il se mettait à le réciter d'une voix si pénétrante que tous les assistants fondaient en larmes. Saisie au cœur par l'accent de cette foi, une personne qui vivait éloignée de Dieu se déclara convertie sur l'heure, ce dont Berryer la félicita d'une façon charmante : « En vérité, lui dit-il, il ne vous manquait que cela. »

Bien que le mal s'aggravât rapidement, il croyait encore pouvoir guérir. « Mon cher Nélaton, dit-il un jour au médecin qui le soignait, faites-moi vivre pour que je puisse voir le bonheur de la France et la réalisation de mes espérances. » Comme Nélaton ne répondait point, Berryer comprit : « Merci, vous ne me trompez pas ; que la volonté de Dieu soit faite ! » Dès lors, il parut transformé : gloire, tribune, applaudissements, il oublia tout, sans un mot de regret, pour ne penser qu'à l'éternité et à Dieu qui le rappelait à lui.

Ces choses se passaient le 15 novembre, et l'anniversaire de Mme Berryer, morte vingt-six ans auparavant, tombait le lendemain. Berryer n'avait jamais manqué, à pareille date, de faire célébrer à Augerville un service funèbre pour ses parents défunts.

Le P. de Pontlevoy le lui rappela, lui proposant, au nom de ces chers souvenirs, de recevoir les deux grands sacrements des malades : l'onction sacrée pour les derniers combats et le viatique divin pour le suprême passage. Berryer accepta avec la plus vive reconnaissance, demandant seulement que son confesseur l'administrât lui-même et que la cérémonie fût remise au lendemain matin, afin d'avoir tout le temps de s'y préparer.

« Le 17 novembre, dit le P. de Pontlevoy, M. Berryer voulut se confesser en toute conscience, et vraiment à souhait. Sur sa recommandation expresse, toutes les portes furent exactement fermées, et alors dans la plénitude de ses facultés, avec toute la netteté de ses souvenirs et la franchise de sa religion, d'une voix ferme, pleine et sonore, il prononce ces désaveux suprêmes qui replongent dans l'éternel oubli toutes les défaillances temporaires. »

La chambre se rouvre pour quelques amis ; ils viennent s'agenouiller au pied du lit, tandis qu'un vicaire de la paroisse Saint-Roch administre les derniers sacrements au malade qui s'offre lui-même aux saintes onctions. En découvrant sa poitrine, Berryer cherche, avec une sorte d'anxiété, une médaille qu'il portait au cou : « Où est donc ma médaille ? Je veux ma médaille ! » La sœur garde-malade la retrouve et la lui remet. Il la prend aussitôt, la regarde et la baise sur les deux faces avec effusion. On pouvait dire de sa foi ce que son père écrivait en 1830 de sa piété filiale, qu'elle avait toujours conservé le charme de l'enfance. Le saint viatique lui fut donné après l'extrême-onction. Il avait demandé à le recevoir des mains du P. de Pontlevoy.

« Mon bien cher ami, lui dit le religieux, je vous présente et vous laisse le Dieu de votre première communion. »

Le malade avec un doux sourire, fit, sans parler un grand signe de tête.

Le Père s'adressant alors au Dieu « qui pardonne et qui bénit, qui reste seul quand tout passe », lui présente le chrétien mourant :

« Seigneur Jésus, celui que vous aimez, dit-il, qui a toujours cru en vous, qui souvent a si bien parlé de vous, est malade ; *Domine ecce quem amas infirmatur*. Rendez-lui donc la joie et la vigueur de la santé : en attendant, donnez-lui la patience et la douceur dans la maladie ; et au nom de Marie, votre mère et la sienne, réservez-lui un jour le bonheur qui n'est pas de ce monde et la gloire qui n'est plus du temps. »

La cérémonie était terminée ; Berryer gardait le silence. Les assistants dominaient leur émotion pour ne pas troubler son recueillement. Tout à coup il étend les bras :

« Mes amis ! mes amis ! s'écrie-t-il, où êtes-vous ? »

On se lève, on s'empresse ; les mains se tendent vers lui ; il les saisit, les embrasse :

« Mes amis, que je vous aime ! Pardonnez-moi toutes les peines que je vous ai faites ! »

Après ce transport, Berryer redevint calme et serein. Dans l'après-midi de ce jour, il déclare nettement qu'il veut s'en aller mourir à Augerville. En vain lui représente-t-on tous les dangers de ce voyage, il insiste d'autant plus. Les docteurs Nélaton et Ricord sont consultés et diffèrent d'avis. Ricord s'y oppose : « Laissons-lui cette suprême joie », dit Nélaton, et le départ est décidé.

Vers quatre heures du matin, Berryer appelle la religieuse qui le soigne (1). Peu de jours auparavant, dans une dernière promenade qu'il avait voulu faire sur la place de la Concorde, il lui avait dit : « Oh ! ma sœur, tous mes rêves sont finis ; si vous saviez pourtant quels beaux rêves j'avais faits pour la France ! » Cette fois, c'est pour écrire son testament politique et pour faire ses adieux à son Roi, que le vieillard s'est dressé sur son lit de mort. Il se lève, s'assied tout chancelant devant sa table, prend une plume ; puis, comme s'il se sentait trop faible pour la tenir, il la rejette loin de lui, en prend une autre, et, d'une main mal assurée, il écrit enfin sa lettre, s'arrêtant souvent, les yeux remplis de larmes qui tombent sur le papier, mais portant dans cette action accomplie silencieusement, à la pâle lueur d'une lampe, devant cette religieuse qui le regarde anxieuse et stupéfaite, une grandeur incomparable et comme la majesté de l'heure suprême.

La lettre, « un des plus beaux cris qui soient jamais sortis de l'âme humaine » — a dit Montalembert — était ainsi conçue :

« O Monseigneur,

« O mon Roi, on me dit que je touche à ma dernière heure.

« Je meurs avec la douleur de n'avoir pas vu le

---

(1) La sœur Aglaé, religieuse de la congrégation du Bon-Secours de Troyes.

triomphe de vos droits héréditaires, consacrant le développement des libertés dont la France a besoin. Je porte ces vœux au ciel pour Votre Majesté, pour Sa Majesté la Reine, pour notre chère France.

« Pour qu'ils soient moins indignes d'être exaucés par Dieu, je quitte la vie armé de tous les secours de notre sainte Religion.

« Adieu, Sire, que Dieu vous protège et sauve la France !

« Votre fidèle et dévoué sujet,

« BERRYER.

« 18 novembre »

IV

Berryer n'avait plus qu'une pensée : partir pour Augerville. Prévenus de ce départ subit, quelques amis sont accourus. Il les embrasse, leur serre la main, les saluant tous par leurs noms, les caressant du regard, courageux, cordial, souriant jusqu'à la fin.

Le voyage est long et pénible. Le malade arrive à Augerville dans un état voisin de la mort. On le descend de voiture, et, soutenu par deux personnes, il peut atteindre le salon du château. En reconnaissant dans leurs cadres d'or les images de ses rois et les portraits de ses parents, il est saisi d'une émotion inexprimable, il étend les bras vers ces figures muettes, il ne prononce que deux mots : « Mon père !

ma mère ! » Et tout le monde fond en larmes. Puis le pied lui manquant, il tombe devant le portrait de son père. On se précipite pour le relever. « Non, laissez-moi, dit-il, laissez-moi les regarder. On est si bien chez soi, même à terre. » Il avait comme un rayonnement dans ses yeux pleins de larmes, et envoyait des baisers à ces images chéries.

Pendant les premiers jours, Berryer sembla revivre. Bien qu'on fût à la fin de l'automne, le temps était doux, le soleil radieux encore. Pour jouir de ses derniers rayons, le malade se faisait porter à la fenêtre, il le saluait de la main et demeurait longtemps à contempler la cime dénudée de ses beaux arbres.

Ses amis les plus chers sont accourus autour de son lit d'agonie. Quand M. de Falloux, arrivé des premiers, pénétra dans la chambre du mourant, Berryer lui tendit les bras en souriant. « O mon ami, lui dit-il, j'ai de bien grandes grâces à rendre à Dieu. Le Père de Pontlevoy m'a ouvert les portes du ciel ; maintenant je suis tout au calme, — et lui serrant la main entre les deux siennes, — et à l'amitié (1). » Et un peu après : « Je vous remercie de rester là pour le grand moment. »

Le 24 novembre, le P. de Pontlevoy revint à Augerville. « Je ne retrouvai plus, a-t-il écrit, qu'un reste de Berryer. La connaissance était devenue vague et

---

(1) *Mémoires d'un royaliste*, par le comte DE FALLOUX, t. II, p. 428.

intermittente. Cependant, comme j'allais lui faire mes adieux, tout à coup le nuage parut se dissiper, sa physionomie s'illumina encore une fois, et arrêtant sur moi son admirable regard : « Ah ! mon cher Père, « me dit-il, que je suis aise de vous voir ! Nous allons « encore prier ensemble. » Et aussitôt, ayant fait le signe de la croix et joint les mains, il récita lui-même le *Salve Regina* depuis le premier mot jusqu'au dernier. A ces paroles : *Et Jesum benedictum fructum ventris tui nobis post hoc exilium ostende*, ses yeux jusque là fermés s'ouvrirent et se levèrent au ciel, et à ces trois dernières invocations : *O clemens, o pia, o dulcis Virgo Maria*, il étendit les mains et sa voix devint émue et suppliante. Il ajouta encore quelques paroles pleines de confiance et de paix.

« Je suis bien ici, chez moi, à Augerville ; je « suis débarassé des affaires et entouré d'amis. « Je me recommande à vos prières. » Enfin, une dernière fois, je le bénis au nom du Père de Ravignan. » (1)

Peu auparavant, avec la tranquillité de l'espérance, il venait de dire à son frère, M. Ludovic Berryer : « Sans désirer la mort, je ne la crains point, mon « confesseur a dit à saint Pierre de m'ouvrir les portes « du Paradis. »

Le 24 novembre, le jour de l'arrivée du P. de Pontlevoy, Berryer avait eu une autre joie. On avait

(1) Le P. DE PONTLEVOY, *A la mémoire religieuse de M. Berryer.*

pu lui communiquer la dépêche suivante du comte de Chambord :

« Emotion profonde à la lecture de l'admirable lettre adressée à M. le comte de Chambord. Vive reconnaissance pour l'expression de sa fidélité et de ses vœux. Ardentes prières pour la conservation de ses jours.

« *Froshdorf, 24 novembre 1868.* »

A cette lecture, Berryer se dressa sur son lit, puis, à trois reprises, il fit entendre ce cri : « Vive le Roi ! Vive le Roi ! Vive le Roi ! » — Mais bientôt vinrent la lutte suprême contre la mort, des intermittences de raison et de délire. On entendait le mourant d'un étage à l'autre crier de sa voix toujours puissante : « Mon Dieu, ayez pitié de moi ! Mon Dieu, recevez « mon âme ! » Dans ses moments de délire, les souvenirs de la tribune ne reparurent pas une seule fois, ceux du barreau revenaient sans cesse. On ne peut oublier, quand on les a entendus, a dit M. de Falloux, les cris navrants qu'il poussa pendant quelques minutes, sans que rien pût le calmer : « Rendez-moi « mes écritures ! rendez-moi mes écritures ! vous al-« lez la déshonorer ! » et toute l'énergie, tout le pathétique de sa voix se retrouvaient dans cette déchirante lamentation qui semblait le réduire au désespoir (1).

Le 28 au matin, il perdit la parole et resta en agonie toute la journée. A minuit il devint plus calme ; vers

---

(1) M. DE FALLOUX, *Mémoires*, t. II, p. 430.

quatre heures on le vit porter la main à son front, essayant de faire le signe de la croix ; ses lèvres murmurèrent quelques paroles insaisissables, comme un dernier et mystérieux appel à la miséricorde divine ; puis elles se fermèrent pour jamais.

C'était le dimanche, 29 novembre 1868.

Que pourrais-je ajouter ? La vie de Berryer a été grande, sa mort a été sublime. Plus qu'à aucun des autres hommes de son temps on peut lui appliquer ce mot de Bossuet que j'ai déjà cité au début de cette étude et par lequel, je veux finir : « L'univers n'a rien de plus grand que les grands hommes modestes. »

Manibus date lilia plenis.

16 juin 1895.

TABLE DES MATIÈRES

Bossuet historien du protestantisme	1
La Chalotais et le duc d'Aiguillon	23
La folie de Jean-Jacques Rousseau	51
Madame de Soyecourt	69
Le Théâtre Français pendant la Révolution	89
Le Feuilleton de Geoffroy	111
L'armée à l'Académie	133
Choses de Bretagne	155
Un Critique d'autrefois	181
Voyageurs et Poètes	195
Libraire et livres romantiques	215
Victor Fournel	235
De la rime française	253
Zénaïde Fleuriot	269
La Jeunesse de Berryer	291
Berryer sous la Monarchie de Juillet	317
La Vieillesse de Berryer	337

Lyon. — Imprimerie E. VITTE, rue de la Quarantaine, 18.

www.ingramcontent.com/pod-product-compliance
Lightning Source LLC
Chambersburg PA
CBHW050306170426
43202CB00011B/1799